Claudia Cardinal
Trauerheilung

Claudia Cardinal

Trauerheilung

Ein Wegbegleiter

Patmos

Umschlagbild:
Snowdrops (Schneeglöckchen), Junichi Endo, gettyimages

S. 7 Zeichnungen nach Antoine de Saint-Exupéry.
S. 40 Darstellung der Facetten eines Diamanten, in: Bank, Hermann, Mein kleines Diamantenbuch, Pinguin Verlag, Innsbruck 1979, S. 44f.
S. 55 Grüner Baumpython, Mauritius Die Bildagentur, Mittenwald.
S. 68 Feder, Aufnahme: Privat.
S. 134 Caspar David Friedrich, Das Eismeer (Die gescheiterte Hoffnung) 1824, bpk/Hamburger Kunsthalle/Elke Walford.
S. 158 Archivio Filippi.
S. 193 Quint Buchholz/Michael Krüger, Wer das Mondlicht fängt. Bilder und Gedichte, durchgehend farbig bebildert, © 2001 Sanssouci im Verlag Nagel & Kimche AG, Zürich.
S. 219 M.C. Escher's »Tag und Nacht« © 2007 The M.C. Escher Company-Holland. All rights reserved. www.mcescher.com
S. 242 M.C. Escher's »Wasserfall« © 2007 Escher Company-Holland. All rights reserved. www.mcescher.com

Bibliografische Information der Deutschen Nationalbibliothek
Die Deutsche Nationalbibliothek verzeichnet diese Publikation in der Deutschen Nationalbibliografie; detaillierte bibliografische Daten sind im Internet über http://dnb.d-nb.de abrufbar.

Umschlaggestaltung: butenschoendesign.de
Umschlagmotiv: © Photonica/Junichi Endo
Printed in Germany
ISBN 978-3-491-69438-5
www.patmos.de

Inhalt

Vorwort

»Ich glaube nicht, was ich schmecke und ich glaube nicht, was ich rieche. Ich glaube nur das, was ich sehe.« – »Ja, ich glaube, ich weiß, was Sie meinen!«

Hans-Dieter Hüsch und Dieter Hildebrandt

Der Weltklassiker »Der kleine Prinz« von Antoine de Saint-Exupéry beschreibt bereits auf der ersten Seite des Buches etwas ungeheuer Einfaches und Verblüffendes.
Ein kleiner Junge malt eine Boa, die einen Elefanten verschluckt hat und volle sechs Monate benötigt, diesen zu verdauen.

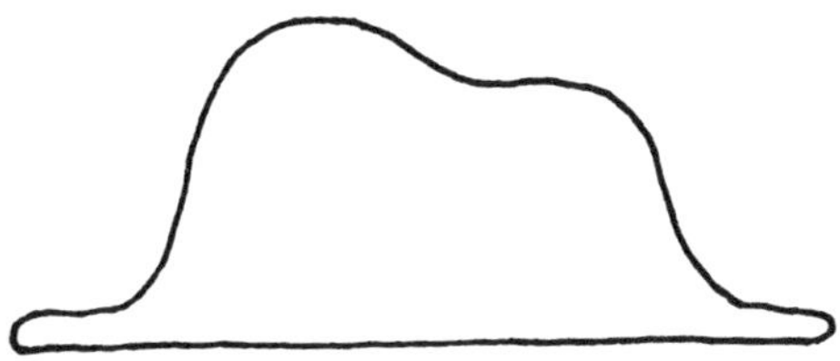

Er zeigt die Zeichnung Erwachsenen und fragt sie dabei, ob sie ihnen nicht Angst mache. Doch alle antworten: »Warum sollen wir vor einem Hut Angst haben?«
Und da »große« Leute immer Erklärungen brauchen, fügt er eine weitere Zeichnung hinzu, die das Bild erklärt.

Es ist doch eigenartig. Kinder scheinen jenen weichen und gleichzeitig durchdringenden Blick zu haben, der es ihnen ermöglicht, ein klein wenig durch die Dinge selbst hindurch zu sehen. Viele Erwachsene erinnern sich noch daran, wie sie als Kinder in den Wolkenformationen Monstren, Tiere und Gesichter erkannt haben. Sollten wir wieder einmal auf den Gedanken kommen, träumerisch und unfixierend in die Landschaft zu schauen, wie wir alle es als Kinder taten, es könnte sein, dass wir mit diesem weich eingestellten Blick Ungeahntes hinter dem erkennen, was ein Gegenstand nach außen darstellt. Sollten wir auf diese besondere Art die Welt um uns herum betrachten, könnte es sein, dass wir in Hausmauern, Wolkengebirgen oder Blätterhecken, seltsame Gebilde entdecken. Möglicherweise erkennen wir Gesichter, Fabeltiere oder Hydren mit neun Köpfen, die ihre Konturen langsam und allmählich freigeben.
Meistens sehen wir nur die Oberfläche und meinen, das, was noch verborgen ist, sei nur für kleine Kinder zu erkennen, die es auf dem Boden ihrer Träumerei und Fantasie kreiert haben. Mit zunehmendem Erwachsenwerden heißt es, auf dem Boden der Realität zu stehen. Da ist Fantasie nicht angesagt. Und sollten Kinder oder weitsichtige Erwachsene uns damit konfrontieren, dass sie einmal mehr sehen, geben wir unser Bestes, ihnen die Tatsachen und Fakten beizubringen. Das geht so lange, bis niemand mehr daran glauben mag, dass ein Blätterwald Gesichter hat.
Und sollten wir einmal in einem ruhigen Moment etwas Erkennen, was sich aus der Oberfläche des Angeschauten langsam herauskristallisiert, glauben wir selbst nicht mehr daran. Wir misstrauen dem, was wir gesehen und gefühlt haben zutiefst und sind kräftig darum bemüht, uns davon nicht verwirren zu lassen. Möglicherweise erklärt das auch, weshalb das wöchentliche Horoskop in den Zeitschriften glaubwürdiger ist, als wir selbst, denn schließlich steht es da ja schwarz auf weiß.
Tägliche Erlebnisse und tief gehende Lebenserfahrungen von Menschen spielen sich auf einer sehr individuellen Ebene ab. Dabei muss das, was für einen einzelnen Menschen gültig ist, nicht für alle anderen auch stimmen. Aus dem Erfahrenen entsteht dann leicht der Streit darum, was stimmt und was nicht stimmt. Und das, was wir nicht selbst erlebt haben, tun wir als Spinnerei ab. Das erscheint wie das Spiel »Ich sehe was, was du nicht siehst!«.
Was aber, wenn die Frage des Glaubens und des Wissens sich gar nicht in den philosophischen Theorien oder religionswissenschaftlichen Feinheiten abspielt? Es ist ja durchaus möglich, dass einige nur etwas weicher und etwas anders »sehen« als die anderen.
Dann stimmt das eine, wie das andere. Natürlich ist auf den Zeichnungen von Saint-Exupéry ein Hut zu sehen. Das stimmt vollkommen.

Und natürlich ist darauf auch eine Schlange zu sehen, die gerade einen Elefanten verdaut. Das ist beides völlig richtig. Und schon haben wir unser Denken erweitert. Dann erübrigt sich die ewige Streitfrage derer, die den anderen vorwerfen, sie würden nur glauben, anstatt zu wissen, während die anderen mühsam verteidigen müssen, sie wissen, was sie glauben. Entweder also, die Kontrahenten wissen beide oder sie glauben beide. Es stimmt nicht, dass *Wissen* nur für die gilt, deren Sichtweise möglicherweise eingeschränkt oder ganz einfach nur anders ist.
Lebenserfahrungen, die Menschen machen, sind wie optische Täuschungen. Das, was Menschen erlebt und erfahren haben, ist nur auf den ersten Blick angefüllt mit Tatsachen und Fakten, die für alle Menschen gemeingültig sind. Eine Erfahrung birgt mehr in sich. Erst langsam taucht das in ihren Gedanken auf, was hinter dem Geschehen zusätzlich existiert. Das ist ein Prozess, der Zeit benötigt, wie beim versunkenen Betrachten von Wolkengebirgen.
Auch eine optische Täuschung fordert Menschen auf, verschiedene Sichtweisen anzuerkennen und als gleichwertig nebeneinander gelten zu lassen. Zunächst ist auf dem Bild nur ein einziger Gegenstand zu erkennen und kaum wird die betrachtende Person darauf aufmerksam gemacht, wie etwas völlig neues auf dem Bild entdeckt werden kann, kann dieser Mensch später die neu entdeckte Feinheit nicht mehr übersehen. Das funktioniert weder bei optischen Täuschungen so, noch bei dem, was gelebte Erfahrung ist.

Was muss passieren, damit wir uns darauf einlassen, Boas und Elefanten in Hüten zu entdecken? Es mag sein, dass die einzige Möglichkeit dazu besteht, wenn wir mit unserer bisherigen Weisheit am Ende sind. Wenn wir vor dem Mysterium des Todes stehen, auf das niemand so recht eine Antwort hat und Sprachlosigkeit und Schweigen sich ausbreitet; wenn niemand mehr weiß, was gesagt, geschweige denn, was getan werden könnte, scheint der richtige Zeitpunkt zu sein, neue Erfahrungen und Möglichkeiten zuzulassen.

In dieser Situation haben wir nur zwei verschiedene Möglichkeiten. Natürlich können wir resignieren und bei offenkundigen Fakten stehen bleiben, was auch einem Tod gleichkäme. Oder aber, wir können uns auf den Weg machen, das zu entdecken, was wir bisher nicht gesehen haben.

Der Tod und die Trauer sind diese Erfahrungen, mit denen erobert werden kann, was unsere Weltsicht umkrempeln und entfalten kann. Allerdings wird das bedeuten, dass wir uns dann – egal, was wir zu wissen glauben – zumindest auf die eine oder andere neue Erfahrung einlassen. Es kann sein, dass unsere bisherige Denkweise dabei in sich zusammen stürzt und wir uns im Strudel des »Erkennens« wieder finden. Durch diese Form des neuen Erlebens geraten Trauernde sehr häufig in die Lage, dass sie sich in der Gesellschaft fremd vorkommen, denn die anderen sehen möglicherweise nichts hinter der Oberfläche des Geschehens. Und sollten Trauernde von ihren schmerzlich vermissten Lieben träumen oder ihre Anwesenheit sonst wie ahnen, merken sie sehr schnell, dass es ratsam ist, diese Erfahrungen für sich zu behalten.

Da wir uns, wenn es um Lebensfragen geht, auf mehr als beweisbare Fakten einlassen müssen, ist erklärlich, weshalb wir möglichst alles verdrängen wollen, was mit dem Thema Tod, diesem scheinbar endgültigen Abschied, zusammenhängt. Doch ist es ebenso gut möglich, dass es angesichts des Themas, das wie das letzte große Geheimnis durchdrungen werden muss, auch nicht anders ist, als bei dem Hut und der Schlange des kleinen Prinzen: beide Sichtweisen stimmen! Es ist richtig, dass der Körper nach dem Tod in seine Moleküle zerfällt. Und es ist auch richtig, dass sich neben der Tatsache des Zerfalls eine neue Dimension auftut, die erst noch erkannt werden muss.

Wenn wir uns auf dem Boden unseres bisherigen Wissens stehend, zaghaft auf den Weg machen, unseren Blick ein wenig weicher machen und neue Erfahrungen zulassen, besteht die Chance, dass wir plötzlich erkennen, dass ein Hut mehr ist, als wir geahnt hätten. Wir brauchen nicht alles zu verwerfen, was wir bisher gedacht, gefühlt und gesehen haben. Doch vielleicht können wir feststellen, dass das Ganze noch viel mehr ist, als der kleine Teil, den wir bislang erkennen konnten.

Erweitern wir also unser Wissen und unseren Glauben! Möglicherweise ist das Spiel »Ich sehe was, was du nicht siehst« ja gar kein Kinderspiel.

»Wir müssen unser Dasein, so weit als es irgend geht annehmen; alles, auch das Unerhörte, muss darin möglich sein. Das ist im Grunde der einzige Mut, den man von uns verlangt: mutig zu sein zu dem Seltsamsten, Wunderlichsten und Unaufklärbarsten, das uns begegnen kann. Dass die Menschen in diesem Sinne feige waren, hat dem Leben unendlichen Schaden getan; die Erlebnisse, die man ›Erscheinungen‹ nennt, die ganze so genannte ›Geisterwelt‹, der Tod, alle diese uns so anverwandten Dinge, sind durch die tägliche Abwehr aus dem Leben so sehr hinausgedrängt worden, dass die Sinne, mit denen wir sie fassen könnten, verkümmert sind. Von Gott gar nicht zu reden. Aber die Angst vor dem Unaufklärbaren hat nicht allein das Dasein des Einzelnen ärmer gemacht, auch die Beziehungen von Mensch zu Mensch sind durch sie beschränkt, gleichsam aus dem Flussbett unendlicher Möglichkeiten herausgehoben worden auf eine brache Uferstelle, der nichts geschieht.« Rainer Maria Rilke

Das Trauerjahr

Ein Trauerjahr ist der lange Prozess, den ein Mensch durchlebt, der einen lieben und nahen Menschen verloren hat. Und dieses Trauerjahr ist für alle Betroffenen ein schweres und ungewohntes Terrain. Das erste Jahr nach dem Verlust eines Menschen ist immer das Schwerste von allen. Das bedeutet nicht, dass nach diesem Jahr möglicherweise nur noch eitel Sonnenschein wartet; und auch nach Jahren können noch schwere Phasen und schmerzvolle Sehnsucht auftauchen. Doch wenn das erste Jahr vorbei ist, ist im Rahmen eines sich drehenden und immer wiederkehrenden Zyklus die erste Drehung überstanden. Und in der Zukunft wissen Trauernde, dass sie jeden Schmerz der Erinnerungen, der in diesem Zyklus auftreten kann, schon einmal durchlebt und überlebt haben.
Das Land der Trauer und des ungewohnten Alltags, ist neu – ebenso neu und unbekannt, wie das Land, in dem die Toten jetzt sind. Mit dem eingetretenen Tod geht das los, auf das sich niemand vorbereiten kann und worauf wir alle nicht vorbereitet wurden: Die Zeit des langen Abschieds und der Sehnsucht nach einem Menschen, den wir nie wieder berühren werden, beginnt.
Der Schmerz kommt dabei in Wehen, wie bei einer Geburt. Und oftmals kommt die nächste Wehe aus scheinbar heiterem Himmel und reißt uns ins offene Meer hinaus, in dem wir weder wissen, wo

oben und unten ist, noch wo wir jemals wieder Land entdecken könnten.
Die schweren Phasen der Trauer und die tiefen Fragen, die Trauernde ununterbrochen mit sich tragen, machen es für die Gesellschaft schwer ihnen zu begegnen. Deshalb sind Trauernde Menschen, bei denen es besser ist, Abstand zu halten. Möglicherweise konfrontieren sie uns sonst im gewohnten Alltag mit einem Thema, das den sicheren Boden unter unseren Füßen unsicher werden lässt. Diese Hemmung vor trauernden Menschen ist verständlich. Sie lässt allerdings die Kluft zwischen denen, die ihr gewohntes Leben weiterleben können und den Trauernden selbst immer größer werden. Die Entfremdung zwischen den Betroffenen und der Gemeinschaft entsteht selbst dann, wenn die Gesellschaft großes Mitgefühl mit den Trauernden empfindet.
Menschen geht jeder Glaube an eine göttliche Existenz – wie immer sie auch heißen mag – verloren, wenn sie den Tod als sinnlos empfinden und es für sie ein »Danach« nicht gibt. Jede Vorstellung davon aber, dass irgendeine Form der Existenz nach dem Tod möglich ist, ist für ein tiefes Wissen und einen tiefen Glauben nur hilfreich.
Es ist erstaunlich, wie ausführlich und deutlich trauernde Menschen nach dem Tod eines nahen Menschen eine Vorstellung davon bekommen können, wo die Verstorbenen sind. Die Träume, die nach dem Tod bei den Lebenden noch Wochen, Monate oder sogar Jahre Begegnungen mit den Verstorbenen erlauben, sprechen eine deutliche Sprache. Das allerdings befindet sich auf einer individuellen Ebene. Und in einer Gesellschaft, in der wissenschaftliche Beweisbarkeit als eine der obersten Prämissen steht, ist es nur klug, diese Erfahrungen sowohl für sich zu behalten, als auch bestenfalls noch selbst daran zu zweifeln.
Doch angesichts des Todes und des Schmerzes haben wir nichts zu verlieren. Hier ist eine Grenze erreicht, die uns unser bisheriges Leben fremd werden lässt. Dabei tauchen Fragen und Sehnsüchte auf, die wir nicht erahnt haben. Betroffene haben dann den Eindruck, als werde das Oberste nach unten gekehrt und die Welt stünde auf dem Kopf. Nichts ist so schwer zu glauben, als dass ein Mensch, der eben noch geatmet hat und dessen Einzigartigkeit uns aus seinen Augen in die eigenen geschaut hat, von einem Moment zum nächsten weg sein kann. Dann beginnt die große Suche.
Das Lied »Can't get you out of my head« (Ich kann dich nicht aus meinem Kopf bekommen) von Kylie Minogue, drückt aus, was bei Trauernden stattfindet. Wo sie auch gehen und stehen, nehmen sie in ihren Gedanken, ihrer Erinnerung und ihrer Sehnsucht, die Person, die fortgegangen ist, mit sich, Tag und Nacht und für immer und ewig.

Wir wissen, dass Menschen seit Anbeginn der Zeiten geliebt wurden und gestorben und betrauert worden sind. Doch die Trauer und der Schmerz der Sterbenden und der Trauernden bleibt solange theoretisch, bis wir es selbst miterleben können. Das Land der scheinbaren Hoffnungslosigkeit und einer neu zu entdeckenden Zuversicht muss allein betreten werden und allein fruchtbar gemacht werden. Dazu können von außen nur Anstöße zur Unterstützung gegeben werden.
Wenn diese Zeit angebrochen ist, dann ist der richtige Zeitpunkt gekommen, neue Ideen zu entwickeln, die der Umwelt möglicherweise das Staunen beibringen. Dann soll es, wenn Heilsames für alle dabei herauskommen soll, kein Halten mehr geben, um das Leben, das aus den Fugen geraten ist, mit aller Macht wieder anzupacken, neue Sichtweisen zu erlernen und den Mut aufleben zu lassen. Wir haben nichts mehr zu verlieren und dieses neue Leben kann dann, mit dem erweiterten Blick, Hoffnung wachsen lassen, wo scheinbar Wüste ist und Fülle genau da entstehen lassen, wo das große Nichts sich ausgebreitet hat. Wahrscheinlich geht es darum, zu erlernen, dass dort, wo nichts mehr vorhanden ist, der ideale Boden gegeben ist und die größte Fruchtbarkeit wohnt, um Neues und Ungeahntes zu erschaffen.

Ratschläge

- Lesen Sie das Buch »Der kleine Prinz« von Antoine de Saint-Exupéry. Es ist ganz einfach, eine andere Sicht zuzulassen. Sollten Sie das Buch schon einmal gelesen haben, lesen Sie es noch einmal. Ihre Erinnerung wird aufgefrischt!
- Hören Sie sich das Lied »Can't get you out of my head« von Kylie Minogue an. Wenn nötig lassen Sie sich den Text übersetzen. Und wenn Ihnen bei der Übersetzung auffällt, dass es sich um eine Ansprache an einen Mann oder Jungen handelt, so ändern Sie den Text dahingehend, das er für Ihre Situation passt.
- Spielen Sie gemeinsam mit anderen Menschen das Spiel »Ich sehe was, was du nicht siehst«. Möglicherweise werden Sie erstaunt sein, was sich in Ihrer gewohnten Umgebung alles befindet. Sie werden auch entdecken, dass andere Menschen möglicherweise etwas ganz anderes im Blick haben, als Sie selbst. Dieses Spiel ist eine Gelegenheit, das eigene Sehen und die eigene Aufmerksamkeit zu schulen.
- Halten Sie Ihre Augen für Bücher offen, die sich mit Optischen Täuschungen beschäftigen. Dazu sind Abbildungen von M.C. Escher ebenso hilfreich, wie die 3-D-Aufnahmen, die in den letzten Jahren auf den Markt gekommen sind. Üben Sie sich im erweiterten Sehen!

Zu diesem Buch

Dieses Buch ist keine theoretische Abhandlung über den Tod und die Trauer. Es ist auch kein konfessionelles Buch und steht mit keiner religiösen Vereinigung in Verbindung. Dieses Buch ist aus der praktischen Arbeit mit Sterbenden und Trauernden und der Arbeit an der Verwandlung der Trauer in eine neue Dimension der Hoffnung hinein entstanden.
In den einzelnen zwölf Kapiteln werden verschiedene Todesfälle beschrieben und es wird jeweils die Geschichte der Sterbenden und der zurückbleibenden Trauernden erzählt. Ein Brief an die Trauernden und ein Märchen sollen Trauernden Trost und Mut geben. Einige Anmerkungen, die darauf folgen, sollen ein Weiterdenken möglich machen. In jedem Kapitel ist dabei eine Phase, die bei dem schweren Prozess des Trauerns auftreten kann, in den Mittelpunkt gestellt. Am Ende eines jeden Kapitels finden Sie neben einigen weitergehenden Betrachtungen Ideen und Ratschläge, wie Sie diese Phase und die Wehen des Schmerzes verwandeln können. Das Buch richtet sich gleichzeitig an die betroffenen Trauernden selbst, wie auch an die Menschen in deren Umgebung. Die Liste der Ratschläge dazu, was angesichts eines Verlustes und angesichts der Hoffnungslosigkeit getan werden könnte, ist dabei nicht vollständig; finden Sie selbst neue Ideen und neue Möglichkeiten und erweitern Sie die Ratschläge.
Menschen sind individuell. Und so gibt es weder zwei gleiche Menschen, noch zwei gleiche Todesfälle, noch zwei gleiche Wege des Trauerns. Jeder Weg ist so einzigartig, wie die betreffende Person selbst ist. Deshalb sind Trauernde die Expert(inn)en für ihren eigenen Weg. Und wir alle sollten skeptisch werden, wenn es heißt, man könne nichts mehr tun. Haben Sie den Mut, neue und eigene Ideen zu entwickeln, damit Sie inmitten der Hoffnungslosigkeit den Schimmer, der am Horizont für Sie scheint, im Blick behalten können!

Zu meiner Person

Nach dem Tod meiner Tochter Katharina, die im Alter von fast sieben Jahren nach jahrelanger Behandlung an Leukämie starb, habe ich die verschlungenen Wege, die aus der Trauer in ein neues Leben hinein führen können, erlebt. In einem Zeitraum von eineinhalb Jahren starben dann eine ganze Reihe von sehr nahen und engen Verwandten. Ich hatte eine kleine Gruppe von Menschen um mich, die mich unterstützt hat. Diese Menschen haben mir immer wieder den Mut gegeben, die Trauer lebendig werden zu lassen und mir den Weg freigehalten, damit ich das Leben und das Sterben nebeneinander erkennen konnte. Dafür bin ich unendlich dankbar.

Die Idee zu diesem Buch ist spontan entstanden und lange gereift. Auch dazu, dass die Idee zur Tat wurde, war die notwendige Unterstützung für mich da. Besonders einigen möchte ich meinen herzlichsten, ehrlichsten und tiefsten Dank sagen: meine Tochter Anna hat hingebungsvoll jedes Wort zweimal gelesen, bis sie es mit ihrer strengen Kritik akzeptierte. Dazu war auch ihre bewundernswürdige Geduld notwendig, über viele Monate von morgens bis abends Gespräche und Fragen über Leben, Tod und Abschied zuzulassen. Mein Sohn Johan holte mir sämtliche Liedertexte aus dem Internet und diskutierte mit mir zwischen Schule und Kaffeetrinken die Fragen des Glaubens und Wissens, bis ich bestand. Meine langjährige Freundin Marlies Geintzer las Korrektur und fand noch kleinste Ungenauigkeiten. Hildegard Fuhrberg, meine Freundin und Kollegin sponserte mich mit Ideen und Gedanken, wann immer ich ins Stocken geriet – und das seit vielen Jahren und rund um die Uhr.

Alle betroffenen Trauernden, die mir bereitwillig ihre Zeit und ihre Geschichten mit allem dazugehörigen Mut zur Verfügung stellten, haben mich sehr berührt und ich bin ihnen in aller Tiefe und Dankbarkeit dafür verbunden.

Und manchmal hatte ich den Eindruck, als reiche ein Blick in die Augen der Verstorbenen auf den Fotos, um mir neue Ideen zu vermitteln. Vielen Dank dafür!

1 Der Schmerz des langsamen Begreifens

Wenn ein Mensch gestorben ist, sind es die ersten Wochen, die denen, die jetzt allein hier bleiben, Stück für Stück klarmachen, dass eine neue Zeit angebrochen ist. Nur ganz langsam können alle begreifen, dass dieser Mensch nie wiederkommen wird. Damit beginnt das neue und unbekannte Leben. Der Kampf mit dem Rückzug in Einsamkeit und Isolation beginnt für die Betroffenen und sie brauchen großen Mut, um dem Weg, der vor ihnen liegt, aufrecht entgegensehen zu können.

Es ist uns aufgelegt ein flüchtig schweifen
Und Abschied ungewollt und Liebesferne
Und Sehnsucht und ein letztes Nichtbegreifen
Im Angesicht des Todes und der Sterne.
Marie Luise Kaschnitz, Abschied

Brief an Magda K. (38), die Mutter von Anna (15)

Die Namen der Betroffenen wurden nicht geändert

Anna war erst ein halbes Jahr in Deutschland. Sie war mit ihrer zwei Jahre älteren Schwester Monika und ihren Eltern aus Bad Jastzemb in der Nähe von Kattowice/Polen nach Hamburg gekommen.
Sie war noch nicht einmal 14 Jahre alt, immer guter Laune und ausgesprochen sportlich. Im November tauchten die Schmerzen im Rücken und in den Gelenken erstmalig auf. Ihre Beine fühlten sich an »wie Watte«, sie erbrach häufig, schlief viel und klagte über heftige Kopfschmerzen. Ein erster Krankenhausaufenthalt brachte zunächst die Diagnose Rheuma. Nach wenigen Wochen erfolgte dann nach dem Verdacht auf eine bösartige Erkrankung die Überweisung in die Universitätsklinik Eppendorf in Hamburg. In der onkologischen Kinderklinik wurde dort die Diagnose Knochenkrebs bestätigt.
Über die folgenden eineinhalb Jahre stand Anna unter Chemotherapie. Als nach der ersten Chemotherapie auch die zweite und dritte ohne den erhofften Erfolg blieben, wurde geplant, Anna auf eine Knochenmarktransplantation vorzubereiten. Das bedeutete, dass ihr während der ganzen Zeit bis zu ihrem Tod Zytostatika verabreicht wurden. Diese Medikamente werden bei Krebstherapien in der Hoffnung eingesetzt, dass der sich ausbreitende Prozess gestoppt werden kann. Die Neben-

wirkungen sind dabei neben der massiven Schwächung des Immunsystems, Übelkeit, Haarausfall, mögliche Leberschäden usw.
Während ihres Klinikaufenthaltes war ihre Mutter fast immer anwesend. Über Spendengelder wurde betroffenen bedürftigen Kindern Geld gestiftet, damit besondere Wünsche erfüllt werden konnten. Anna hatte viele Wünsche – wie jedes junge Mädchen. Diese wurden ihr auch erfüllt. Über Ängste, die sie hatte, sprach sie mit ihrer Mutter nie. Sie gab sich eher alle Mühe, zu scherzen. Ein letztes Mal ansprechbar und wach für wenige Stunden war sie vier Tage vor ihrem Tod. Ihre Eltern und ihre Schwester waren da. Anna lachte, machte Witze mit ihnen und sang. Sie war etwa 3 Monate vor ihrem Tod, zu Ostern zum letzten Mal in ihrer Hamburger Wohnung, doch sie erkältete sich. Ihr Besuch dauerte deshalb nur einen Tag und eine Nacht.
Wie ihre Familie war auch Anna katholisch. Eine kleine Heiligenfigur, die vom Papst selbst geweiht worden war, unterstützte ihr Beten. Sie hielt dann die Figur in ihren Händen und wollte nicht angesprochen werden. Über das, was sie betete, was sie sich wünschte, sprach sie nicht.
Anna starb noch während der vorbereitenden, chemotherapeutischen Behandlung, eineinhalb Jahre nach ihrer Diagnose und mitten im strahlenden Juni. Ihre Mutter war bei ihr; als ihr Vater und ihre Schwester im Krankenhaus ankamen, war sie bereits tot. Annas Armbanduhr war um 8.23 Uhr stehen geblieben, etwa der Zeitpunkt ihres Todes. Für einige wenige Stunden blieb die Familie noch bei ihr, um Abschied zu nehmen.
Dann fuhr die Familie zurück in ihre Wohnung in einem Vorort Hamburgs. Nie wieder sprachen sie mit jemandem aus dem Krankenhaus, nie wieder betraten sie es. Außer der Großmutter war an diesem Tag niemand sonst bei der Familie.

Liebe Magda,
deine größte Angst ist nun vorbei. Deine Anna ist gestorben. Du hast bei ihr gewacht und gebangt und hast dich nicht getraut, ihr alles das zu sagen, was du ihr sagen wolltest. Über jeden Scherz, den sie machte, hast du dich gefreut, jede dumme Bemerkung und jede Verletzung von ihr bist du übergangen. Und du hast ängstlich beobachtet, ob sie leidet, ob sie Angst hat oder ob sie Schmerzen hat. Die Schmerzen waren dann das Einzige, wogegen etwas getan werden konnte. Jede medizinische Möglichkeit hast du genommen und von dieser die rettende Hilfe erhofft. Und dennoch ist Anna gestorben.
Du hast mir gesagt, dass du bereits bei dem ersten Verdacht auf eine

bösartige Krankheit bei Anna die Ahnung hattest, dass die kommende Zeit schwer werden würde. Du hast diese Befürchtung und deine Sorge immer wieder weggeschoben, zu schwer und zu furchtbar war der Gedanke tatsächlich denken zu müssen, wie es wäre, wenn...

Wie es euch ging, so geht es allen Eltern von krebskranken Kindern. Ganz plötzlich sind dann alle eines Tages mit der lebensbedrohlichen Diagnose ihres Kindes konfrontiert. Ist es nicht so, dass der Alltag schlagartig mit medizinischen Fachausdrücken und Laborwerten, von deren Existenz ihr nie etwas gehört hattet und die ab dann für das Leben eures Kindes von unendlich großer Bedeutung scheinen angefüllt war? Es ist, als ob jemand alle Eltern mit einem Zauberstab berührt: sie gehen nach außen ihrem Alltag nach, doch in ihrem Inneren gibt es einen Platz, an dem die dauernde Bedrohung lauert und von dem sie wissen, dass dieser nie wieder heil und unversehrt sein wird. Sie umgehen diesen Platz.

Mit einer solchen Bedrohung gibt es keine Sicherheit mehr. Denn die Vorstellung, was geschehen könnte, wenn dieses Kind sterben könnte, ist nicht zu ertragen. Ich habe den Eindruck, als seien alle betroffenen Eltern in diesen schweren Momenten wie paralysiert, innerlich erstarrt, wie der Junge in dem Märchen »Die Schneekönigin« von Hans Christian Andersen. Der Junge ist von dem Moment der Berührung der Schneekönigin zu Eis erstarrt und kann erst nach langer Zeit durch die liebevolle Suche und Wärme seiner Schwester wieder zum Leben erweckt werden. Die dauernde Betäubung der Eltern ist von außen nur sehr schwer erkennbar. Scheinbar kommen sie gut zurecht, sie sprechen über die Krankheit und die Krankenhauserfahrungen, als sei dies ganz »normal«. War es bei euch nicht auch so?

Und jetzt ist die unfassbare Angst Realität geworden.

Ich habe eine Vorstellung davon, wie schwer dein Weg von ihrem toten Körper weg gewesen sein muss. Du bist in eure Wohnung gekommen und hast alles, was du sahst, zum ersten Mal gesehen. Leer war es und du hast an diesem Zeitpunkt schon gewusst, dass es nie wieder so wird, wie es gewesen ist. Du hast geahnt, was es bedeutet, Anna nie wieder zur Tür hineinkommen zu sehen. Was habt ihr gemacht? Habt ihr Kaffee getrunken? Natürlich habt ihr irgend etwas gemacht. Wahrscheinlich habt ihr getrunken, gegessen und ihr habt alles um euch herum gesehen und doch nicht erkannt.

Annas großen Wunsch, eine Videokamera zu haben, habt ihr erfüllt. Sie konnte keine Filme mehr damit drehen, die Kamera war zu schwer für ihre schwachen Hände. Und der erste Film, der dann doch darauf gedreht wurde, war die tote Anna in ihrem Kranken-

hausbett. Dieser Film wird dir ein wichtiger Gegenstand sein, auch wenn du nie ansehen magst, was darauf zu sehen ist.
Und dennoch bin ich auf eine gewisse Weise beruhigt. Ich weiß, dass jetzt die große Angst um das Leben deines Kindes vorbei ist. Und ich bin beruhigt, denn in deinen Erzählungen von Anna sehe ich nicht, dass sie von Verzweiflung gequält wurde. Ich sehe, dass sie stark genug war, ihren Weg in eine neue Zukunft mit wenig Angst anzutreten. Es ist unwahrscheinlich, dass sie diese hätte verbergen können. Das bedeutet doch dann, dass sie bereit war, zu gehen. Was für eine Kraft und was für eine Stärke hat eure Tochter gehabt! Und ich sehe auch, dass Anna immer gute Laune hatte. Vielleicht hat sie sie nur gespielt. Vielleicht war ihre ganze Lust am Leben auch nur gespielt.
Du hast mir erzählt, dass ihre Freunde immer sagten, sie sähe aus, wie Sinhead O`Connor, die irische Sängerin. Das war nach der ersten Chemotherapie, nachdem ihr die Haare nachgewachsen waren, die ausgefallen waren. Diese Sängerin hat ein sehr bekanntes Lied gesungen: »Nothing compares to you« – »Nichts ist vergleichbar mit dir«. Ja, es gibt keinen Menschen, der mit deiner Anna verglichen werden könnte. Einzigartig ist sie. Mit großer Kraft hat sie gelebt, hat sich in ihren Abschied gegeben und hat euch die Möglichkeit gegeben, euch von ihr zu verabschieden. Ich wünsche so sehr, dass darin ein wenig Trost sein kann.
Für euch beginnt ab der Beerdigung ein neuer Alltag. Vorher habt ihr zu organisieren, zu entscheiden, wo und wie die Feier ablaufen soll.
Ich habe das Foto bekommen, dass ihr gemacht habt, als Anna am Tag der Beerdigung im Sarg aufgebahrt war. Ich sehe ein ruhiges Gesicht vor mir. Eine kleine spitze Nase und ein ganz leichtes Lächeln um den Mund, den Kopf ganz leicht nach rechts geneigt. Ganz entspannt sieht sie aus. Die Heiligenfigur hat sie in den Händen. Das war drei Tage nach ihrem Tod. Hast du sie noch erkannt? Hast du gesehen, dass sie das irgendwie nicht mehr war? Hast du gesehen, dass die Anstrengung der Ruhe gewichen war? Hast du gefühlt, wie kalt sie war?
Madga, dein Kind hat ihren schwer gewordenen Körper verlassen. Das, was dort lag, war nicht mehr Anna. Das war ihre Hülle, es war ihr Körper. Es ist, als hätte sie ihr Kostüm ausgezogen und es einfach liegen lassen. Und man könnte auch sagen, dass ihr euch dann bei der Beerdigung eben von diesem Körper verabschiedet habt, nicht von Anna selbst.
Schrittweise wirst du erkennen, dass Anna nicht mehr lebendig sein wird. Stückweise und schmerzhaft wird jedes Erkennen sein, dass sie

nie wieder, nie wieder in der Form, in der du sie kanntest, bei dir sein wird.
Niemand hat uns je beigebracht, was wir machen sollen, wenn wir fassungslos vor dem Verlust eines geliebten Menschen stehen. Wir Menschen können uns erkennen, wenn wir uns als Menschen begegnen, nicht, wenn wir unser Kostüm, unseren Körper, ausgezogen haben. Niemand hat uns gesagt, wie wir die Leere ertragen sollen, die sich anfühlt, als sei ein Teil von uns selbst weg gefetzt. Und niemand hat uns beigebracht, wie wir gemeinsam mit unseren Toten leben können.
Du und deine Familie, ihr werdet es erleben, niemand sonst. Eure Umgebung wird von euch erwarten, dass ihr so schnell wie möglich zu einem normalen Leben übergeht. Das wird nicht ohne Verletzungen ablaufen können. Für Trauernde gibt es viele Aufforderungen in dieser Richtung. Und du wärest nicht die einzige, der ein halbes Jahr nach dem Tod von Anna gesagt wird: »Ach, das Leben muss doch weitergehen!«
Andere Menschen werden dir raten, du sollest deine Anna »loslassen«. Ich weiß nicht, was das bedeuten soll. Zu leicht entsteht bei allen Trauernden die Vorstellung, sie dürften nicht weinen oder sie sollten ihre Gedanken abwenden von dem lieben Menschen, der gestorben ist. Wenn »Loslassen« bedeuten soll, dass wir sie nicht ununterbrochen zurück betteln sollen und sie in Frieden und mit guten Wünschen ziehen lassen, dann ist das in Ordnung. Dann darf geweint werden und wir können mit ganzem Herzen eine liebevolle Verbindung halten. Denn die Verstorbenen haben einen anderen Weg gewählt als wir es erwünscht haben. Dieser Weg führt nicht in unseren Alltag, sondern in eine völlig neue Existenz hinein. Dann kann »Loslassen« friedvollen Abschied bedeuten. Jedes Ansinnen jedoch, dass alle Gedanken an diesen lieben Menschen verbannt werden müssen, wird sich nur unter Aufbietung großer Energie bewerkstelligen lassen. Das Verdrängen von Gefühl wird sich sein Ventil auf irgendeine Art suchen – und sei es durch Angstträume.
Der Abschied von einem geliebten Menschen erscheint mir, als sei dieser Mensch auf eine sehr lange Reise ins Ausland gefahren. Und stell' dir vor, wie es dir selbst erginge, wenn du dich auf eine solche Reise begibst. Wenn die Menschen bei dir zu Hause plötzlich jeden Gedanken an dich ausmerzen würden, es wäre furchtbar. Wenn sie dich mit Ängsten und Sorgen bedenken würden, es würde dich behindern. Doch wenn sie dort säßen und dir mit aller ehrlichen Herzlichkeit gute Wünsche und gutes Gelingen wünschten, dass würde dir die Kraft geben, deinen Weg stark und sicher voranzugehen. Und Anna ist auf eine weite Reise in ein fernes Land gegangen.

Bereite dich auf die Reaktionen deiner Umwelt vor und erschrick nicht – es ist normal.
Denn auch ihnen hat niemand beigebracht, wie mit Trauernden umgegangen werden kann. Sollen Trauernde nicht lieber ihre Ruhe haben? Vielleicht wollen sie nicht gestört werden. Was soll ich den Angehörigen bloß sagen? Und vor allem: Menschen in der Umgebung von Trauernden haben große Angst. Diese Angst ist geprägt durch das plötzliche Erkennen, dass Tod Realität ist. Alle ahnen, dass auch ihr eigenes Leben ganz plötzlich zerstört werden kann. Auch mit ihnen ist Nachsicht notwendig.
Du wirst ab jetzt unter Umständen Unterstützung von Menschen bekommen, von denen du es nie erwartet hättest, und du wirst möglicherweise keine Unterstützung bekommen von denen, mit denen du gerechnet hättest.
Ich rate dir, sprich darüber, denn der Tod deiner Anna wird um dich sein, vierundzwanzig Stunden am Tag. Es wird nichts anderes deine Gedanken beschäftigen, deine Fragen und deine Sehnsucht. Und das wird noch lange so sein. Also sprich darüber, damit die, die dir Unterstützung geben möchten, das auch tun können. Und übe Nachsicht mit denen, die sich zurückziehen.
Und es kann sein, dass auch die Klinik, in der ihr so lange Zeit verbracht habt, in keiner Weise reagiert. Diese Klinik, die onkologische Kinderabteilung war der Ort der Angst und der Sorge und der unausgesprochenen Ängste. Diese Empfindungen habt ihr mit allen Patienten und ihren Angehörigen gemeinsam. Und alle hoffen und bangen um die, die dort behandelt werden. Und wenn dann eine wie Anna stirbt, ist für alle das Schrecklichste Wahrheit geworden. Damit wird die Angst der anderen Patienten und ihrer Angehörigen konkret und der Horror mögliche Wirklichkeit. Und mit der gleichen Sorge bangen Ärzte, Krankenschwestern und Psychologen um die Kinder, die dort sind. Doch auch ihnen hat niemand beigebracht, wie sie sich dem Unfassbaren Tod und der Trauer widmen können.
Alle, die Annas Tod mitbekommen und geschwiegen haben, werden wissen, dass sie »eigentlich« etwas hätten sagen oder tun müssen. Und das, was nicht getan wurde, begleitet sie weiter und belastet sie weiter. Ihr seid der personifizierte Schrecken für sie – und das ist verständlich.
Und ich rate dir, achte auf deine Träume. Dort wirst du Anna sehen. Und es wird möglicherweise noch Jahre dauern, bis du auch im Traum weißt, dass sie gestorben ist. Lege dir ein Buch an, in welches du die Träume aufschreibst, die du erinnerst. Dieses Buch wird irgendwann eine Quelle der Verbindung zu Anna für dich sein.

Ich wünsche dir und euch unendlich viel Kraft und den Glauben an eure Anna. Und ich wünsche dir den unverbesserlichen Mut, unbeirrbar durch den Weg der Trauer zu gehen, bis du langsam Hoffnung erblicken wirst.

Wie es Magda heute geht

Magda ist über viele Jahre täglich zum Grab ihrer Tochter Anna gegangen. Und ihre Verwandtschaft hat ihr viel Unverständnis für dieses Verhalten entgegengebracht. Jetzt, nach zehn Jahren, geht sie nur noch jeden zweiten Tag, manchmal jeden dritten. In Annas Zimmer befindet sich jetzt das Schlafzimmer der Eltern. Noch immer hängen ihre Poster an der Wand, die Tapeten sind nie gewechselt worden. Es ist unverändert. Monika ist Mutter von zwei kleinen Töchtern, die der ganze Stolz und die Freude der Großeltern sind. Annas Vater hat den Eindruck, in einer der Enkeltöchter seine geliebte Anna wiederzufinden, was ihn sehr tröstet.

Umsorge der beiden Enkelkinder kennzeichnet den Alltag der Familie.

Magda hat nach dem Tod ihrer Tochter viele Ängste überwunden. Sie hat einen neuen Beruf angefangen, sie arbeitet in der Altenpflege. Das war eine große Herausforderung für sie. Sie hat den Führerschein gemacht – Dinge, die sie sich vorher nie zugetraut hätte.

Nach dem Tod von Anna war Magda für einige wenige Male in der Kirche. Dann nie wieder. Sie hatte lange das Gefühl, dass Gott sie unendlich verletzt hat.

Noch heute brennt ihr eine Frage auf dem Herzen. Um was mag Anna die vielen Male gebetet haben? Magda glaubt daran, dass sie unendlich viel ruhiger wäre, wenn sie eine Antwort auf diese Frage finden könnte.

In der ersten Zeit nach Annas Tod hat Magda gedacht, sie könne vielleicht die ganze Geschichte vergessen, wenn ein wenig Alkohol einen Nebelschleier darüber legt. »Aber das geht ja nicht«, sagt sie. Denn wenn der Schleier weg war, war auch die Erinnerung wieder da, waren der Schmerz und die Sehnsucht unverwandelt mit aller Macht neben ihr. Sie spricht noch heute viel mit Anna und bittet sie um Kraft und Unterstützung.

Eine Geschichte zum Nachdenken

Die Frösche

Es waren einmal drei Frösche unterwegs zu einem großen Fest. Der Weg zu ihrem Fest am See war lang und sie waren aufgeregt und voller Vorfreude.

Eben aus diesem Grund machten sie sich schon frühzeitig auf den Weg. Und als sie die Hälfte des Weges hinter sich hatten, wurden sie etwas müde.
Sie waren an einem heißen Sommertag unterwegs, die Sonne brannte und sie hätten es lieber gehabt, wenn es schwüler und damit feuchter gewesen wäre. Doch dieser Tag war trocken und der Weg zum erlösenden Nass war lang. Sie wussten, sie hatten Zeit und so entschlossen sie sich zu einem kleinen Abstecher, um der Trockenheit und der großen Hitze zu entfliehen.
Als sie an einem Haus vorbeikamen hüpften sie geradewegs in dieses hinein und gelangten auf direktem Weg in die Küche. Dort standen eine Menge Gerätschaften und so kam es, dass die Frösche in die Gefäße guckten und die Küche erkundeten. Dabei geschah es, dass ein Frosch in einen Topf mit Wasser fiel, was ihm nicht schlecht gefiel, denn dort war es wunderbar nass, fast, wie im Teich. Das Wasser war gerade hoch genug, dass er darin ein wenig paddeln konnte und sein Kopf aus dem angenehmen Wasser herausragte.
Allerdings hatte der Frosch nicht bemerkt, dass dieser Topf auf einem Herd stand. Wohlig war es ihm. Und er machte sich auch keine Gedanken, als es langsam ein wenig wärmer wurde. Das war ganz angenehm. Und er räkelte sich im Wasser und träumte vor sich hin. Doch allmählich stieg die Temperatur. Da sagte er zu sich, dass er bald, wenn das noch mehr würde, aus dem Topf springen würde. Und er träumte weiter. Die Temperatur stieg und ihm wurde etwas unwohl. Er sprach zu sich, dass er ganz sicher aus dem Topf springen werde, wenn es nur noch ein wenig wärmer werde. Und er träumte weiter. Das Wasser in dem Topf wurde heiß. Und ein letztes Mal seufzte der träumende Frosch und murmelte, dass er aus dem Nass herausspringen würde, sobald es noch wärmer werden sollte.
Das ist der gekochte Frosch, dem irgendwann sein Träumen davon, was er tun könnte und würde, zum Verhängnis wurde.
Die anderen beiden Frösche fielen kopfüber in einen Topf mit Milch, der auf dem Küchentisch stand. Zwar war es nass, doch sie fanden keinen Grund unter ihren Füßen. Also schwammen sie, bewegten ihre Schenkel so sehr sie konnten. Über Stunden paddelten sie so in der Milch. Und sie wurden müde und klagten sich ihr Leid. »Es hat keinen Sinn«, sagte der eine Frosch zum anderen, »hier kommen wir nie wieder hinaus, die Wände sind steil und wir finden keinen Punkt, von dem wir uns abstoßen könnten.« – »Halte aus,« sprach der andere Frosch »Du bist zum paddeln geboren. Gib` nicht auf!« Und so paddelten sie weitere Stunden. »Ich kann nicht mehr«, stöhnte der erste Frosch wieder. »Sei ruhig. Gedulde dich. Mach weiter«, antwortete ihm der andere. Sie schwiegen, sie wurden stiller und bewegten ihre Beine immer weiter. »Es geht nicht mehr, ich halte es nicht mehr aus, es ist zu schrecklich, ich höre auf!«, keuchte der erste Frosch. Er bewegte seine Beine noch einige Male, dann hörte er auf und versank in der Milch.
Der letzte Frosch bewegte sich weiter. Wie in Trance paddelte er in der Milch. Müde war er und der Gedanke, aufzugeben erschien reizvoll. Doch dann war

es ihm, als fordere ihn jemand auf: »Erinnere dich!« – Und der Frosch erinnerte sich. Er war unterwegs zu einem großen wunderschön feuchten Fest am See. Er paddelte, er schwamm immer im Kreis, sein Kopf summte und brummte und er hielt nur einen Gedanken fest bei sich: »Ich will zu dem Fest am See!«
Der Frosch schwamm noch einige Stunden in der Milch. Er spürte seine Beine nicht mehr, er spürte gar nichts mehr, doch er hörte nicht auf, sich zu bewegen. Und irgendwann geschah etwas Seltsames. Er bewegte seine Beine langsamer und langsamer und stellte letztendlich fest, dass er auf einem kräftigen Block voller Butter saß. Er holte tief Luft, sprang von der Butter aus dem Topf heraus, hüpfte aus der Küche hinaus und begab sich wieder auf seinen Weg. Verfasser unbekannt

Einige begleitende Worte

Dem Verstorbenen nahe stehende Menschen tauchen nur sehr langsam aus ihrem Erlebten wieder auf. Stück für Stück und über einen langen Zeitraum werden sie erkennen und überblicken, was sie erlebt haben. Es ist, als liefen zwei Filme parallel: der erste Film ist der normale gewohnte und bekannte Alltag, den alle kennen und der zweite Film ist die Nachricht vom Tod, bzw. die Begleitung des Sterbenden bis zu seinem Tod. Selbst die Beerdigung wird sehr häufig wie in einer Art »Trancezustand« erlebt. Diese beiden unterschiedlichen Ebenen müssen erst wieder angeglichen werden und das braucht Zeit. Beide Ebenen sind real und werden dennoch als völlig getrennt voneinander erlebt. In der Zeit nach einem Todesfall wird dies allen Trauernden schmerzlich und möglicherweise staunend deutlich. Es kann passieren, dass die Trauernden ihren eigenen Alltag, ihre Stadt, die gewohnte Umgebung anschauen, als sähen sie diese zum ersten Mal, als müssten sie sich mühsam an etwas erinnern, um es zu erkennen. Das ist der Weg auf dem Trauernde wieder in ihrem Alltag Fuß fassen lernen. Und dieses Eintauchen in die Alltagsnormalität benötigt die Unterstützung von außen.
Im ersten Monat sind die Gestorbenen noch sehr präsent, sehr nahe, als müssten sie jeden Moment zur Tür hineinkommen. Aus diesem Bewusstwerden beider paralleler Realitätsebenen entsteht jene tiefe Sehnsucht, die stetig anwachsen wird. Diese Sehnsucht nach dem geliebten Menschen ist Ursache für den starken, unter Umständen körperlich erlebten Schmerz. Die Nähe, das Lachen, die Mimik, der Geruch und der Klang der Sprache eines lieben Menschen, alles das war bislang vertraut und gewohnt und dann müssen wir langsam begreifen, dass das nie wieder da sein wird. Das wirkt fast paradox und erscheint nahezu wie das größte Mysterium überhaupt. Vertraute Gegenstände werden mit einmal schrecklich und heilig zugleich.

Die Umgebung der Trauernden hat in den wenigsten Fällen die Realitätsverschiebung miterlebt. Allein deshalb fehlt häufig das Verständnis für die Situation. Allerdings liegt hier eine große Aufgabe und eine große Chance für alle Beteiligten. Den Tod im Leben zu erkennen, bedeutet möglicherweise dem Sinn des Lebens ein Stück näher zu kommen. Wie Margret Mead, eine Anthropologin sagte, sähe die Welt anders aus, wenn jeder Mensch eine Geburt und einen Tod miterlebt hätte. In den Momenten, wenn Menschen sterben oder Menschen trauern, ist die Gelegenheit gegeben, die Kostbarkeit von Leben zu entdecken und in sein eigenes Leben einzubauen. Menschen in verantwortlichem Handeln mit einem Blick auf die Gemeinschaft wissen darum. Und genau hier liegt die Chance für alle Beteiligten. Die Umgebung der Trauernden kann die maßgebliche Instanz sein, die es den Trauernden ermöglicht, sanft in die Alltagsrealität zurückzufinden und dennoch Tod und Sterben als erlebte Wirklichkeit einer anderen Ebene anzunehmen.
In der modernen, naturwissenschaftlich geprägten Medizin wird der Tod als Zerstörer angesehen. Das Bild des über Jahrhunderte entstandenen Sensenmannes ist tief in uns verwurzelt. Diese Sichtweise macht begreiflich, wie es zu den herzlos anmutenden Verhaltensweisen in Krankenhäusern kommen kann. Es ist eher eine Seltenheit, wenn Pflegekräfte, Ärzte oder Psychologen nach dem Tod mit den Angehörigen sprechen. Sterben heißt für viele im Krankenhaus Tätige, dass sie selbst versagt haben, denn ihr Auftrag ist es, Menschenleben zu retten, zu erhalten – komme, was wolle. Es ist verständlich nachvollziehbar, wenn dann angesichts des Todes Sprachlosigkeit und Vermeidung statt Hinwendung und Handlungsfähigkeit einsetzen. Für die Trauernden allerdings entsteht dadurch der Eindruck von Feigheit und von unendlicher Rohheit. Wie Magda mit ihrer Tochter Anna ergeht es vielen Angehörigen an Krebs erkrankter Kinder in den entsprechenden Spezialabteilungen der Krankenhäuser.
Um diesen Tanz zwischen den Realitätsebenen überstehen zu können, bedarf es großen Durchhaltevermögens für alle, sowohl für die betroffenen Trauernden, als auch für ihre Umgebung. Trauernde haben ihren normal-gewohnten Alltag vergessen, er ist leer und mechanisch geworden. Wenn die Gesellschaft ihnen dann nicht die Möglichkeit schafft, sich als lebendiger Teil dieser Gemeinschaft zu begreifen, geraten Trauernde sehr leicht in die Isolation. Und diese erste Gefahr der Vereinsamung kann schwer wiegende Folgen nach sich ziehen. Der hohe Verbrauch von Psychopharmaka als vergeblichem Hilfsmittel nach Todesfällen zeigt das deutlich.
Und um eine Verbindung des Lebens und des Todes, der beiden unterschiedlichen Realitätsebenen herstellen zu können, ist von allen Beteiligten ein Kampf ums Leben gefordert.

Viele Trauernde haben noch nach Jahren ganz erhebliche Probleme damit, die Stätte des Todes, die so stark mit dem Erlebten verbunden ist, aufzusuchen. Es entsteht bei den Trauernden der Eindruck, als sei das Krankenhaus der Ort des Schreckens schlechthin, ein Horrorszenario, ein wahres Schlachtfeld vergangener Ängste und vergeblicher Hoffnungen. Eine Lösung dieser Vorstellung wäre gegeben, wenn bei den dort Arbeitenden der Mut vorhanden wäre, Trauernde zu sich einzuladen, um gemeinsam einen neuen Frieden zu finden. Das bedarf zweifellos einer neuen Sichtweise: weg vom Sensenmann und hin zu einem Tod, der das Leben vollendet und abrundet.
Spendengelder für krebskranke Kinder werden unter anderem dazu verwendet, um den Kindern einen lang ersehnten Wunsch zu erfüllen. Diese an sich lobenswerte Idee kann aber Probleme mit sich bringen. Aus dem allgemein nachvollziehbaren Wunsch von allen, den kranken Kindern trotz Chemotherapie Freude zu bringen, können Schwierigkeiten entstehen. Die Kinder erleben sich möglicherweise in einer unangemessenen Machtposition. Sie erkennen sich in ihrem schweren und verwirrenden Zustand als Mittelpunkt und nicht mehr als Teil einer Gemeinschaft, die bangt und kämpft. Dadurch kann der Eindruck eines grenzenlosen Egoismus der betroffenen Kranken entstehen, denen die Eltern und Angehörigen nur allzu oft mit leidvollem Schweigen begegnen.
Alle diese Erinnerungen und die Intensität des individuell Erlebten kennzeichnen die Situation nach einem Todesfall.
Die Geschichte von den Fröschen kann eine Unterstützung geben, diesen unbekannten Weg, trotz allem, zu gehen. Die unbeirrbare Beharrlichkeit des letzten Frosches zeigt, dass letztendlich unerwartete Entwicklungen möglich sind. Diese zähe Ringen um eine unmöglich erscheinende Lösung bahnt den Weg in eine neue Zukunft, in der beides möglich ist: das Wissen um den Tod und den Abschied einerseits und andererseits der ganz normale und alltägliche Zustand des Lebens. Dabei wird nach dem Tod dieses Kämpfen um Leben von allen Beteiligten erwartet. Die Gemeinschaft benötigt dafür ebenso hartnäckigen Einsatz, wie die Trauernden selbst. Die untätige Wartezeit des »gekochten Frosches« führt dabei ebenso für alle in eine Sackgasse, wie ein resigniertes Aufgeben.
Unbändige Kraft ist dazu notwendig. Von den Trauernden, die sich »trotz allem« zum Leben bekennen und von der Gemeinschaft, die nicht ablässt von dem Wunsch, die Trauernden in ihrer Mitte zu sehen, auch wenn sie scheinbar keine Reaktionen und keinen Dank dafür erhalten.

Praktischer Teil

Ratschläge für die Betroffenen

- Nutzen Sie jede Möglichkeit, Menschen, die Ihnen begegnen, Ihren Verlust mitzuteilen. Lassen Sie sich nicht entmutigen, wenn Sie deren Entgegenkommen vermissen. Sprechen Sie, erzählen Sie, was passiert ist.
- Geben Sie ihrer Umgebung die Chance, Sie zu treffen, Sie zu unterstützen. Seien Sie offen für ihre Angebote.
- Vertrauen Sie Ihrem Herzen, lieben Sie die Toten unbeirrbar weiter. Glauben Sie fest an sie. Sie werden noch vielfach hören, dass »man da ja nichts mehr tun könne«. Vertrauen Sie stattdessen sich selbst.
- Lassen Sie sich durch nichts beirren, sprechen Sie mit den Toten.
- Hören Sie sich das Lied von Joe feat N'Sync »I believe in you« an. Er besingt in seinem Lied den tiefen Glauben an eine Person, auch wenn er an nichts anderes glauben mag. Dieses Lied kann Ihnen eine Unterstützung sein, wenn Sie nach dem Tod eines lieben Menschen zu nichts mehr Vertrauen haben mögen. Lassen Sie sich das Lied, wenn nötig, übersetzen.
- Wenn Ihnen der Mut abhanden kommen sollte, lesen Sie eine Sequenz aus dem Buch »Handbuch des Kriegers des Lichts« von Paulo Coelho. Das mag Sie daran erinnern, dass Sie um die Zukunft kämpfen können.
- Schließen Sie einen Moment die Augen. Fühlen Sie nach, an welcher Körperstelle der Schmerz und die Sehnsucht sich sammelt. Legen Sie Ihre Hand auf diese Stelle. Wärmen Sie mit Ihrer Hand diesen Schmerz. Fühlen Sie nach: erkennen Sie, welche Farbe der Schmerz hat? Atmen Sie tief durch. Und begleiten Sie Ihren Atem. Stellen Sie sich vor, wie Sie mit jedem Einatmen den Schmerz glätten und kleiner machen.
- Meiden Sie Alkohol. Jede Abdämpfung, jeder Versuch, das Geschehen vergessen zu können und so für nichtig zu erklären, schlägt fehl! Sobald ein Rausch vergangen ist, wird die Erkenntnis klar und deutlich zurückkehren.
- Stellen Sie auf das Grab der verstorbenen Person ein Grablicht. Denken Sie daran, wenn Sie abends wieder in Ihrem zu Hause sind. Es brennt immer noch und gibt Licht in der Dunkelheit für die verstorbene Person.
- Legen Sie sich ein »Traumbuch« an. Dort schreiben Sie nur ihre Träume auf. Sollten Sie der Meinung sein, sich nicht an ihre Träume zu erinnern, können Sie das lernen: Bleiben Sie morgens mit geschlossenen Augen liegen. Dabei steigen die Empfindungen aus dem Traum ins Bewusstein. Sie können diesen Prozess unterstützen, wenn Sie sich auf die

linke Körperseite legen. Notieren Sie, möglicherweise noch mit geschlossenen Augen, jeden Traumfetzen in ihrem Buch. Langsam, mit der Zeit und mit Geduld, werden Sie mehr und mehr von Ihren nächtlichen Träumen im Alltagsgedächtnis behalten können.

■ Lesen Sie das Buch »Noch einmal sprechen von der Wärme des Lebens…« von Mechthild Voss-Eiser. Gedichte und Texte in diesem Buch werden ihren Schmerz zulassen, denn alle, die Beiträge zu diesem Buch gegeben haben, haben Ihren Schmerz auf irgendeine Weise erlebt und können ihn teilen. Sie wissen, dass es vielen ähnlich ergangen ist, wie Ihnen selbst. Das ist tröstlich, auch wenn es schmerzt.

■ Das Buch »Beim Sterben von Kindern«, Arie Boogert, Verlag Urachhaus, kann Ihnen eine Unterstützung sein, die Frage des »Warum« klären zu können. Eltern berichten von dem Tod und der Geschichte des Sterbens ihrer Kinder.

Ratschläge für die Umgebung Trauernder

■ Nehmen Sie zu der Beerdigung einen Blumenstrauß für die Lebenden mit. Am besten aus den gleichen Blumen gebunden, wie für den Verstorbenen. Geben Sie diesen den Lebenden – als möglichen Trost und als mögliche Verbindung.

■ Teilen Sie ein schönes Geschenkband in zwei möglichst gleich lange Teile. Geben Sie die eine Hälfte dem Toten mit ins Grab, geben Sie die andere Hälfte den Lebenden. Das kann eine symbolische Verbindung zwischen zwei Welten aufrecht erhalten und den Betroffenen Mut machen, an ihre Toten zu denken.

■ Gehen Sie auf Trauernde zu. Fragen Sie sie. Fragen Sie nach dem Tod, nach ihrem Befinden, nach ihren Gefühlen.

■ Lassen Sie Trauernde von dem Tod und von dem, was sie erlebten, erzählen. Hören Sie hin. Es ist nicht nötig, dass Sie etwas Großartiges tun, außer aufmerksam zu sein. Zuhören ist ein wichtiger und hilfreicher Schritt, damit die Trauernden die Chance haben, sich mitzuteilen, damit sie wissen, dass sie auch weiterhin ein Teil der Gemeinschaft sind.

■ Fragen Sie, ob die Trauernden Unterstützung benötigen, ob sie diese wollen, ob sie sie annehmen können und wiederholen Sie ihr Angebot. Vielleicht war Ihre Frage zu schnell gestellt, vielleicht konnten die Trauernden noch nicht überblicken, ob es überhaupt Unterstützung geben kann.

■ Denken Sie nicht, Sie würden Trauernde stören, wenn Sie hingehen, ohne gebeten zu sein. Trauen Sie sich, gehen Sie hin zu ihnen, lassen Sie sie nicht allein. Und unter Umständen werden die Trauernden Ihnen nie vergessen, dass Sie es waren, der ihnen den Becher heißen Kaffee wortlos hingeschoben hat. Sie brauchen nichts zu planen, keine großen

Taten oder Worte zu vollbringen. Allein ihre Präsenz ist erlebte Anteilnahme.

- Backen Sie einen Kuchen für die, die gerade von einem Trauerfall betroffen wurden.
- Bringen Sie den Lebenden zwei bis drei Wochen nach der Beerdigung einen Blumenstrauß vorbei. Wenn alle in ihrem normalen Alltag sind, ist das für die Trauernden ein Zeichen, dass ihr nicht existierender Alltag von den anderen wahrgenommen wird.
- Laden Sie die Trauernden zu einem Kinobesuch, einem Theaterbesuch ein, beziehen Sie sie in den Alltag ein, ohne so zu tun, als sei »alles in Ordnung«. Begleiten Sie die Trauernden in allen möglichen Situationen des Alltags. Das bedeutet weder, dass Sie sich jetzt den ganzen Abend auf Todesgespräche einlassen müssen, noch dass Sie dieses Thema überhaupt nicht anschneiden sollten: Sie begleiten diese Menschen in einen neuen Alltag hinein, in dem Beides nebeneinander existieren muss.
- Seien Sie ehrlich in dem, was Sie tun oder sagen.
- Schreiben Sie eine Karte oder einen Brief an die Trauernden. Schreiben Sie Ihnen, ob Sie an sie denken, ob Sie ihnen etwas zu sagen haben oder ganz einfach völlig sprachlos sind.
- Sollten Sie Angst haben, den Trauernden zu begegnen, sprechen Sie es aus! Dadurch ist eine Basis für eine neue Begegnung geschaffen.
- Lesen Sie das Märchen »Die Schneekönigin« von Hans Christian Andersen. Dieses Märchen kann eine Vorstellung in Ihnen erwecken, die es Ihnen möglich macht, zu verstehen, wie es Betroffenen geht, die ein schweres Unglück erfahren haben – sei es durch eine möglicherweise lebensbedrohliche Diagnose oder durch den Tod eines lieben und nahen Menschen.
- Erwarten Sie keine Dankbarkeit. Es kann sein, dass die Trauernden erst nach langer Zeit erkennen, welche Unterstützung sie bekommen haben.

2 Das Staunen über einen einmaligen Menschen

Angesichts des Schreckens und der Unfassbarkeit, die ein Tod mit sich bringt, kann es hilfreich und tröstlich sein zu erkennen, was dieser verstorbene Mensch an Einzigartigem in die Welt gebracht hat. Jeder Mensch, die Lebenden wie die Toten, ist erst begreifbar durch die Vielzahl an Facetten, seine Eigenarten, die sich aus Talenten und aus möglicherweise verschroben wirkenden Zügen zusammensetzen.

> *Der Mensch ist für mich ein Wesen, das nur durch paradoxe Mittel, Formen dargestellt werden kann, denn der Mensch geht nicht auf, wie eine Rechnung, und wo der Mensch so aufgeht, ist die Rechnung sicher falsch.*
>
> Friedrich Dürrenmatt

Brief an Thomas (42), Sohn von Fritz (76)

Die Namen wurden teilweise geändert

Thomas war das jüngste Kind von Fritz. Thomas war in einer wohl behüteten traditionellen Familie aufgewachsen. Sein Vater war ein Geschäftsmann und war dadurch sehr häufig unterwegs auf Geschäftsreisen. Thomas lebte mit seiner Mutter und den beiden älteren Schwestern in einem netten Haus am Stadtrand.
Alle Kinder besuchten das Gymnasium und wurden liebevoll von ihrer Mutter versorgt. Als ihre Kinder noch klein waren, hat ihre Mutter mit großem Enthusiasmus Bastelarbeiten und Bäckereien in ihren anstrengenden Alltag eingeplant.
Als Thomas noch klein war und noch nicht zur Schule ging, nahm Fritz seinen Sohn mit auf Reisen, wann immer er es einrichten konnte. Noch heute erinnert sich Thomas gern an diese Reisen. In absoluter Seelenruhe ließ sich Fritz dann von dem kleinen Jungen, der auf der Rückbank im Auto saß, stundenlange Geschichten und Fantasien erzählen. Mit großen Augen schaute Thomas dann die fremden Städte an und schaffte es tatsächlich, viele Stunden, in denen sein Vater Gespräche auf seinen Reisen zu führen hatte, mit sich allein zu verbringen. Dann saß Thomas irgendwo in einer Ecke des Raumes oder draußen im Auto und ließ stundenlang Spielzeugautos ineinander krachen. Insgeheim hoffte Fritz, dass Thomas eines Tages seine Firma übernehmen werde.
Als die kleinen Kinder zu Jugendlichen wurden, engagierten sich alle

drei in politischen Gruppen. Der Kampf gegen die Unterdrückung wurde das Leitmotiv dieser Jahre. Während die Mutter von Thomas die stetigen Diskussionen, die die Harmonie eines jeden Sonntagsfrühstücks zerstörten, hasste, gerieten der Vater und die Kinder dabei regelmäßig in einen kaum enden wollenden Streit. Manchmal wurden die Gespräche mit lautem Türenknallen beendet und erst Nachmittags trafen die Familienmitglieder wieder aufeinander – noch immer mit verkniffenem Mund.

»Du bist ein Spießbürger, du hast überhaupt keine Ahnung und du bist ein elender Kapitalist!«, waren die Worte, die Thomas seinem Vater häufiger an den Kopf warf, bevor er davon stürmte. Nicht selten kroch Thomas dann aus lauter Wut über den »ignoranten« Vater bis zum nächsten Tag bei Freunden unter. Er wollte den »verstockten« Mann nicht sehen.

Thomas Mutter litt sehr darunter. Sie hatte doch in all den Jahren dafür sorgen wollen, dass eine harmonische Familienatmosphäre geschaffen würde. Und sie verstand nicht so recht, weshalb alle wegen solcher Lapalien aneinander gerieten. Sie stieß die Kinder unter dem Tisch mit den Füßen an und versuchte vergeblich, das Gespräch auf andere Themengebiete zu lenken. Ihre Versuche wurden mitunter von den Kindern dadurch kommentiert, dass sie »überhaupt keine Ahnung hätte« und sich da »raushalten« solle.

Kurz vor seinem Abitur hatte Thomas dann mehr als schulterlange Locken, lief schlurfenden Schrittes einher und war ohne einen militärgrünen Parker und ein Palästinensertuch um den Hals gewickelt, nicht zu sehen. Seine Zigaretten drehte er selbst. Seine Mutter verbot ihm das Rauchen im Haus, also rauchte Thomas entweder draußen auf der Terrasse oder eben nachts heimlich in seinem Zimmer. Hoch engagiert nahm Thomas sein Studium auf. Er war felsenfest davon überzeugt, dass er die Welt verbessern werde und alle nur darauf warteten, dass er Gerechtigkeit schaffen würde. Lehrer wollte er werden, denn ihm war klar, dass die Veränderung nur »von der Basis« ausgehen könne und die Basis sei das Erziehungswesen.

Als er mitten im Studium war, wurde seine Freundin von ihm schwanger. Thomas arbeitete zu dem Zeitpunkt nebenher als Lastwagenfahrer und verdiente sich etwas Geld für sein Studium.

Voller Stolz berichteten sie den angehenden Großeltern von der Schwangerschaft. Sie heirateten. Thomas studierte weiter, seine Frau arbeitete bereits und Thomas Mutter war ihnen eine große Unterstützung. Sie war der kleinen Enkeltochter eine ebenso gute Großmutter, wie sie ihren Kindern eine umsorgende und fantasievolle Mutter gewesen war. Manchmal nahm Fritz seine kleine Enkeltochter in den Arm und betrachtete sie mit allem Stolz, den ein Großvater haben kann.

Thomas wurde Lehrer an einer Gesamtschule in der Großstadt, an dessen Rand sie lebten. Und Thomas war ein Lehrer, den die Schüler mochten. Er war freundlich zu allen, er strukturierte seinen Unterricht, damit er verständlich war und befand sich plötzlich mitten in einem Kollegium, in dem es viele gab, die genauso dachten wie er und die genauso engagiert gegen alle Benachteiligungen eintreten wollten.
Nach ein paar Jahren bekamen Thomas und seine Frau ein weiteres Kind. Es war ein Sohn. Vormittags ging Thomas nun zur Schule, nachmittags war er für seine Kinder ein fürsorglicher Vater und abends bereitete er seinen Unterricht für den nächsten Tag vor.
Nach einigen Jahren stiegen Zweifel in Thomas hoch. Er sah plötzlich, dass ihm seine Freundlichkeit und Verbindlichkeit und seine immerwährende Kompromissbereitschaft Schwierigkeiten machten. Schüler, die das genau wussten, suchten jede Möglichkeit, sich um die Hausaufgaben oder die langen Schulstunden zu drücken. Sie erreichten auf diesem Umweg alles, was sie nur wollten. Thomas reagierte auf diese Erkenntnis erstaunlich konsequent. Er wollte, dass sein Wort allein etwas galt und veränderte sein Verhalten den Schülern gegenüber. Er hatte einige Jugendliche in seiner Klasse, die erst anfingen, ihn ernst zu nehmen, als sie merkten, dass Thomas ihnen einen ganz erheblichen Widerstand entgegenzusetzen begann.
Allerdings stand Thomas mit seiner veränderten und erfolgreichen Umgangsweise ziemlich allein an der Schule. Die Kollegen baten ihn in den verschiedensten Fällen um Nachsicht mit allen Unzulänglichkeiten. Es wurden Bücher nicht abgegeben oder gestohlen, auf dem Schulhof wurde neben Rauschgift auch gestohlene Kaufhausware verkauft und Thomas sah, dass in allen handlungsnotwendigen Situationen um Nachsicht und Milde gebeten wurde. Und Thomas spürte, wie er resignierte.
In dieser Zeit fuhr Thomas für ein paar Tage nach Rom. Er hatte Fritz dieses Geschenk gemacht, da er wusste, dass sein Vater sich nicht allein nach Italien traute, er sprach die Sprache nicht und das Land erschien ihm völlig fremd. Thomas wollte die Tage nutzen, Fritz alles zu zeigen, was er in Rom kannte und er hatte wenig Verständnis dafür, wenn Fritz müde war von den langen Wanderungen durch die große Stadt. Ihm kam sein Vater mit seinen Eigenarten völlig verschoben vor. Fritz wollte morgens ein ausgiebiges Frühstück, bevor er sich überhaupt aus dem Haus bewegte – in Italien ist so etwas allerdings unüblich. Und nach ihrem Besuch in Museum für moderne Kunst zeigte Fritz deutlich sein Unverständnis für die »verschwendete Zeit«, die Thomas vor einem Bild verbringen konnte. Fritz fehlte das Verständnis für jede moderne Kunst. Thomas kochte innerlich.
Und nach den gemeinsamen Tagen in Italien fing für Thomas der

Schulalltag wieder an. Wenn Thomas sich umsah, erblickte er eine undurchdringbare Wand vor sich. Es war, als stürzten seine Ideale, die er einmal selbst als Jugendlicher hatte, in sich zusammen. Und er sah, dass er auf irgendeine Weise einen anderen Beruf haben wollte. Er war kaum Mitte dreißig und wusste genau, dass sein Lehrerberuf ihn krank machen würde, sollte er ihn bis zu seinem Rentenalter durchhalten müssen.
Doch Thomas sah auch, dass ein Lehrer eben Lehrer war. Er hatte nichts anderes gelernt. Sollte er den Versuch wagen, Designer zu werden? Oder hatte er überhaupt in seinem Alter die Möglichkeit, beim Fernsehen Karriere zu machen? Thomas grübelte.
Fritz beobachtete die Situation. Und er wusste, dass eine neue berufliche Perspektive für seinen Sohn notwendig war. Eines Tages setzte Fritz sich zu ihm und schlug ihm vor, den Versuch zu wagen, in seine Firma einzusteigen. Thomas zweifelte zunächst. Doch als seine Frau, die die schwere Krise von Thomas ebenso folgenschwer einschätzte, wie Fritz, ihm zuredete, überwand er sich.
Thomas brauchte viel Mut, um seinen Lehrerberuf aufzugeben. Damit ging sein Beamtenstatus verloren und sein Traum, Versorger für seine Familie zu sein, geriet in unsichere Fahrwasser. Und vor allem stieß er auf großes Unverständnis von Seiten seiner Kollegen. Die Schüler, die ihn kannten, verstanden allerdings durchaus seine Beweggründe und hatten Achtung vor dem Wagnis eines bereits erwachsenen Menschen.
Thomas arbeitete von nun an Hand in Hand mit seinem Vater. Und es war erstaunlich, wie bereitwillig Fritz ihm sämtliche Kniffe vermittelte, die ein guter Geschäftsmann braucht und ebenso, wie begierig Thomas alles aufnahm, was sein Vater ihm vermittelte. Thomas bekam Spaß an seiner Arbeit.
Kaum ein halbes Jahr, nachdem Thomas nun mit seinem Vater in der gleichen Firma arbeitete und auch mit ihm gemeinsam auf Geschäftsreisen fuhr, stellte sich bei einer Routineuntersuchung bei Fritz eine schwere und bösartige Bluterkrankung heraus. Es hatte immer schon Unregelmäßigkeiten in seinem Blutbild gegeben, aber Fritz ging es gut und er hatte sich daran gewöhnt. Nun aber hatte Fritz Leukämie. Erstaunlich gelassen nahm er die Diagnose auf. Er lehnte die empfohlene Chemotherapie ab und arbeitete weiter in seinem Beruf und in seiner Firma.
Als Fritz schwächer wurde, übernahm Thomas die Aufgaben seines Vaters mehr und mehr. Als Fritz schließlich im Krankenhaus lag und kaum in der Lage war, zu sprechen, besuchte Thomas ihn, wie so häufig vorher. Thomas ahnte sehr gut, dass sein Vater sich für das Sterben bereit machte. Er setzte sich an das Bett seines Vaters und erzählte ihm

langsam noch einmal Episoden aus dem Leben. Er erzählte seinem Vater die Lebensschritte die er in seinem langen Leben gemacht hatte und welche wichtigen Stationen davon er als sein Sohn wisse. Und er erzählte ihm auch aus der gemeinsamen Zeit, in der er seinen Vater erlebt hatte. Und Thomas ließ dabei nichts aus. Er sprach ebenso ruhig über die Fahrten, die er mit ihm als kleiner Junge gemacht hatte, wie über die regelmäßigen Zornausbrüche über ihre politischen Differenzen, als er jugendlich war. Er erzählte noch einmal von den Enkelkindern, die ihren Großvater mochten und Thomas bedankte sich bei Fritz für alles: für die Streitereien, für die Fürsorge und für alles das, was er von ihm lernen konnte.
Ein paar Tage nach diesem Beisammensein, wurde Fritz auf seinen Wunsch nach Hause verlegt. Er starb ein paar Tage später, während er im Rollstuhl saß, um ins Wohnzimmer gebracht zu werden. Seine ganze Familie kam zusammen. Fritz saß immer noch im Rollstuhl neben dem Wohnzimmertisch, während die Angehörigen Kaffee tranken.

Lieber Thomas,
niemand auf der Welt kennt dich so genau, wie deine Eltern. Und niemanden auf der Welt kennst du so genau, wie deine Eltern (und Kinder). Das wirkt manchmal wie Hellseherei, wenn Eltern und Kinder einander »an der Nasenspitze ansehen« können, ob alles in Ordnung ist oder nicht, ob schlechte Laune im Anmarsch ist oder ob Sorgen lasten.
Dein Vater war dir so unendlich vertraut und hat dich dein Leben hindurch begleitet. Weder hat er dich in deinen »Wilden Zeiten« vor die Tür gesetzt, noch deinen Traum, guter Lehrer werden zu wollen, als Hirngespinst abgetan. Es war ihm wichtig, dass du deine Träume leben kannst, auch wenn sie nicht seinen entsprachen. Wenn man sich so vertraut ist, dass man sich anschreien kann, ohne dass an der gegenseitigen Zuneigung gezweifelt wird, dann ist das ein wunderbares Geschenk.
Dafür hast du ihm gedankt und das ist sehr tröstlich.
Du hast ihn verabschiedet und du hast das ausgesprochen, was nach einem Tod oftmals wichtig erscheint. Und du hast ihm gedankt und das hat sein Herz mit Sicherheit zufrieden gemacht – trotz aller Streitereien, die ihr jemals hattet.
Du hast in den letzten Monaten sehr gut gewusst, dass er in absehbarer Zeit sterben wird. Manchmal hast du ihn sorgenvoll betrachtet und unweigerlich gewusst, in welche Richtung sein Weg jetzt geht. In diesen Momenten gibt es keine Ablenkung mehr.

Wann immer du ihn angesehen hast, sahst du die zunehmenden Anzeichen seiner Schwäche. Du hast beobachtet, wie kleinste Anstrengungen ihm den Schweiß auf die Stirn trieb. Und wortlos hast du deinen eigenen Schritt verlangsamt, bist ruhig geworden, hast unter seinen Arm gefasst, damit er leichter die Treppen gehen konnte. Und das Gefühl, seinen eigenen Vater in einem Rollstuhl sitzen zu sehen, aus dem er nie wieder kraftvoll aufstehen wird, schmerzt. Das ist so, wenn die ehemals Starken vor unseren Augen schwach werden. Dann ist auch unsere eigene Vorstellung von Stärke angekratzt.

So ist es, wenn die eigenen Eltern sich auf den Weg machen, der Abschied bedeutet. Denn du hast dein Leben lang zu ihnen aufgeblickt. Sie haben zielsicher deine Probleme lösen können. Das verschafft eine nicht zu unterschätzende Sicherheit, auch wenn das nicht bedeutet, sorgenfrei zu sein.

Wenn ein Elternteil stirbt, ist es, als ob die Kinder plötzlich Waisen werden. Es ist dabei egal, wie alt die Kinder sind. Und jetzt, wo dein Vater gestorben ist, stehst du selbst als männliches Familienmitglied in der ersten Reihe der Erwachsenen. Du bist jetzt der älteste Mann in deiner Familie und ein zyklischer Kreis schließt sich. Deine Kinder werden größer werden, du wirst älter werden und vielleicht auch auf die Rolle des Großvaters zusteuern.

Spätestens jetzt heißt es, erwachsen zu werden und erwachsen zu sein. Es gibt keinen älteren Mann mehr neben dir.

Doch das ist nichts Schlimmes. Anstatt von Gram und Depression gebeugt diese Bürde tragen zu müssen, könnte es doch sein, dass du dich aufrichtest und voller Stolz das trägst, was dein Vater dir übergeben hat, als er gegangen ist. Das heißt Verantwortung – was sollte daran schlecht sein? Wenn dein Vater nur den leisesten Zweifel gehabt hätte, dass du die Verantwortung eines Erwachsenen tragen kannst, hätte er es doch gesagt. Er wäre genauso laut und deutlich geworden, wie damals, als es um das Vertreten einer politischen Meinung ging. Dir gegenüber hat er doch nie Hemmungen gehabt, das zu sagen, was er dachte und wollte – weder bei seinem Unverständnis gegenüber der modernen Kunst, noch angesichts seiner geliebten Gewohnheiten.

Eltern und Kinder müssen nichts verstecken und können das doch auch gar nicht.

Diese Mischung aus Dickköpfigkeit und Fürsorge, aus Klugheit und aus Humor war es, die ihn in deinen Augen ganz besonders macht. All' seine besonderen Vorlieben und sein Mund, wenn ein Lächeln darum spielte werden dir genauso fehlen, wie das unnachahmliche Geräusch, das er machte, wenn er in sein Auto stieg und den Rück-

spiegel richtete. Das waren seine unverkennbaren Eigenarten, die du genau kanntest.
Fritz hat keinen Zweifel daran gehabt, dass du deinen Weg geradeaus gehen wirst. Fritz war dir ein guter Vater. Er hat dir beigebracht, was es heißt, verantwortlich zu sein. Das hat er dir gezeigt, indem er es dir vorgelebt hat und mit dir gestritten hat. Nur, du hast es, als du jung warst, nicht überblickt. Aber das macht nichts. Es kann sein, dass dein Vater sehr wohl gewusst hat, dass du nicht richtig breit gefächert sehen kannst, wenn du jugendlich bist. Und es kann auch sein, dass er das erst später erkannt hat. Er hätte dir etwas anderes gesagt, als du bei ihm am Krankenhausbett gesessen hast, wenn ihm dein Unverständnis von früher noch auf irgendeine Weise wichtig gewesen wäre. Und wenn er nichts gesagt hat, kann es sogar sein, dass es ihn im Nachhinein amüsiert hat.
Du wirst sehr traurig sein. Darüber, dass ein so vertrauter Mensch gestorben ist, den du Zeit deines Lebens kanntest und lieb hattest und auch darüber, dass deine beschützte Kindheit nun vorbei ist. Spätestens in diesen Momenten wird klar, was auf immer der Vergangenheit angehört. Und wenn die Eltern sterben, ist so überaus deutlich, dass unsere eigene Sterblichkeit auch auf uns wartet. Sie ist ein Stück konkreter geworden. Das ist der Unterschied dazu, wenn Großeltern sterben. Wenn die sich auf den Weg machen, können wir uns meistens noch hinter unseren eigenen Eltern verstecken und müssen unser eigenes Älterwerden gar nicht beachten.
Mit den Großeltern haben wir so oft Nachsicht, die wir mit den Eltern gar nicht haben wollen. Mit den Eltern soll die Reiberei und der Streit stattfinden, an ihnen wird abgearbeitet, was uns an der Welt nicht gefällt. Großeltern sind gelassener. Die werden auf ganz andere Weise geliebt und in Ruhe gelassen. Es ist, als wüssten Kinder und Enkelkinder genau, dass der alltägliche Kampf nur mit den Eltern geführt werden kann – nicht mit den Großeltern.
Es kann sein, dass dir jetzt noch einmal die Streitereien und deine Ungeduld, die du mit Fritz hattest, bewusst werden. Es kann dann auch sein, dass du noch einmal ein sehr schlechtes Gewissen bekommst. Weh tun wolltest du ihm nicht wirklich, auch wenn du als Jugendlicher und auch als junger Erwachsener voller Zorn Dinge gesagt hast oder ihm voller Unverständnis begegnet bist. Diese Dinge müssen ihn verletzt haben. Doch Eltern müssen wissen, dass es ihre Aufgabe ist, den Gegenpart zu allen neu aufkommenden jugendlichen Ideen zu bieten. Das kennst du, denn deine Kinder suchen in allem, was sie selbst in ihrem Leben umsetzen wollen, den gleichen Gegenpart in dir.
Weißt du, was Fritz seinem eigenen Vater vorgeworfen hat? Weißt

du, wie er ihn verletzt hat? Bei der Vertrautheit zwischen Eltern und Kindern wird er jeden Fehler bei seinem eigenen Vater gewusst haben, wie du seine kennst.
Wenn ich den Tod von Fritz betrachte, scheint es, als wäre das alles kein Problem mehr gewesen. Vertrauen und liebevolle Zuneigung stehen im Vordergrund.
Möge dein Vater dir in deiner Zukunft ein kraftvoller Ratgeber sein. Ich wünsche dir sehr, dass du deine Familie aufrecht und mit geradem Rücken väterlich beschützt, wie er es schon vor dir getan hat. Er war ein wunderbarer Lehrer für dich.
Alles Gute!

Wie es Thomas heute geht

Thomas hat nach dem Tod seines Vaters den Betrieb übernommen. Zunächst war er unsicher, ob er die Arbeit alles allein schaffen könnte, war er doch erst seit wenigen Monaten auf diesem, für ihn unbekannten, Gebiet tätig.
Er merkte, wie er mehr und mehr Geschmack an seiner neuen Tätigkeit fand. Und er fand auch heraus, dass sein Vater in seinen letzten Lebensjahren Veränderungen gescheut hatte. Thomas sah deutlicher, die Grenzen, die sein Vater sich selbst gesetzt hatte.
Thomas hat mit dem, was er von seinem Vater übernommen und gelernt hatte, den Betrieb erheblich erweitert und hat aus dem, was es einmal war, einen Großbetrieb gemacht und diesen dann einem Industriekonzern eingegliedert. Thomas arbeitet dort als Manager. Er hat mittlerweile mehrere hundert Menschen, die unter seiner Regie arbeiten und für die er sich verantwortlich fühlt. Er hat Fortbildungen für das Management besucht und festgestellt, dass ihm sein ehemaliger Beruf als Lehrer Unterstützung gibt bei der Führung so vieler Menschen. Die Menschen, die bei ihm arbeiten, akzeptieren ihn als einen, der zu dem, was er sagt, auch steht.
Die Kinder von Thomas sind erwachsen und gehen ihren eigenen Berufen nach. Thomas ist heute weit weniger zu Hause, als es sein Vater in seiner Kindheit war. Mit seinen Kindern hält er Kontakt. Thomas geht in seinem Beruf auf. Er arbeitet gern und ist ausgeglichen und zufrieden, wenn er – meist erst am Wochenende – nach Hause zurückkommt. Er liebt seinen Garten und hat wundervolle Rosen, die er in seiner knapp bemessenen Zeit erfolgreich pflegt. Und es bedeutet für ihn eine ungeheure Entspannung, wenn er Menschen einlädt, um ihnen ein raffiniertes Essen in mehreren Gängen zu kochen.

Eine Geschichte zum Nachdenken

Ganz einfach brillant

Ein Brillant ist ganz besonders brillant. Und einen Brillant zu haben oder ganz einfach brillant zu sein, das sind erstrebenswerte Ziele.
Die bevorzugte Schliffart für Diamanten ist der Brillantschliff. Und wann immer von Brillanten gesprochen wird, ist klar, dass es sich um den begehrten Diamanten in der ebenso begehrten Schliffform handelt. Sollte ein anderer, scheinbar weniger edler Stein in eben dieser Form geschliffen werden, so muss das Material mit angegeben werden, z.B. »Granat im Brillantschliff«.
Jeder Stein, der im Brillantschliff geschliffen wurde, hat eine festgelegte Anzahl an Facetten und zeigt eine Oberseite und eine Unterseite. Auf der Oberseite befinden sich 32 Facetten. Die Mitte des Oberteils ist die Tafel, um die sich die Facetten anordnen. Die Tafel wird – streng genommen – nicht mit zu den Facetten gerechnet. Sie ist sozusagen der Mittelpunkt des Brillantsteines. An der Unterseite befinden sich noch einmal 24 Facetten.
Damit besteht ein Stein, der brillant geschliffen wurde, aus genau 56 Facetten zuzüglich der Mitte, der Tafel.
Doch erst, wenn Licht mit ins Spiel kommt, entsteht das besondere, das eigentümliche Spiel der Reflexion im Brillanten. Obwohl die Lichtbrechungsindices der verschiedenen Mineralien einen wesentlichen Faktor des brillantenen Leuchtens ausmachen, ist bei allen durchsichtigen Steinen ein Funkeln zu beobachten. Ein sehr geübtes Auge erkennt durchaus bereits anhand des funkelnden Lichtes, ob es sich bei dem geschliffenen Stein um einen Diamanten oder einen anderen farblosen Stein handelt. Die seit Jahrhunderten gesuchte, perfekte Imitation des Diamanten hat in den letzten Jahrzehnten jedoch so täuschend echte Nachbildungen hervorgebracht, dass in den meisten Fällen nur eine mineralogische Untersuchung Aufschluss darüber geben kann, welches Material letztendlich vorliegt.
Ob nun aber Diamant oder nicht Diamant, ob farbig oder farblos, ein Brillant ist tatsächlich brillant. Nicht umsonst benutzen wir den Ausdruck im alltäglichen Sprachgebrauch.
Doch wenn ich nun brillant bin, ist die notwendige Voraussetzung dafür, dass ich im Licht bin. Zusätzlich benötige ich verschiedene Facetten von mir, die sich dann im Licht auch drehen können oder aber das Licht in den Facetten. Und ich benötige Schatten. Denn erst der Schatten, der einige Facetten in scharf umrissener Deutlichkeit erkennbar macht, hebt das Strahlen des Lichtes um so deutlicher hervor. Brillant scheint dann das unnachahmliche und ununterbrochene Spiel von Licht und Schatten zu sein. Die Tafel ist letztlich ist die eigentliche Bühne, auf der einmal die eine, einmal die andere Facette von mir einen bühnenreifen Soloauftritt haben darf.
56 Facetten scheinen eine ganze Menge zu sein, um sich selbst darzustellen. Ehrlich gesagt, ist es noch niemandem, den ich kenne, gelungen, mehr als

25 Facetten von sich selbst zu benennen. 56 Facetten, ebenmäßig geschliffen und in der prozentualen Verteilung genau vorgegeben, können nun also als ein Modell für einen ganzen, brillanten Menschen gelten. Das könnte doch durchaus ein sinnvolles Modell für die Ganzheitlichkeit abgeben.
Wohlgemerkt, wer immer sich selbst mit einer seiner Facetten verwechselt, hat auch nur ein Fragment seiner selbst zur Verfügung. Der ganze Stein ist gemeint. Und der ist im Laufe der menschlichen, individuellen Entwicklung hoffentlich vom Rohdiamanten (oder anderem Rohmaterial) zum Brillanten geschliffen worden. Einziges zur Verfügung stehendes Werkzeug, um diese schwere Arbeit zu vollbringen, ist das Leben selbst, damit schlussendlich funkelnde Brillanz die Umwelt zum Staunen bringt. Claudia Cardinal

Einige begleitende Worte

Kein Mensch, der jemals auf diese Welt kam, ist umsonst gekommen. Mit seiner ihm eigenen Art, mit seiner ganzen Unverkennbarkeit ist er einzigartig in sich und hat mit genau dieser Einzigartigkeit seine Umgebung geprägt. Es gibt keinen wirklich sinnlosen Menschen.
Tief in unserem Herzen wissen wir um unsere Einzigartigkeit – wir haben es unter Umständen nur vergessen. Jeder Blick in das Gesicht eines Kindes sagt das deutlich. Kinder wissen um ihre Besonderheit. Allein – dieses Wissen geht verloren. Es verstreut sich in unserem Alltagsarrangement und der Gewöhnung, mit der wir in unserem Alltag bestehen wollen. Und vor allem gewinnen wir allzu oft den Eindruck, als würde niemand auf der ganzen Welt an unsere Unverwechselbarkeit glauben. Damit ist dem Traum schnell ein Ende gesetzt. Und plötzlich glaubt niemand mehr daran, dass uns möglicherweise etwas Wunderbares in unserer eigenen Wunderbarkeit begegnen könnte.
Auch kein Tod, der jemals geschah, war wirklich sinnlos. Ein Tod nach einem langen gelebten Leben kann in sich stimmig sein, wie es auch der Tod eines geliebten Kindes sein kann. Es ist schwer, Abschied zu nehmen. Doch das, was dieser Mensch, der gestorben ist, in seiner Unverwechselbarkeit für seine Umwelt mitgebracht hatte und wie er sie geprägt hat, macht Sinn für die ganze Gemeinschaft. So, wie bei einem alten Vater, der stirbt, am Schluss Dankbarkeit stehen kann, kann aus dem Tod eines Kindes die ganze Kostbarkeit der Liebe zu ihm und auch dem eigenen Leben gegenüber wachsen – und das nicht nur für betroffene Eltern.
Menschen müssen nach dem Tod eines geliebten Menschen wach werden und das ist bitter. Wach werden bedeutet, dass wir schmerzlich unsere eigenen Fehler und unsere eigenen Verdrängungsmechanismen deutlich vor unsere Augen bekommen. Der Preis für diesen Prozess ist unermesslich hoch. Unter Umständen tauschen wir das Liebste, was

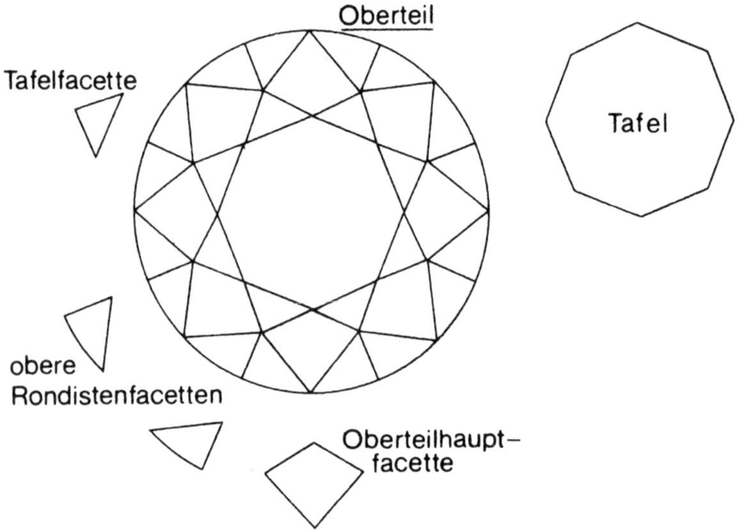

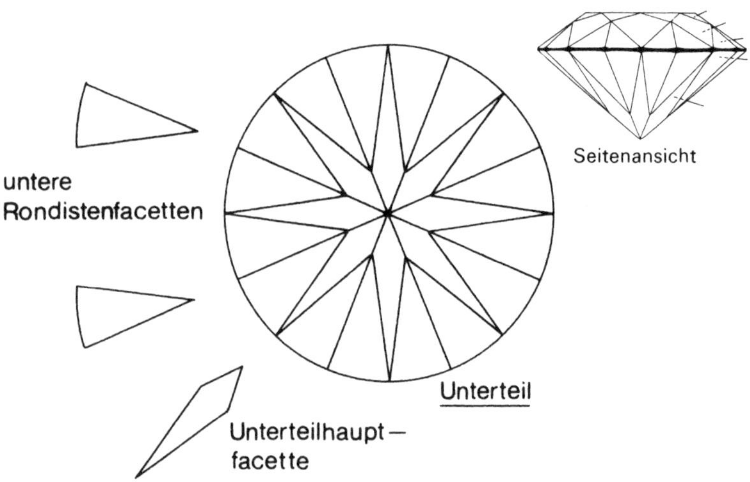

...Ein Brillant hat 56 Facetten...

wir nur haben können, gegen den Sinn des Lebens aus. Und der Weg, diesen Sinn zu finden, ist einsam, hart und steinig. Wenn das, was als das Wichtigste und Heiligste im Leben benannt werden kann, aus der Trauer entstehen kann, ist das etwas Wunderschönes und Wahres. Doch dazu muss der Schmerz und die Sehnsucht so lange durchgeknetet werden, bis nur noch die wunderbare und warme Süße als Empfindung zurückgeblieben ist.

Menschen, die diesen Zustand erreicht haben, wissen darum, dass die Liebe und die Wärme diese schwere Zeit überdauert. Am Ende steht die reine Empfindung für den verstorbenen Menschen da: alle Fehler sind lange verziehen, alle Vorwürfe verschwunden und alles Betteln, dass dieser Mensch doch wiederkommen möge ist beruhigt. An dieser Stelle ist Raum für ein Gefühl des tiefen Einverständnisses; ein Gefühl, losgelöst von jeder menschlichen Bedingung an einen anderen Menschen, ist übrig geblieben. Und auch das ist etwas Wunderbares und Großes.

Dann wird klar, dass das, was als tief empfundenes Gefühl in uns gewachsen ist, unendlich viel größer und stärker ist, als alles, was wir je dachten. Manchmal kann die Erinnerung an das, was sich herauskristallisieren wird, das einzige sein, was einen tief trauernden und entsetzten Menschen trösten kann. Alle, die um einen geliebten Menschen trauern, ahnen, dass dieses tiefe und ehrliche Gefühl sie retten kann auf dem Weg aus der Trauer in ein neues Leben hinein. Sie wissen es, wenn sie nur daran erinnert werden. Und der Schmerz ist deshalb so groß, weil sie auch wissen, dass alles, was so wichtig sein könnte bis dahin abgeschliffen sein muss. Dann ist die Wut weg, die möglicherweise vorhanden war und auch die Sehnsucht ist einem tiefen Einverständnis gewichen.

Die Einzigartigkeit eines Menschen ergibt sich aus dem Zusammenspiel von seinen Fähigkeiten und seinen Fehlern. Erst die Kombination, z. B. von Abenteuerlust und Angst kann diesem Menschen dahin bringen, dass jedes begonnene Abenteuer sehr umsichtig bestanden wird. Dann ist die Angst eine wichtige Unterstützung für jedes Unternehmen. Und erst zu begreifen sind Menschen durch die Kombination von besten Fähigkeiten und ihren Verschrobenheiten. Ein Mensch, der keine Verschrobenheiten zeigt, ist nicht greifbar. »Mensch« sein bedeutet, immer das Zusammenspiel von Licht und Schatten. Menschen sind keine Heiligen – und nur Heilige haben möglicherweise keine Fehler.

Es ist bemerkenswert, welche Besonderheiten, die ein verstorbener Mensch hatte, bei den Lebenden in Erinnerung bleiben. Erinnern einige oftmals noch nach Jahren den Schwung, mit denen die Person ihre Haare zurückgeworfen hat, ist es bei anderen die Stimme, die ihnen noch im Ohr klingt oder das leicht angeekelte Gesicht, das die Person machte, wann immer sie klebrige Finger bekam. Der Geruch, das Summen, wenn die Person zur Tür hineinkam, das Naserümpfen bekommt eine ganz besondere Bedeutung dadurch. Und plötzlich werden die »Macken« der Menschen äußerst liebevoll betrachtet.

Wann immer allerdings eine Eigenart so stark im Vordergrund steht, dass sie jede Entwicklung behindert, ist es notwendig, das eigene Leben wieder in Obhut zu nehmen. Ein Gefühl von Traurigkeit, das wie ein tiefes schwarzes und unüberwindliches Wasser erscheint, kann Menschen ebenso behindern, wie der persönliche Eindruck, dass nur »man selber recht habe«.

Ein Mensch ist mehr als sein Verstand, mehr als sein Gefühl und mehr als sein Körper. Stellen Sie sich einmal vor, Sie gehen einen Weg entlang und kommen zu einer Kutsche, die dort plötzlich in Ihrem Weg steht. Was ist das für ein Gefährt? Aus welchem Material ist sie? Ist sie angemalt? Welche Farbe hat sie? Berühren Sie die Kutsche und fühlen Sie nach, ob sie eher warm oder kalt ist. Und: gefällt sie ihnen? Dann sehen Sie, dass vor der Kutsche ein Pferd eingespannt ist. Was ist das für ein Pferd? Größer oder kleiner als Sie? Eher müde oder feurig? Streicheln Sie es, wenn Sie mögen. Und dann entdecken Sie, dass auf dem Kutschbock eine Gestalt sitzt. Sie dreht sich zu ihnen um und sieht Sie an. Ist sie eher männlich oder weiblich? Größer oder kleiner als Sie? Was hat sie an? Und die Gestalt sagt zu Ihnen: »Wie gut, dass du kommst. Wir haben schon gewartet!«. Und als Sie sich in die Kutsche gesetzt haben, beugt sich die Gestalt noch einmal zu Ihnen und fragt: »In welche Richtung sollen wir fahren?«.

Was immer Sie sich auch vorgestellt haben, so kann es sein, dass das, was Sie gesehen haben, Ihnen eine gute Unterstützung sein kann, Ihr eigenes Leben und Ihre Einzigartigkeit ein wenig mehr zu begreifen. Die Kutsche in diesem Bild ist Ihr Körper, der Sie trägt. Das Pferd, das die Kutsche ziehen soll, ist ihr Gefühl. Die Gestalt auf dem Kutschbock ist Ihr Verstand. Er ist es, der dem Gefühl die Zügel anlegt. Doch der Verstand ist davon abhängig, welche Richtung Sie ihm vorgeben. Sie haben das ganze Gefährt nur gemietet, damit Sie Ihre Reise auf der Erde vollbringen können. Niemand außer Ihnen kann sagen, welche Richtung jetzt eingeschlagen werden soll. Und unter Umständen befindet sich ein bockiger Kutscher auf der Kutsche oder ein Pferd, das kurz vor dem Durchgehen ist. Denken Sie daran, dass durchgehende Pferde nicht geprügelt werden sollten und die, die uns kutschieren uns dienlich sind. Sie sind auf Ihr Gefährt angewiesen. Setzen Sie sich nur hinein und denken Sie in Ruhe nach, wohin Sie wollen…

Seinem eigenen Leben eine Richtung zu geben, ist, als drehe man den eigenen Lebensfilm. Auf der Bühne drehen die einzelnen Facetten ihre Runden, wie Hauptdarsteller in diesem Film. Und wenn eine Eigenart als Facette sich als störend für die gesamte weitere Handlung erweist, ist es ratsam, wie in jedem Film, der irgendwann einmal ein gutes Ende haben soll, dass die Regisseurin, bzw. der Regisseur neue Anweisungen gibt. Eine Facette, eine Schauspielerin kann nicht den Überblick über den Filmverlauf haben, das ist überhaupt nicht ihre Aufgabe. Die einzige Person, die den Überblick dazu hat, ist die, die den Handlungsverlauf bestimmt. Die Person kann die Handlung plötzlich mittendrin umschreiben, sie kann sie auch abbrechen und sie kann auch einzelne Rollen neu besetzen.

Ein Film ist nicht spannend, wenn keine Schauspieler in ihm vorkommen. Doch ein Mensch ist mehr als seine Facetten und mehr als seine Eigenarten. Und wir alle drehen unseren Film selbst.

Ratschläge für die Betroffenen und für deren Umgebung

- Finden Sie heraus, ob es etwas gibt, wofür Sie dem verstorbenen Menschen dankbar sind. Auch wenn Sie keine Gelegenheit hatten, der Person zu danken, holen Sie es nach. Nehmen Sie das, was Sie ihr sagen möchten, mit in den Schlaf.
- Finden Sie heraus, ob Sie der verstorbenen Person noch etwas vorzuwerfen haben. Gibt es etwas, das bislang nicht geklärt wurde? Fragen Sie sich dabei, ob Sie bereit sind, es dem Verstorbenen zu verzeihen. Nehmen Sie auch das mit in den Schlaf.
- In beiden Fällen können Sie auch mit dem, was Ihr Anliegen ist, mit Blumen und einer Kerze auf den Friedhof gehen und es der verstorbenen Person am Grab sagen. Scheuen Sie dabei nicht, klare Aussagen zu machen. Sie brauchen das, was Sie Verstorbenen sagen wollen, nicht zu relativieren!
- Beschreiben Sie die verstorbene Person. Besetzen Sie die einzelnen Facetten dieses Menschen mit seinen Eigenarten und Fähigkeiten. Schaffen Sie ein möglichst umfassendes Bild und denken Sie daran, dass die Fehler eines Menschen sehr wichtige Facetten sind! Diese Arbeit kann sehr gut in der Gemeinschaft mit anderen, die die verstorbene Person kannten, gemacht werden, denn dadurch wird in der Gemeinschaft ein sehr lebendiges und anschauliches Bild entstehen.
- Finden Sie heraus, welche Eigenschaften Sie bei dem oder der Verstorbenen besonders mochten.
- Finden Sie auch heraus, welche Eigenschaften Sie gestört haben.
- Erinnern Sie sich an die verschiedenen Lebensschritte, die dieser Mensch gemacht hat. Bedenken Sie dabei auch die Schwierigkeiten, die er oder sie in bestimmten Lebenssituationen hatte. Stellen Sie fest, mit welchen Situationen die verstorbene Person scheinbar überhaupt keine Probleme hatte.

- Entdecken Sie Ihre eigenen Facetten. Schon dreizehn verschiedene Fähigkeiten und Eigenarten können Ihnen einen beachtlichen Eindruck von sich selbst verschaffen. Sollten Sie dabei feststellen, dass Ihre Facetten Ihnen nicht gefallen, ändern Sie sie, tauschen Sie Ihre Schauspieler aus!
- Sehen Sie sich ein Kinderfoto von sich selbst an: erinnern Sie sich an Ihre Träume! Erinnern Sie sich daran, dass Sie genau wussten, dass Sie etwas Besonderes sind!
- Denken Sie zurück: was wollten Sie werden, als Sie zwölf Jahre alt waren? Finden Sie heraus, was in Ihrem Leben so geworden ist, wie Sie es erträumt hatten. Sollten Sie nichts finden, erschaffen Sie es jetzt.
- Sehen Sie sich den Film »Die fabelhafte Welt der Amelie« an. Dieser französische Film stellt die handelnden Personen in liebevoller Vielschichtigkeit dar und legt dabei großen Wert auf scheinbare Kleinigkeiten.
- Finden Sie heraus, was Sie selbst gern mögen. Welche sinnlichen Kleinigkeiten gibt es, die Ihnen »inneres Vergnügen« bereiten?
- Seien Sie aufmerksam für das, was sie selbst ungern tun.
- Erinnern Sie sich an das, was die verstorbene Person geliebt hat.
- Kaufen Sie sich einen Stein, der im Brillantschliff geschliffen wurde. Jede Mineralienmesse und jedes Kaufhaus hat für wenig Geld solche Steine oder Schmuckstücke vorhanden, es ist nicht nötig, dass es echte Diamanten sind! Tragen Sie diesen Stein oder das Schmuckstück bei sich, damit es Sie daran erinnert, dass Sie einzigartig sind!
- Lassen Sie sich ein Schmuckstück anfertigen, dass Sie daran erinnert, dass Sie es sind, der/die den Überblick hat und dem eigenen Leben die Richtung geben kann. Sie sind die einzige Person, die in Ihrem Leben das Sagen hat. Tragen Sie das Schmuckstück und erinnern Sie sich daran, wann immer Sie es ansehen.

Ratschläge für die Umgebung Betroffener

- Finden Sie mit den betroffenen Trauernden heraus, wie der/die Verstorbene durch die eigene Unverkennbarkeit Leben in die Gemeinschaft gebracht hat.
- Begleiten Sie Trauernde auf Ihrer Suche nach der Einzigartigkeit der Verstorbenen und von sich selbst. Unterstützen Sie sie dabei, unbeleuchtete Facetten sichtbar zu machen.
- Stellen Sie für sich selbst fest, welche Eigenarten Sie entwickelt haben. Und erinnern Sie sich daran, dass jemand, der gestorben ist, Sie auf Umwegen dazu gebracht hat, Verschollenes wieder zu entdecken. Danken Sie der oder dem Verstorbenen dafür.
- Sehen Sie sich die Ratschläge für die Betroffenen an, die Ratschläge gelten auch für Sie.

3 Wie schwere Lasten leichter werden

Oftmals wird erst viel später nach dem Tod eines sehr nahen Menschen erkennbar, welche Unterlassungen und welche Verletzungen geschehen sind. Ganz langsam und unbeirrbar steigen dann die eigenen Verfehlungen aus dem Untergrund des Vergessens empor. Es scheint dann manchmal als gäbe es keine Möglichkeit mehr, jemals zuversichtlich zu sein.

Was ist unsere Unschuld,
was unsre Schuld? Alle sind nackt, keiner geborgen …
Marianne Moore, Was sind Jahre?

Allmächtiger Vater, sie lebt! Sie verzeiht!
Nun bin ich erlöst, nun bin ich befreit!
Dehmel, Die Buße

Brief an Gerd (45), Vater von Theresa (13)

Die Namen wurden nicht geändert

Gerd wohnte mit seiner Familie in einem wunderschönen Haus am Rande der Großstadt. Sie hatten einige Hunde und Katzen. Seine drei Töchter liebten, wie so viele junge Mädchen, Pferde und die Familie hatte sogar ein eigenes Pferd – Chayenne – in einem Reitstall untergebracht.
Der große Garten, der das Haus umgibt, war oft mit dem großen Kreis von Freunden und Bekannten bevölkert, die die Familie besuchen kamen. Im Sommer wurde gegrillt, im Winter wurden reichhaltige Essen veranstaltet und viele Menschen kamen zu den häufigen, spontanen Feiern.
Alle drei Töchter besuchten eine Privatschule in dem Ort, in dem sie lebten. Sie waren wunderhübsche junge Mädchen und alles sah so aus, als ob sie mit ihren vielfältigen Talenten einen geebneten Lebensweg vor sich hätten. Theresa, die mittlere Tochter spielte Cello und war schon so sicher in dem Spiel, dass sie auch vor öffentlichen Vorspielen in größerem Rahmen keine Scheu hatte.
Gerd war häufig beruflich unterwegs und freute sich sehr, wenn er zu Hause sein konnte. Seine Frau war den gemeinsamen Töchtern eine kraftvolle Mutter. Sie war für die drei Kinder da, wenn sie sie brauchten und sie gestaltete das Haus mit ihren beeindruckenden kreativen

Ideen. Die ganze Familie war häufig in dem Reitstall und es gab einen Plan, nachdem jedes Familienmitglied wusste, wann Chayenne geritten werden sollte.
Als die Mädchen noch klein waren, entstanden Fotos, auf denen sie alle gleiche Kleider anhatten und riesengroße Schleifen in ihren Haaren trugen. Die drei Töchter von Gerd und seiner Frau hatten alles zur Verfügung, was sie sich nur wünschen konnten. Und die Familie liebte es, gemeinsam essen zu gehen.
Theresa war schon als kleines Mädchen auf eine beeindruckende Art klar und deutlich in dem, was sie wollte. Sollten ihre Schwestern unlustig in ihrem Essen herumstochern und dabei hoffen, die Zeit möge für sie vergehen, weil sie nicht essen mochten, nahm Theresa den ganzen Teller und warf ihn auf den Fußboden. Das war ihre sehr spezielle Art, der Welt zu zeigen, was sie wollte oder was sie nicht wollte.
Als Theresa älter und mehr und mehr zur Jugendlichen wurde, kristallisierten sich für sie erste Probleme heraus, mit denen sie allein fertig werden musste: Streitereien mit Freundinnen, Fragen an die Welt. Und es war offenkundig, dass Theresa sich in diesen Zeiten hässlich und unwohl in ihrer Haut fühlte. Sie fragte sich in ihrem Tagebuch, ob sie womöglich Bulimie (eine, besonders bei jungen Mädchen auftretende, Essstörung) habe. In dieser Zeit schrieb Theresa viele Briefe an Freundinnen, legte ihren Eltern Zettelchen hin, auf denen stand, wie lieb sie sie hatte. Sie feierte erste Partys, machte ihre ersten Alkoholerfahrungen und begann zu rauchen.
Theresa machte keinen Hehl daraus, dass sie rauchte. In ihrer ihr eigenen offenen Art begegnete sie ihrem Vater mit den Hunden an der Leine, als dieser von einer Reise nach Hause zurück kam. Er umarmte sie und fragte erstaunt: »Theresa, hast du geraucht?« – »Ja, natürlich!«, antwortete Theresa ihm. »Und das sagst du so einfach?«, fragte er noch erstaunter zurück. »Ja, soll ich dich jetzt anlügen?«, war ihre einzige pragmatische Antwort.
Theresa war immer bereit, Neues auszuprobieren. Sie kochte fantasievolle Essen für die ganze Familie, sie backte Kuchen, wann immer sie Lust darauf hatte. Es schien, als gäbe es in ihrem Leben ein ununterbrochenes Tun. Sie hatte viele Ideen im Kopf und setzte alles daran, die Ideen auch in die Tat umzusetzen. Dafür stand ihr ein kreatives Farbverständnis und ein großes künstlerisches Empfinden zur Verfügung, wodurch kraftvolle und intensive große Bilder entstanden. Sie stampfte noch immer mit den Füßen auf, wie damals als kleines Mädchen, wann immer ihr etwas nicht passte. Dann warf sie heftig ihre langen dunklen glatten Haaren in den Nacken. Mit ihrer mutigen Art machte sie dabei auch nicht Halt vor ihrem Vater – so gerieten dann oftmals zwei besondere und einander ähnliche Charaktere aneinander.

So häufig Gerd auch unterwegs war, wann immer er zu Hause war, war er den Kindern ein fürsorglicher Vater. Er fuhr sie mit seinem Auto dorthin, wo immer sie hinwollten; er holte sie ab, wo immer sie waren und wie spät es auch sein mochte. Die Mädchen bekamen als Jugendliche immer die Kleidung, die sie wollten und jedes Interesse, dass sie zeigten, wurde von beiden Eltern aufgenommen und gefördert.
Theresas Großmutter starb, als sie zwölf Jahre alt war. Beide hatten sich sehr geliebt und Theresa war sehr traurig über ihren Tod.
Etwa ein halbes Jahr später schrieb Theresa ihrer Oma einen Brief, indem sie ihr mitteilte, dass sie bald zu ihr kommen würde, sie habe so große Sehnsucht nach ihr. Diesen Brief bewahrte sie in ihrem Tagebuch auf. Ihrer anderen Großmutter sagte sie etwa zu diesem Zeitpunkt, dass ihr die »Verantwortung« so unglaublich schwer fallen würde. Sie könne sie nicht mehr tragen. Die Großmutter verstand nicht so recht, was Theresa damit ausdrücken wollte.
An einem schönen Frühsommertag war die ganze Familie zu Hause. Es war Pfingsten und die Sonne schien strahlend durch alle Fenster herein. Die Eltern waren dabei, das Haus zu renovieren und es entstand ein kleiner Streit zwischen den Mädchen, wer denn nun das gemeinsame Pferd Chayenne an diesem Tag versorgen solle. Schließlich war es Theresa, die sich dazu bereit erklärte. Ihr Vater fuhr sie in den Reitstall, um sich danach wieder an seine Arbeit zu begeben.
Er sagte ihr, sie solle ihn zu Hause anrufen, wenn sie wieder abgeholt werden wolle. Als es Nachmittag wurde, hatte Theresa immer noch nicht angerufen. Gerd fragte einige Male bei den anderen Familienmitgliedern nach, ob sie sich schon gemeldet hätte. Dann wurde er unruhig, ließ seine Arbeit stehen und fuhr zum Stall. Auch dort hatte niemand Theresa gesehen. Gerd suchte sie. Er rief nach ihr und spürte, wie er nervös wurde.
Er fand sie in dem Pferdeanhänger. Theresa saß auf dem Boden, hatte die Pferdeleine um den Hals gelegt und sich stranguliert. Es war kein Anzeichen davon zu entdecken, dass Theresa versucht hatte, sich aus der Lage zu befreien. Es hätte schon gereicht, wenn sie sich mit den Händen aufgestützt oder die Schlinge gelöst hätte – das wäre mit einer Hand ohne weiteres möglich gewesen. Die Schlinge hatte keinen festen Knoten. Sie war geeignet, um Pferde zu führen und mit einer einzigen kleinen Handbewegung zu lösen, falls das Pferd durchging. Gerd wusste, dass Theresa sich mit solchen Leinen auskannte.
Wie in Trance löste Gerd die Schlinge, nahm seine Tochter in seine Arme und wiegte sie hin und her. »Es ist gut, meine Kleine«, flüsterte er dabei immer wieder. »Wenn du so dringend gehen willst, dann geh' in Frieden.«
Innerhalb kürzester Zeit liefen die Rettungsversuche für Theresa an.

Doch keine Beatmung, keine Herzmassage konnten sie wieder zurückholen. Theresa war tot.
Gerd lief vollkommen aufgelöst auf dem Gelände herum. Seine Frau saß neben den Ärzten, die die Notfallversorgung vornahmen und betete darum, dass Theresa zurückkommen möge. Alle anderen Menschen standen schockiert um das Geschehen herum.
Theresa hatte in den Stunden, die sie auf dem Reitgelände verbrachte, mit einigen Menschen gesprochen. Sie wirkte für alle völlig normal. Wie die Eltern später feststellten, hatte sie vorher eine größere Menge an Schmerzmitteln eingenommen.
Erst hinterher wurde allen auf bestürzende Weise klar, dass Theresa auf ihrem CD-Player immer wieder ein Lied gespielt hatte. Es war ein Hit zu der Zeit und hieß »I want to fly away«. Alle Jugendlichen, die Theresa kannten, bezeichneten es ab jetzt als »ihr Lied«. Dieses Lied war für alle, die diesen Tod miterlebt hatten, mit dem Wunsch von Theresa verbunden, diese Welt zu verlassen. Niemand, der das wusste, konnte mehr dieses Lied hören, ohne dabei innezuhalten und an sie zu denken.
Theresa wurde im Beisein mehrerer Hundert Menschen beerdigt. Bei diesem gemeinsamen Abschied wurde das Lied, das sie so oft hörte, gespielt. Niemand wusste, welchen Trost es geben könne.
Auch erst nach dem Tod von Theresa fiel auf, dass sie sich über mehrere Wochen mehr und mehr zurückgezogen hatte. Sie suchte den Platz, an dem sie allein lesen und malen konnte. Auf Nachfragen, ob »irgendetwas mit ihr sei«, antwortete sie immer, es sei alles O.K.
Seitdem gibt es in dem Haus der Familie einen Tisch auf dem ein Bild von Theresa steht. Es brennen Kerzen und wenn Besucher kommen, bringen sie ab und zu etwas mit, was Theresa oder die Familie freuen könne. Allerdings kommen nur noch wenige Menschen zu der Familie. Der ehemals so große Freundes- und Bekanntenkreis hat sich ganz erheblich verkleinert.

Lieber Gerd,
niemand weiß, was jetzt gesagt werden könnte. Der Tod deiner Tochter ist so schrecklich. Ein Kind, das sich umbringt, lässt die Menschen in Fassungslosigkeit erstarren. Das ist viel schlimmer, als ob ein Kind nach einer langen Krankheit stirbt. Denn bei ihm hat es – trotz allen Schmerzes – einen Abschied gegeben und die Eltern, Geschwister, Großeltern und die Freunde konnten vielleicht ein wenig einverstanden mit dem Tod sein. Sie alle können eine Ahnung davon haben, dass »es« so besser sei.
Aber deine Tochter Theresa hat etwas anderes gewählt. Sie ist ge-

gangen, ohne sich zu verabschieden. Und niemand auf der ganzen Welt kann dafür verantwortlich gemacht werden. Es gibt keine Drohbriefe an sie und es gibt keine »schlimmen Geheimnisse«, wie eine unentdeckte Drogensucht oder Straftaten, für die sie sich verantwortlich fühlte, die das erklären können. Theresa hat doch, zumindest auf den ersten Blick, alles gehabt, was sich ein Mädchen wünschen kann – inklusive verständnisvolle Eltern.

Und dann hat sie das gemacht, was das Schlimmste für Eltern bedeutet: sie hat sich gegen das Leben entschieden. Wenn es keine einzige Bedingung gibt, die Eltern an ihre Kinder stellen, aber sie sollen wenigstens am Leben bleiben. Eltern haben sie schließlich gezeugt und geboren. Das ist die letzte Bedingung, die an die Kinder gestellt werden kann, selbst wenn sie krank oder behindert sind: lebt! Und manchmal haben Eltern und Angehörige ein Einsehen, wenn sie erkennen, dass ihre Kinder in ihrer Krankheit nicht mehr leben wollen, weil ihnen das, was sie zu tragen haben, große Schmerzen bereitet. Doch keine Krankheit und kein von außen erkennbarer Grund haben Theresa dazu gebracht, dass sie das weggeworfen hat, was euch so unendlich wichtig erscheint – das Leben. Sie wollte nicht.

Es schien doch alles so wunderbar aktiv und heil zu sein. Eine heile Welt mit gesunden Kindern, gutem Einkommen, Haus, Pferd und Garten – was wünscht man sich denn mehr?

Theresa hat aus heiterem Himmel heraus alles das in sich zusammenfallen lassen – wie ein Kartenhaus bei einem leichtem Luftzug. Dein Haus hält dich nicht mehr, das schöne Auto nicht und die Renovierungen sind auch egal. Theresa hat zerfetzt, was eure Lebensgestaltung und Lebensplanung war. Sie hat alles das mitgenommen, was euch wichtig war und mit einer fast gnadenlosen Kompromisslosigkeit wird sie möglicherweise dafür sorgen, dass kein Stein mehr auf dem anderen stehen bleibt. Am Ende wird für euch alle dann vielleicht nur das noch bestehen können, was dem Horror standhalten kann.

Niemand auf der Welt hat uns beigebracht, wie man mit einer toten Tochter Kontakt halten kann. Das weiß niemand so recht und dennoch steht ihr alle jetzt vor dieser unglaublichen Aufgabe. Wenn ihr jetzt überleben wollt, müsst ihr etwas lernen, für das es kein Lernprogramm gibt.

Und es wird schmerzen. Theresa wird in den ersten Tagen nach ihrem Tod noch sehr nah sein. Und du wirst dir einbilden können, dass sie gleich um die Ecke biegen wird, um dich etwas zu fragen oder etwas zu erzählen. Ganz wie an dem Morgen vor ihrem Tod. Da hat sie noch mit einem Handtuch um ihre nassen Haare auf der Ter-

rasse gesessen und erzählt, wie sie immer erzählt hat. Die Erinnerung an sie an diesem strahlenden Feiertag wirst du in dir tragen, wie die Bilder dieses ganzen langen Tages.
Doch Theresa wird nicht mehr um die Ecke kommen. Sie wird nicht mehr an der Tür klingeln, nicht mehr anrufen und nicht mehr mit dir streiten. Du wirst noch jahrelang vergeblich darauf warten. Und das wird dir körperliche Schmerzen bereiten. Du wirst große Kraft aufbringen müssen, um diesem Schmerz ein Gegengewicht geben zu können.
Theresas Tod ist schrecklich. Jeder Pferdeanhänger wird dich ebenso in Schrecken versetzen, wie jedes Seil, dass du irgendwo liegen siehst. Und jedes Bild von ihr, das du ansiehst und vielleicht vorher noch nicht gesehen hast, wird dich zusammenzucken lassen. Das wird noch lange so gehen.
Das, was als Konsequenz aus ihrem Tod für euch entstehen wird, ist kaum zu tragen. Tagein, tagaus werden euch Fragen und Selbstvorwürfe begleiten. Es ist möglich, dass die Frage nach dem »Warum« ganz klein aussieht angesichts dessen, was an der Suche und der Zuweisung von Schuld überdimensional erscheinen kann. Und die Frage nach eurer eigenen Verantwortung an Theresas Tod wird stärker sein, als jede andere Frage.
Den Weg aus der Selbstbeschuldigung heraus zu finden steht dabei als Aufgabe für alle im Raum: Theresas Freundinnen werden sich fragen, ob sie Schuld sind, weil sie möglicherweise mit ihr einen Streit hatten. Ihre Lehrer werden sich fragen, warum sie das nicht gesehen haben. Du wirst dich fragen, ob dein Drängen darauf, dass jemand von ihnen zum Stall fährt, daran schuld war. Oder vielleicht deine letzte Auseinandersetzung mit ihr? Theresas Schwestern und Großeltern werden fassungslos vor der Frage stehen, ob sie eventuell etwas nicht gemerkt oder euch nicht erzählt haben, was sie gesehen und unbewusst bemerkt hatten. Und ihr werdet euch fragen, ob ihre Zettel und ihre Tagebücher irgend etwas enthalten können, was sie euch allen sagen wollte, was aber niemand als das gewertet hat, was es sein sollte. Alle stehen vor einer großen Frage und einer ebenso großen Verantwortung.
Ich wünsche mir sehr, dass alle Jugendlichen, die mit dem Gedanken spielen, dem Elend, dass sie empfinden, ein Ende zu bereiten, das erfahren, was auf euch alle jetzt zukommt und was ihr durchmacht. Sollten sie wirklich hören, was das als Konsequenz für die bedeutet, die hier bleiben werden – kein Mensch könnte sich mehr umbringen. Und es kann sein, dass auch Theresa das langsam und mühsam erkennen muss. Ihr Schmerz wird genauso groß sein, wie der eure.

Ich sehe, dass wir alle in einer Gesellschaft stehen, in der wir vergessen haben, wie die Einsamkeit von Jugendlichen aussieht. Das ist ein Punkt, der alle betrifft, die sich weit außerhalb eures Familien- oder Bekanntenkreises befinden. Er dehnt sich aus auf eine Gemeinschaft, in der viel Spaß propagiert wird und das Thema Nr. 1 tatsächlich »Sex« sein darf. Wie sollen sich Jugendliche, die ihren Platz in dieser Gemeinschaft erst finden wollen, mit ihren Fragen, Sehnsüchten und ihrer Weltsicht, die sie erst aufbauen müssen, sich da heimisch fühlen können? Dann ist das Leben so egal, wie das Sterben. Wir haben vergessen, welche Fragen junge Menschen in sich tragen können und sehen nur, welche Oberfläche sie nach außen tragen. Dann kommen Ansichten dabei heraus, Jugendliche seien »konsumgeil« und »oberflächlich«. Diese Gesellschaft haben doch wir erschaffen, nicht sie. Orientierungslosigkeit ist kein Privileg allein von Jugendlichen. Eine Gemeinschaft, die sich verhält, wie wir das tun, muss in die Verantwortung mit einbezogen werden.
Und insofern geht der Tod von Theresa alle etwas an, nicht nur euch. Und alle müssen sich den »Schuh anziehen«, Orientierungslosigkeit und Perspektivlosigkeit so weit verbreitet zu haben, dass eine Jugendliche das Gefühl bekommt, »sie könne die Verantwortung nicht mehr tragen« oder aber ausprobiert, ob der »Kick des Todes« möglicherweise sinnvoller und besser sein kann, als das Leben hier. Das habt ihr nicht allein gemacht, wirklich nicht.
Allerdings werden etliche Menschen in eurer Umgebung sehr schnell ihre eigene Theorie entwickeln, weshalb Theresa sich erhängt hat. Und dabei wird mit großer Sicherheit auch nicht vor den einfachsten Erklärungsmustern Halt gemacht werden. Das wird nicht ohne Schuldzuweisungen an euch abgehen. Und es kann sein, dass damit für euch sehr große Verletzungen entstehen. Bei allen einfachen Erklärungsmustern werdet ihr es sein, die »versäumt« haben, ihr werdet es sein, die nicht »gesehen« haben. Und ihr werdet die Verantwortung allein ausbaden müssen. Es wäre so schön und einfach, wenn sich so schnell ein »Schuldiger« finden ließe. Diese Erklärungsmuster werden für euch als Eltern eine ebenso große Belastung darstellen, wie für eure beiden Töchter – und möglicherweise für eure drei Töchter.
Jede bohrende Frage in euch, ob ihr »genug für sie da wart« oder ob du oder deine Frau zu viel unterwegs gewesen seid, wird ihren Tod nicht erklären. Wie viel Kinder müssten sich umgebracht haben, weil beide Eltern arbeiten? Wie viel Kinder müssten sich umgebracht haben nach dem Zweiten Weltkrieg, als sie, als so genannte »Schlüsselkinder«, den ganzen Tag allein verbrachten? Das allein gibt keine Erklärung für ein menschliches Elend.

Du stehst vor der Frage, wie du sie »loslassen« sollst. Du sagst, sie war so friedlich und ihr Gesicht war so ruhig. Das war der Grund, weshalb du dich vor ihrem Willen verneigen konntest, auch wenn sie die Konsequenzen nicht überblickt hat. Und du sagst auch, dass du das Bild nicht loswerden kannst, wie du heute noch zitternd vor dir selbst stehst, weil du es fertig gebracht hast, sie in deinem Arm zu wiegen, anstatt sie sofort mit aller Macht zurück haben zu wollen.
Damit bist du kein schlechter Vater, sondern ein guter. Du hast dich ihrem Weg, den sie gehen wollte, nicht entgegengestellt. Und du hast gesehen, dass sie schon »so weit weg« war, dass ein wieder Aufleben schon gar nicht mehr möglich war. Alles das hast du auf den ersten Blick tief in dir erkannt und gewusst. Damit, dass du danach gehandelt hast, bist du über dich selbst hinaus gewachsen. Das ist ein Ausdruck von Größe, nicht von Menschenmöglichkeit. Es kann sein, dass du dich nur in wenigen Momenten in deinem Leben in einer solchen Größe erleben wirst.
Theresa hat ihr Lied immer und immer wieder gespielt. Und erst im Nachhinein ist allen klar geworden, was der Text ausdrückt. Möge dich das beruhigen. Sie wollte nur noch weg hier – aus welchen Gründen auch immer.
Du willst ein fürsorglicher Vater sein und du bist auch einer. Männliche Fürsorge fehlt in dieser Welt sehr – egal ob es sich um die Väterlichkeit für Töchter oder für Söhne handelt. Von Mütterlichkeit wissen viele Menschen zu berichten, Väterlichkeit wird von vielen Kindern, Jugendlichen und Erwachsenen heftig und schmerzlich vermisst.
Eine Vision für dich könnte sein, dass es unendlich viele Jugendliche gibt, die diese Väterlichkeit dringend brauchen. Junge Menschen, die einen Erwachsenen vor sich wünschen, der zuhört und der den Überblick halten kann, ohne ein Chaos nach dem nächsten zu zelebrieren. Ein erwachsener Mann, der verständnisvoll statt mit vorgefassten Meinungen eine Situation beurteilen kann. Du sagst, du kannst jetzt so vieles nachempfinden, was Jugendliche sagen und was sie möglicherweise empfinden. Also: höre ihnen zu und sei ihnen, die in ihrer Suche nach einer Orientierung straucheln, ein Anker. Halte die, die nicht wissen, wohin.
Du wirst viel Kraft benötigen, deine Familie zu wärmen und zu halten. Ich wünsche sie dir von ganzem Herzen. Möge dir Theresa eine wunderbare und starke Lehrmeisterin sein.

Wie es Gerd heute geht

Gerd lebt heute getrennt von seiner Ehefrau. Und Gerd tut alles, um dem Haus, das die Familie ehemals gemeinsam bewohnt hat, für sich selbst und für seine Töchter und auch für Theresa einen ruhigen Ort zu schaffen.

Viele Fragen haben Gerd gequält. Das Bild, wie seine Tochter Theresa tot in dem Strick hängt, trägt er täglich in sich.

Allerdings fragte sich Gerd, wie Theresa es schaffen konnte, sich im Sitzen zu erhängen. Er wusste genau, dass Menschen, die sich erhängen, immer die zusätzliche Sicherung wählen, einen Stuhl unter sich wegzustoßen, damit sie keine Chance hätten, den Würgevorgang zu unterbrechen. Er fragte sich, wie es möglich sein kann, dass sie dort so friedlich und unverkrampft saß, und keinerlei Anzeichen eines eigenen letzten Widerstandes zu erkennen waren.

Etwa zwei Wochen bohrte diese Frage Tag und Nacht in ihm. Dann hatte er einen Traum. Er sah in seinem Traum, wie er an ein großes Tor kam, dass sich zu einer Halle auf dem Reitstallgelände befindet. Und er sah mit den Augen seiner Tochter Theresa – als sei er in ihre Rolle geschlüpft – wie er auf das Tor zuging. Dort stand rechts am Tor ein Mann in einem schwarzen Frack. Der Mann war würdevoll und ruhig und hatte eine sehr angenehme und fürsorgliche Stimme. Als Theresa auf ihn zuging, sagte er ruhig zu ihr: »In Ordnung Theresa, wenn du dann überhaupt nicht mehr willst, dann will ich dich unterstützen.« Daraufhin nahmen sich beide an der Hand und gingen gemeinsam zu dem Pferdeanhänger.

Dieser Traum war für Gerd Antwort auf seine brennende Frage. Dennoch fühlte sich Gerd allein. Er fragte nicht nach den Vorstellungen, wie der Platz aussehen könne, an dem Theresa jetzt war. Er war verzweifelt darüber, dass er nichts wusste. Er wusste nicht, wie es ihr geht und er wusste auch nicht, wo sie ist. Erklärungen anderer halfen ihm nicht. Er konnte sich nicht einreden, dass sie jetzt vielleicht im Himmel wäre oder im Paradies. Nichts gab ihm eine einleuchtende und nachvollziehbare Aufklärung darüber, wo sie war. Er fühlte sich, als »hinge er mitten im Raum« und könne »nichts zuordnen«.

Nach einigen Wochen hatte Gerd einen weiteren Traum. In einem großen Reisebus stand er im hinteren Teil. Er musste sich an den Haltestangen festhalten, denn der Bus fuhr mit überhöhter Geschwindigkeit durch die Straßen. Vorn am Steuer saß Theresa und arbeitete wie wild an dem Steuerrad. Er rief ihr zu, sie solle langsamer fahren, aber sie hörte nicht auf das, was er sagte. Gerd wurde immer lauter. Durch das Fenster sah er die Landschaft vorbeiziehen. Er konnte sich jedoch nicht weiter nach vorne arbeiten, denn der Bus schlingerte in wilder Fahr, er musste sich festklammern, um nicht durch den Bus geschleudert zu

werden. Gerd konnte vorn durch die Windschutzscheibe sehen, dass eine scharfe Linkskurve kam und er rief Theresa zu, sie solle bremsen, sie würde diese Kurve niemals in dem Tempo nehmen können. Doch Theresa fuhr mit voller Geschwindigkeit weiter. Und Gerd sah, wie Theresa mit dem Bus in ein großes gelbes Klinkerhaus hinein donnerte. Die Trümmer der Mauern begruben Theresa unter sich und das Auto stand mit einemmal still. Gerd stürzte nach vorn und räumte die Trümmer von seiner Tochter weg. Als er sie vor sich liegen hatte, griff er ihr unter die Arme, um sie dort herauszuziehen. Und als er Theresas Körper umdrehte, stand sie auf und umarmte ihn.
Gerds einziger Gedanke war: Gottseidank, sie lebt!
Dieser Traum hat ihm unendlich viel Ruhe gegeben. Gerd brauchte ab diesem Moment keine Erklärung mehr dafür, wo sie war, was sie war. Seitdem weiß er tief in sich, dass sie lebt. Er brauchte nicht mehr zu suchen denn er wusste was mit ihr war. »Sie lebt! Was für eine Bedeutung diese beiden Worte haben!«, sagt Gerd noch heute.
Seit diesem Zeitpunkt kann er auch mit ihr sprechen, wo immer er ist.
Gerd sagt heute, dass er unendlich froh ist, Theresa gefunden zu haben. Das, was vielen als so schrecklich erscheint, nämlich sein eigenes totes Kind im Arm zu halten, ist im Nachhinein großer Trost für ihn. »Und wenn es nur ein Fuß von ihr gewesen wäre, ich wäre noch heute froh, sie berührt zu haben. Manchmal denke ich an die Menschen, die ihre Kinder im Krieg verloren haben. Ich glaube, die werden nie glauben können, dass sie tatsächlich tot sind. Ich kann allen, wirklich allen Menschen, egal, wie der Tod der Nahe stehenden war, nur raten: Geht hin und seht, ob das wirklich stimmt! Sonst sucht ihr sie. Ihr werdet es nämlich nicht wirklich glauben.«
Verschiedene Reaktionen der Menschen in seinem Umfeld erschüttern ihn jedoch heute noch. Er hatte ein berufliches Gespräch mit einem Mann nur ein halbes Jahr, nachdem er seine Tochter tot gefunden hatte. Und er fragte den Mann, ob er von dem Tod seiner Tochter gehört hatte. »Ja«, antwortete dieser. »Aber sind Sie denn noch nicht darüber hinweg?«. Gerd war außerstande, darauf eine Antwort zu finden.
Es beschäftigt ihn auch sehr, dass es so viele Menschen gibt, die sich sichtlich nicht trauen, ihn auf den Tod seines Kindes anzusprechen. Das betrifft sowohl einige Lehrer an der Schule seiner Kinder, wie auch alte Bekannte und Freunde. Er versteht sehr wohl, dass sie möglicherweise nicht wissen, wie sie eine solche Frage stellen könnten und dass sie befürchten, sie würden den großen Schmerz wieder hervor wühlen. Doch Gerd sagt dazu: »Hoch wühlen? Wie kann man etwas hoch wühlen, was sowieso die ganze Zeit da ist?«
Gerd arbeitet gern und er sagt, seine Arbeit könne immer viel von dem

Die Häutung von Schlangen kann ungeahnte Wunder in sich bergen.

auffangen, was in ihm wühlt. Er ist immer noch viel unterwegs und fragt täglich nach, wie es seinen beiden Töchtern geht und welche Fragen sie in sich tragen mögen. Er steht in regem Kontakt mit ihnen. Manchmal hat er eine Vision in sich, was er einmal machen möchte. Er sagt, seine Liebesfähigkeit sei seit Theresas Tod viel tiefer geworden. Und er sieht Kinder und Jugendliche vor sich, die er so gut verstehen kann. Er möchte sehr gern einen Weg finden, seine Fürsorglichkeit für alle Jugendlichen geben zu können.

Eine Geschichte zum Nachdenken

Die Siebenhaut

Es war einmal ein sehr reicher und mächtiger Mann, der hatte eine Frau, die er liebte. Sie hatten jedoch kein Kind und deshalb liebte der Mann seine Frau um vieles weniger, als sie ihn. Der Mann war überhaupt von roher und rauer Art, auch wenn er es bei weitem nicht wirklich böse meinte. Seine Frau versuchte, ihn durch Demut, Freundlichkeit und ihr schweigsames Wesen zu besänftigen. Doch er nannte sie häufig eine Aalhaut, eine glatte Schlange und vieles mehr. Seine Frau weinte dann oft und sprach: »Versündige dich nicht, wenn du mich eine Schlange nennst. Hoffentlich straft dich Gott niemals dafür!« Doch der Mann lachte nur darüber.

Nun geschah es aber, dass die Frau nach Jahr und Tag Hoffnung auf ein Kind in sich trug. Der Mann war voller Freuden und sein Benehmen war auf einmal wie ausgewechselt. Er suchte alles, um seiner Frau Gutes zu tun und wusste kaum, was er noch alles machen konnte.

Da kam es, dass ein großes Verhängnis über beide kam: die Frau brachte anstatt eines Kindes eine Schlange zur Welt. Und der Mann war außer sich. Er kochte vor unbändiger Wut und seine Frau war fast des Todes. »Na, bist du nun keine Schlange?«, brüllte er. »Du bist eine Hexe, eine Teufelin! Du Schlangenmutter! Du sollst sterben und mit dir dein Schlangenbalg, das du geboren hast!«

Die arme Frau bettelte und bat, er möge sie und die Schlange verschonen. Sie spürte, wie sich ein wenig Mutterliebe dem Grauen beimischte, das sie empfand, wenn sie die Schlange ansah. Der Mann aber tat, als sei sie nie seine Frau gewesen und kümmerte sich ab diesem Zeitpunkt nicht mehr um sie. Sie durfte nicht aus dem abgelegenen Teil ihrer Gemächer hinaus und nur die nötigste Bedienung stand zu ihrer Verfügung.

Die Frau aber nährte in ihrer Abgeschiedenheit die Schlange. Sie nährte sie und sie gewöhnte sich an ihr ungewöhnliches Kind. Und allmählich gewann sie die Schlange lieb, wie ihr eigenes Kind. Häufig hatte sie einen immer wiederkehrenden Traum. Sie träumte, dass die Schlange in Wirklichkeit keine richtige Schlange sei, sondern ein wunderschöner Junge. Und sie erkannte, dass ihr Sohn die Schlangengestalt angenommen hatte, weil sie sich immer so entsetzt hatte, wenn ihr Mann sie so nannte.

So pflegte die Frau ihr Schlangenkind mit aller Fürsorge, die eine Mutter für ihr Kind haben kann. Die Schlange wurde größer und größer und gedieh prächtig. Das beobachtet die Mutter mit Freude. Bald lag die Schlange still auf ihrem Schoß, bald ringelte sie sich im Kreis, als wolle sie spielen. Und manchmal hob die Schlange ihren schlanken Hals und reckte sich mit ihren klugen Augen empor bis zu ihrem Mund, als wolle sie die Mutter küssen.

So vergingen lange Jahre, die die Mutter mit dem Schlangenkind in aller Eintönigkeit verbrachte. Und bald waren zwanzig Jahre vergangen. Die Schlange war groß und mächtig geworden und längst ausgewachsen. Mit Ernst dachte die Mutter an ihren eigenen Tod und was dann aus der Schlange werden solle. Da tat eines Tages die Schlange, die in all den ganzen Jahren nie ein Wort gesagt hatte, den Mund auf und sprach: »Verehrte Mutter! Ich habe jetzt bereits mein zwanzigstes Lebensjahr hinter mir und es ist an der Zeit, dass ich mich verheirate. Bitte verschafft mir eine Braut. Es ist mir einerlei, aus welchem Stand sie kommt. Die Hauptsache ist, dass sie brav und standhaft ist!«

Die Mutter, so erstaunt sie auch über die Wortes ihres Sohnes war, versprach dennoch, den Wunsch ihres Sohnes zu erfüllen und sandte Boten aus. Aber alle Werber kamen unverrichteter Dinge wieder. Überall hatten sie ablehnende und auch spöttische Bemerkungen einholen müssen. Es hieß: schlanke Bewerber seine ja erwünscht, aber so schlanke nun auch wieder nicht. Und einen Schlangenring mache sich jeder Mensch gern um den Finger oder um das Handgelenk, aber eine Schlange um den ganzen Leib, nein, dass sei doch zu viel des Guten.

Die Frau wurde darüber sehr betrübt. Als sich niemand fand, der ihren Sohn heiraten wollte, er aber sein Bitte nochmals wiederholte, so sprach die Frau eines Tages mit dem Mädchen, dass die Hühner versorgte. Sie war ein frisches, junges Mädchen. Das Mädchen aber sagte: »Was soll ich mit einem solchen Freier. Ich werde doch schon noch einen finden, der Hände und Füße hat. Ich weiß schon, so einer, der frisst nur und kann nicht arbeiten!«. Die Mutter aber versprach ihr, dass sie klug wie eine Schlange wäre, wenn sie ihn nähme, denn sie bräuche wahrlich nicht mehr zu arbeiten, wenn sie erst zu seiner Frau geworden sei. Und wenn sie das ablehnen würde, setzte die Mutter hinzu, und bei den Hühner bleiben wolle, dann sei sie eben dumm wie eine Gans.

Das Mädchen wurde daraufhin nachdenklich und sagte, es wolle die Sache eine Nacht beschlafen – guter Rat käme über Nacht. Und als das Mädchen des Abends eingeschlafen war, hatte es einen Traum, der tatsächlich einen guten Rat mit sich brachte. Sie träumte, dass ein großer Engel sich über sie beugte und sagte: »Nimm ihn. Du findest keinen Besseren! Und du bist es,

die ihn erlösen kann!« Dann beugte sich der Engel zu ihr herunter und flüsterte ihr etwas ins Ohr. Als das Mädchen am Morgen erwachte, stand es auf, ging zu der Frau hin und sagte, dass es ihren Sohn zum Manne nehmen wolle. Die Mutter war darauf hoch erfreut und traf alle Anstalten für das Hochzeitsfest. Doch sollte die Hochzeit in aller Stille gefeiert werden.
Als nun das junge Paar nach der Hochzeit beisammen war, sprach die Schlange zu der Braut: »Zieh dich aus!« – »Nein!« sprach die Braut. »Zieh du dich zuerst aus!«. Da ringelte sich die Schlange um sich selbst, hüpfte im Kreis, biss sich in das eigene Ende und schlüpfte aus der Haut heraus. Unter der alten Haut war aber eine viel schönere, als es vorher hatte. War die alte Haut braun gewesen, war die neue Haut wunderschön grün.
»Ich hoffe!«, sagte da die grüne Schlange zu dem Mädchen. »Jetzt zieh du dich aus.« »Nein«, antwortet das brave Mädchen: »Zieh du dich aus!«. Wieder machte es die Schlange, wie bei dem Male vorher, sie ringelte sich um sich selbst, hüpfte im Kreis, biss sich in das eigene Ende und schlüpfte aus der Haut heraus. Jetzt erschien die Schlange in blauer Farbe. »Ich vertraue«, sagte die Schlange. »Nun, mein Kind, zieh du dich aus.« Aber abermals sagte das Mädchen: »Nein, zieh du dich aus.« Die Schlange gehorchte wieder, die blaue Schlangenhaut fiel von ihr hinab und sie erschien in einer wunderschönen leuchtenden roten Farbe. »Ich liebe dich!«, sagte die Schlange jetzt. »Nun zieh dich aus!« Doch das Mädchen blieb ruhig stehen und sagte: »Nein, zieh du dich aus!« Denn das war das Geheimnis, was ihm der Engel des Nachts im Traum zugeflüstert hatte.
Die Schlange seufzte, drehte sich wieder um sich, machte es wie vorher und erschien jetzt in reinem glitzernden Silber. »Mein Herz ist rein, wie Silber«, sagte die Schlange. »Nun zieh du dich endlich aus.« »Nein. Zieh du dich aus«, sagte das Mädchen noch einmal. Nun schlüpfte die Schlange aus ihrer silbernen Haut heraus und erschien in strahlendem Golde. »Mein Herz ist treu, wie Gold«, sprach die Schlange. »Jetzt bist du an der Reihe.« »Nein, zieh du dich aus«, sprach das Mädchen jetzt zum sechsten Male. Die Schlange gehorchte und kroch aus der Haut heraus und war als lebendiger Regenbogen in allen Farben leuchtend vor ihr, dass kaum ein Auge den Glanz ertragen konnte. »Der Friede sei mit uns,« sagte die Schlange zu dem Mädchen. »Jetzt zieh du dich endlich aus.« Doch das Mädchen stand noch immer still an ihrem Platz und sagte ganz ruhig und unerbittlich: »Zieh du dich aus.«
Da schlüpfte die Schlange auch aus dieser Haut heraus. Und was geschah? Sie erschien in einer Menschenhaut. Sie verwandelte sich vor den Augen des Mädchens in einen Menschen, und zwar in einen jungen und schönen.
Der Sohn des reichen Mannes und seiner Frau schloss seine Braut in seine Arme und rief: »Ich danke dir! Du hast mich erlöst!«
Der Engel hatte in der Nacht dem Mädchen zugeflüstert, sie solle siebenmal sein Ansinnen verweigern, dann sei er von der Qual befreit. Nun stand der junge Mann neben ihr und sie sank an seine Schulter.

Die Mutter war voller tiefer glückseliger Freude und der Mann, der sich von ihnen losgesagt hatte, versöhnte sich mit ihnen und alle waren glücklich und zufrieden, bis an ihr Lebensende. Nacherzähltes Märchen nach Bechstein

Einige begleitende Worte

Menschen tragen Verantwortung, wann immer ein Kontakt mit anderen Menschen stattfindet. Das Achten darauf, was in dem Zusammenspiel mit Anderen geschieht, bezieht sich nicht nur auf den Straßenverkehr, in dem erheblich mehr Unfälle passieren würden, wenn nicht ab und zu jemand von seinem eigenen Recht abgehen und vorsichtig und aufmerksam reagieren würde, obwohl alle Straßenschilder freie Fahrt signalisieren.

Es kann Momente geben, da fragen wir uns verzweifelt, ob das, was wir getan haben, ausreichend war, um großen Schaden für uns und andere abzuwenden. Das ist beim Autofahren nichts anderes, als in der Außenpolitik.

Besonders dann, wenn ein Mensch, den wir kennen und möglicherweise geliebt haben, sich umbringt, stehen wir vor den Scherben unseres eigenen Tuns. Dieser Tod ist nicht ohne Grund scheinbar am meisten mit uns verwoben, denn angesichts eines Freitods müssen wir alle uns fragen, was wir getan haben, dass ein Mensch aus unserer Mitte nicht mehr bei uns sein will. Und wir fragen uns, weshalb wir nicht gesehen haben, weshalb wir nicht gefragt haben und weshalb wir nicht »Halt!« gerufen haben. Das, was dabei alles eine Rolle gespielt haben mag, dass ein Mensch aus diesem Leben geht, wird meistens erst hinterher für alle deutlich. Doch dann ist der Zeitpunkt zu spät, ein »Zurück« gibt es nicht mehr. Und wie gern würden wir alles ungeschehen machen was wir getan haben und wie gern würden wir alles geschehen machen, was wir versäumt haben.

Alle, die die Person, die durch einen Suizid starb, näher kannten, haben an dieser Verantwortung und den eigenen Schuldgefühlen schwer zu tragen. Wie kann ein Streit bereinigt werden, wenn die Person hier nicht mehr anzutreffen ist? Und wie schwer wiegt es, dass wir selbst vielleicht einen Auslöser für den Suizid erst geschaffen haben?

Das ist der Moment, in dem allen deutlich ist, dass man meistens erst »hinterher« schlauer ist. Das aber gilt möglicherweise für alle – für die Lebenden *und* die Toten. Es gibt keinen Grund, weshalb es einem Menschen, der sich umgebracht hat, nach seinem Tod wunderbar gehen sollte. Wenn sterben bedeuten sollte, dass alle sich im Nullkommanichts auf »ins Licht« machen und das so großartig ist, wäre es doch besser, wir würden kollektiven Selbstmord begehen. Wir hätten dann unsere Probleme ausgezogen, wie ein paar drückende Schuhe und alles ist friedlich und streichelt uns. Die große Schwierigkeit taucht unter Umständen erst danach auf; dann, wenn wir angesichts der Konsequenzen, die wir geschaffen haben vor dem Scherbenhaufen stehen und liebend gern alles rückgängig machen würden. Es scheint doch so zu sein, dass wir das, vor dem wir uns gerne drücken möchten, mitnehmen, wohin auch immer wir gehen mögen. Das ist bei unbezahlten Rechnungen nicht anders, als bei Verletzungen, die wir – bewusst oder unbewusst – ausgeteilt haben.

Das ist ein Problem der so genannten esoterischen Welle, die in den letzten Jahrzehnten bekannt geworden ist. Es kann für Menschen, die in großen Schwierigkeiten sind und die ihr Leben als langweilig, hoffnungslos und elend empfinden, dazu führen, dass sie denken, es wäre ganz einfach: das Leben, dass uns nicht gefällt, wird gegen das neue ausgetauscht. Wir werden doch wieder geboren – oder? Dann geht es mir nach meinem Tod glänzend und im neuen Leben habe ich keine Probleme mehr, denn die habe ich im letzten Leben zurückgelassen.

Wenn Jugendliche sich selbst töten, kann das aus verschiedenen Lebenssituationen heraus geschehen. Natürlich gibt es Fälle, in denen sie sich in einer hoffnungslosen Sackgasse befinden können. Sie können erpresst, missbraucht und bedroht werden, was ihnen unter Umständen alles als reizvoller erscheinen lassen kann, als dieses eine Leben, das sie gerade zu fassen haben. Es kann auch sein, dass sie ihr Leben als eingefahren, verlogen und langweilig empfinden. Dann ist der Schritt nicht weit, überprüfen zu wollen, ob vielleicht die andere Seite – die, die sich hinter dem Leben befindet – etwas mitbringt, das gehaltvoller, wahrhaftiger und ehrlicher ist. Das ist verständlich. Und letztlich teilen viele Erwachsene die Sicht der Jugendlichen. Ist unsere Gesellschaft, unsere Gemeinschaft, die wir erschaffen haben, tatsächlich gehaltvoll, wahrhaftig und ehrlich?

Der Vorteil von Jugendlichen ist, dass sie diese Frage offen mit sich tragen. Sie haben sich mit dieser scheinbar unbeantwortbaren Frage nicht arrangiert, wie Erwachsene. Und es kann leicht sein, dass sie voller Entsetzen zurückschrecken, wenn alles das, was sie sehen, nicht hält. Die so genannte »No future-Bewegung« von Jugendlichen vor kaum zwanzig Jahren ist nur ein berechtigter Ausdruck des Abwendens vor den bestehenden Tatsachen. Ein Suizid geht diesen Schritt konsequent weiter.

Und einer der wichtigsten Aspekte, der den Suizid bei Jugendlichen betrifft, ist der, dass wir schlichtweg vergessen haben, wie hoffnungslos einsam Jugendliche sind. Sie sind einsam, auch wenn sie sich, von außen betrachtet, unmöglich benehmen können und sie allen Erwachsenen wie eine wahre Zumutung erscheinen können. Sie haben mit all dem, was sie in ihrer Entwicklung zum Erwachsenendasein aufwühlt, keine Werkzeuge mit auf den Weg bekommen, um damit umgehen zu können. Sie werden durcheinander gewirbelt von hoch kochenden Gefühlen, für die es kein Gegenüber gibt. Sie haben doch den Eindruck, dass niemand auf der ganzen Welt das verstehen wird oder gar selbst empfunden haben kann. Und niemand hat ihnen (und uns) beigebracht, wie kostbar das Leben ist, dass wir in den Händen tragen.

Dann ist es kein Wunder, wenn sie von Außen betrachtet »cool« wirken. Die ungeheure Verletzbarkeit muss dringend geschützt und versteckt werden, ganz einfach weil niemand sie verstehen kann. Dabei scheint es allerdings seltsam, dass es offensichtlich kaum Erwachsene gibt, die nicht schon einmal an Selbstmord gedacht haben, als sie selbst Jugendliche waren. Weshalb sollten dann nicht auch alle Jugendlichen den Gedanken – mehr oder weniger konkret – in sich tragen? Ob sie das dann in die Tat umsetzen, ist eine ganz andere Frage. Aufgabe einer erwachsenen Gesellschaft scheint zu sein, das zu wissen und zu erinnern.

Erwachsene und Jugendliche haben weniger Unterschiede, als gemeinhin angenommen. Jugendliche verstellen sich im Grunde weniger und tragen mit ihrer ihnen eigenen Vehemenz ihre Anliegen vor, die noch nicht von Sachzwängen aller Art unkenntlich gemacht sind. Dabei haben Jugendliche angesichts des Todes keine anderen Fragen in sich, als Erwachsene auch. Sie fragen ebenso nach dem »Danach«, wie nach dem Schmerz. Sie fragen nach dem »Warum?« und suchen nach einem Ausweg aus dieser Falle. Im Übrigen ist sehr oft selbst die Wortwahl der Fragestellung absolut identisch. Nur eines machen Jugendliche weniger als Erwachsene angesichts dieses schweren Themas: sie sagen nicht, dass »das Leben eben so sei«. Sie stehen möglicherweise erstarrt, doch sind sie häufig auf sehr offene Weise bereit, ihre eigenen Denkmuster zu überprüfen und zu ändern.

Das, was Erwachsene von Kindern und Jugendlichen unterscheiden kann und soll, ist die Fähigkeit, vor einer Handlung die Konsequenzen zu bedenken, einzuschätzen und dann zu entscheiden, ob diese Handlung durchgeführt werden sollte. Die entstehenden Konsequenzen tragen die Handelnden – so oder so. Das Bedenken der Folgen aus einer Handlung heraus erwartet niemand wirklich von Kindern und Jugendlichen. Allerdings muss dieser Maßstab dann an alle Erwachsenen angelegt werden können. Auch hier entsteht dabei die Frage, ob es dann einen wirklichen Unterschied zwischen Erwachsenen und Kindern und Jugendlichen gibt!

Unsere Verantwortung, die wir tragen und dennoch gern verstecken würden, lagert sich um uns, wie verschiedene Häute, in die wir hineinschlüpfen müssen. Dann kann niemand erkennen, wer wir eigent-

lich sind und unter was wir möglicherweise leiden. Und erst, wenn diese Häute abgelegt werden können, können wir in unserer ganzen Pracht – als wahrhaftiger Mensch – erscheinen. Zweifellos aber lastet Schuld immer sehr schwer auf unseren Schultern. Und dabei ist es egal, ob es jugendliche oder erwachsene Schultern sind. Schuld lastet und es scheint nie wieder eine Erlösung davon zu geben.
Es wäre besser, wenn wir stattdessen Klarheit darüber hätten, dass wir Verantwortung tragen. Wir sind verantwortlich für die Zeit, in der wir uns befinden und wir sind verantwortlich für die Stoßstange des anderen Auto, die wir kaputt gefahren haben. Und oftmals landen wir plötzlich in einer Verantwortlichkeit, von der wir gar nicht wussten, dass es sie gibt, geschweige denn, was wir damit zu tun haben könnten. Wir sind unter Umständen mit einer eigenen Verantwortlichkeit konfrontiert, obwohl wir doch eigentlich »gar nichts Böses« wollten. Verantwortung lässt sich lösen und erlösen, Schuld drückt unendlich und es gibt kein Entkommen. Erst dann, wenn wir uns erleichtert haben, sind wir wieder handlungsfähig.
Es ist zu leicht, Menschen die Schuld an dem Leben oder Sterben eines anderen Menschen zuzuschieben. Diese Macht über Leben und Sterben dürfen Menschen nicht bekommen und sie haben sie ja auch nicht! Niemand kann allein für den Tod eines Menschen verantwortlich gemacht werden, es sei denn, er ermordet den anderen (und selbst da stellt sich allzu oft die Frage, ob da nicht auch Fehler an anderer Stelle gemacht wurden).
Sollte es aber so sein, dass wir für alles, was wir tun oder nicht tun, Verantwortung tragen, dann ist sicher anzunehmen, dass die, die durch einen Suizid verstorben sind, auch die Folgen dessen, was sie angerichtet haben, mitnehmen. Wie kann es dann einem Menschen gut gehen, wenn er tot ist? Und vor allem, welche Lösung und Erlösung kann es noch geben? Sollte es so sein, dass alle Folgen, die aus diesem Tod entstehen, der verstorbenen Person verantwortlich gehören, wie es als Karmagedanke definiert ist, dann kann es kaum ein individuelles Karma geben. Alle Lebenden, die weiter hier ihr Leben leben, sind verantwortlich für das, was weiter auf Erden geschieht.
Ob angesichts eines Suizides den Trauernden Hoffnung geschenkt werden kann, damit sie eine Möglichkeit finden können, weiter zu leben oder ob sie in Krankheit, Schuld und Elend auf immer versinken, ist die Aufgabe von ihnen selbst und die Aufgabe der Menschen in ihrer Umgebung. Diese Verantwortung tragen alle gemeinsam – nicht die Person, die sich umgebracht hat. Dann aber sind alle dafür zuständig, welche Verantwortung die Verstorbenen letztendlich tragen müssen. Die Konsequenzen, die entstehen, müssen von allen ausgebadet und gelöst werden. Es ist, als gäbe es eine gemeinsame Suppe, die wir alle uns ein-

gebrockt haben und die wir auch alle wieder gemeinsam auslöffeln müssen. Damit stehen wir in einer engen Beziehung mit allen Lebenden und allen Toten!
Wer kann Menschen, die sich in die unterschiedlichsten Häute versponnen haben und die ihre Schuld und Verantwortung schwer mit sich tragen, denn letztendlich erlösen? Erlösung kann nur dann entstehen, wenn mutige Menschen von außen dazu gewillt sind, Betroffene geduldig und dauerhaft von ihrer schweren Last zu befreien, ohne sie zu verurteilen. Wenn gemeinsam Wege gesucht werden, ist jeder davon eine Erlösung!

Ratschläge für die Betroffenen

- Stellen Sie sich vor, die verstorbene Person ist in ein fremdes Land gefahren. Was möchten Sie ihr schicken? Was möchten Sie ihr sagen? Schreiben Sie es auf. Diesen Brief können Sie verbrennen, vergraben oder an den Platz legen, der Ihnen wichtig ist. Nehmen Sie das, was Sie der verstorbenen Person sagen möchten, mit in den Schlaf.
- Gestehen Sie sich ein, was und ob Sie etwas versäumt haben. Schreiben Sie es auf. Schreiben Sie Ihrem Kind, was Sie täten, wenn Sie jetzt in der gleichen Situation wären. Sagen Sie dem Kind, wie Sie bereit sind, es weiterhin zu schützen, auch wenn es tot ist. Beschreiben Sie sehr konkret Ihre Handlungsweise. Nehmen Sie eine Kerze und Blumen und stellen Sie sie an das Grab Ihres Kindes. Vergraben Sie den Brief dort.
- Bitten Sie Ihr Kind um Verzeihung dafür, dass Sie möglicherweise nicht – oder nicht genügend – gehandelt haben. Wenn es sich bei der verstorbenen Person nicht um Ihr eigenes Kind handelt und Sie den Eindruck haben, etwas unterlassen zu haben, bitten Sie es um Verzeihung dafür.
- Sind Sie bereit Ihrem Kind zu verzeihen, dass es sich selbst getötet und Sie verlassen hat? Wenn Sie bereit dazu sind, verzeihen Sie es von ganzem Herzen. Es kann sein, dass Ihr Kind Ihnen ein mögliches Versäumnis Ihrerseits ebenso leicht verzeihen wird. Dann ist der Weg in einen gemeinsamen Frieden aus zwei verschiedenen Welten heraus leichter und ebener geworden. Wenn Sie feststellen, dass Sie Ihrem Kind nicht verzeihen möchten, nähern Sie sich täglich dem Gedanken an. Bedenken Sie, dass das vielleicht ein Weg für Ihr Kind ist, sich aus der schweren Verantwortlichkeit zu erlösen. Möglicherweise möchte Ihr Kind Sie auch um Verzeihung bitten. Wenn es sich bei der Person, die sich selbst getötet hat, nicht um Ihr eigenes Kind handelt, ist Verzeihen und um Verzeihung bitten ebenso notwendig. Überprüfen Sie,

ob Sie der Person, die sie auf diese Weise verlassen hat, verzeihen mögen oder ob diese möglicherweise Sie um Verzeihung bitten möchte. Fühlen Sie nach! Es kann sein, dass die verstorbene Person Verantwortung trägt.

- Sollten Sie feststellen, dass Sie Ihrem Kind oder der Person, die sich umgebracht hat, durchaus verzeihen wollen, aber den Eindruck haben, Ihre eigene Schuld und Verantwortung wiege zu schwer, nehmen Sie Ihre Gnadenlosigkeit sich selbst gegenüber wahr.
- Sprechen Sie mit Menschen in Ihrer Umgebung darüber, dass Sie den Eindruck haben, etwas versäumt zu haben. Bitten Sie andere um ihre Unterstützung und um ihre »Freisprechung«. Erst wenn Sie erleichtert sind, sind Sie handlungsfähig!
- Bestellen Sie sich das Buch: Verwaiste Eltern, Leben mit dem Tod eines Kindes, Heft 10/99-01, Schwerpunkt Suizid. In dem Buch haben betroffene trauernde Eltern ihre Geschichte, ihre Trauer und ihren Umgang mit der Trauer beschrieben. Das kann Ihnen Mut machen, selbst Wege der Verwandlung zu finden.
- Nehmen Sie Kontakt auf mit den Selbsthilfegruppen der »Verwaisten Eltern«. Es gibt Gruppen, in denen ausschließlich verwaiste Eltern durch Suizide teilnehmen. Sie können Trost durch andere Betroffene bekommen. Möglicherweise kann Ihnen das helfen, zu erkennen, dass Eltern einen so schweren Tod in Zukunft verwandeln können.
- Wenn Sie religiös-katholischen Glaubens sind oder eine anthroposophische Kirchengemeinde für sich näher empfinden, nutzen Sie die Möglichkeit, mit Ihrem Anliegen zu einer Beichte zu gehen. Möge Sie die erteilte Absolution erleichtern!
- Nutzen Sie alle Möglichkeiten, die Ihnen Ihre eigene Religion bietet, um Ihr Herz zu erleichtern. Sprechen Sie mit den Zuständigen in Ihrer Kirchengemeinde. Bitten Sie sie um Unterstützung.

Ratschläge für die Umgebung Betroffener

- Sprechen Sie die betroffenen Familien an. Sollten Sie Angst davor haben, überwinden sie diese und tun Sie es trotzdem. Jedes Ansprechen der Freunde und Eltern lässt diese weiterhin ein Teil der Gemeinschaft sein. Sollten Sie feststellen, dass die Betroffenen nicht sprechen mögen, bieten Sie Ihre Bereitschaft zu einem Gespräch an, wenn die Trauernden dazu in der Lage sind. Fragen Sie die Trauernden.
- Beziehen Sie die Betroffenen auch weiterhin in den gesellschaftlichen Alltag ein. Trauernde können denken und möchten lachen, wie alle anderen auch. Denken Sie daran, dass sie die Verstorbenen und den Schrecken trotz allem noch lange mit sich tragen.
- Achten Sie darauf, ob Sie die Familien- oder Freundessituation

tatsächlich überblicken können. Seien Sie vorsichtig mit Urteilen über die Hintergründe eines Suizides!

- Fühlen Sie nach, ob Sie bereit sind, den Trauernden zu verzeihen, wenn Sie sie für mitverantwortlich an dem Tod halten. Möglicherweise tragen sie Versäumnisse mit sich. Fühlen Sie auch nach, ob Sie der verstorbenen Person verzeihen mögen. Auch sie trägt möglicherweise Versäumnisse.
- Achten Sie auf die Jugendlichen in der Umgebung der Person, die sich getötet hat. Sprechen Sie sie an, fragen Sie, ob Sie sie unterstützen können.
- Bedenken Sie, dass Jugendliche die gleichen Fragen in sich tragen können, wie Sie selbst.
- Finden Sie einen Weg, die Jugendlichen ernst zu nehmen.
- Seien Sie aufmerksam, wenn Sie mit Jugendlichen Kontakt haben. Sollten Sie feststellen, dass diese sich verändern oder dass sie Probleme haben, bieten Sie Unterstützung an. Es kann ehrlicher und hilfreicher sein, mit ihnen gemeinsam offene Fragen zu haben, anstatt so zu tun, als ob es angesichts von Lebensfragen immer eine Lösung geben könnte. Dabei ist dennoch Vorsicht geboten: Jugendliche benötigen ihre Rückzugsmöglichkeiten. Und nicht alle Jugendlichen, die ein wenig in die Ferne entrückt erscheinen, wollen sich umbringen. Dennoch gibt es kaum Jugendliche, die nicht schon mit dem Gedanken insgeheim gespielt hätten!
- Erinnern Sie, wie es Ihnen zumute war, als Sie jugendlich waren! Erinnern Sie dabei, wie einsam Sie sich damals fühlten?
- Hatten Sie Erwachsene, mit denen Sie sprechen konnten?
- Sprechen Sie Eltern nach dem Tod eines Kindes an – auch wenn das Kind durch einen Suizid gestorben ist. Eltern durchleiden heftige Qualen.

4 Wo liegen die fernen Welten?

Wo sind die Toten geblieben? Die Frage nach dem Aufenthaltsort der Verstorbenen stellt sich meistens erst dann ein, wenn ein Mensch gestorben ist. Dazu ist es notwendig, sich mit verschiedenen Gedankenmodellen und Glaubensvorstellungen zu beschäftigen. Dabei ist auffällig, dass es in den unterschiedlichen Religionen große Parallelen über die Welt der Toten gibt. Das ferne Land, das die Toten betreten haben ist ungewiss, doch kann eine möglichst konkrete Vorstellung davon für die Trauernden sehr hilfreich sein.

Mondschein und Sonne, noch einmal die Sterne,
bald ist erreicht die beglückende Ferne…
Liliencron

Brief an Anna (18), Mutter von Ungeboren

Die Namen wurden nicht geändert

Vorgeschichte
Anna war 18 Jahre alt, als ihre Menstruation ausblieb. Sie war Schülerin und bereitete sich auf den großen Abschluss, ihr Abitur, vor.
Anna ist eigenwillig und ehrgeizig, klug und kreativ. Sie hat ein ansteckendes Lachen und die Fähigkeit, über alles eine Bemerkung zu machen. Anna liebt es, das letzte Wort zu haben. Eine junge Frau mit großen Plänen, auf die das Leben wartet.
Seit einem guten Jahr war sie nun befreundet mit Razack, einem fürsorglichen und mit seinen 21 Jahren bereits lebenserfahrenen Mann aus Togo.
Anna war fünf, als ihre Schwester nach Jahren der Leukämiekrankheit starb. Sie starb zu Hause, und Anna saß damals mit an ihrem Totenbett und hielt Totenwache. Ihre Großväter starben im Jahr darauf. Razacks ein Jahr jüngerer Bruder war gestorben, als Razack gerade 15 war, sein Vater starb nur ein Jahr später.
Und dann saß Anna beim Frauenarzt, der ihr eröffnete, dass sie schwanger sei. Anna hatte vorher so eine dumpfe Ahnung gehabt, dass das sein könne, hat diese Ahnung aber als sehr unwahrscheinlich verworfen. Sie hatte sich gegen eine tägliche Hormoneinnahme entschieden und war seit einigen Jahren sehr konsequent in ihrer Verhütungsweise. Sie maß ihre Körpertemperatur, um einen Eisprung festzustellen,

sie benutzte Vaginalzäpfchen und Präservative. Ein Scheidendiaphragma konnte sie wegen Schmerzen nicht gut vertragen. Anna und Razack kamen mit diesen Verhütungsmaßnahmen gut zurecht.
Anna hörte den Arzt sprechen. Schon im ersten Augenblick war ihr klar, dass sie das Kind nicht bekommen werde. Als der Arzt ihr beide Varianten eines möglichen weiteren Ablaufes vorstellte, hörte sie bei der einen gar nicht genau hin. Sie hörte, was im Falle einer Abtreibung zu tun sei. Und dennoch war es, als wären diese Sätze nicht wirklich an sie gerichtet.
Erst abends, als Gedanken an das »eigene Kind« im »eigenen Bauch« entstanden, wurde ihr die Tatsache bewusst. Erst jetzt, als ihr klar wurde, dass dieses Kind ein Teil von ihr selbst und ein Teil von seinem Vater Razack ist und sie sich unwillkürlich vorstellte, wie es wohl aussehen möge, schien es doch wieder unterschiedliche Entscheidungsmöglichkeiten zu geben.
Sie stand vor einer schweren Entscheidung. Ihr Freund ließ ihr die Wahl. Er erklärte sich bereit, seine Arbeit zu beenden, um ganz und gar für das Kind da zu sein, während Anna mit ihrem Abitur beschäftigt war. Allerdings erkannte und akzeptierte er die Schwierigkeiten in Annas eigener Lebensplanung.
»Beide Entscheidungen, die möglich sind, sind schlecht«, sagte sie. Anna sah für sich keine Wahlmöglichkeit, die erträglich gewesen wäre. Sie versuchte sich mit dem Gedanken anzufreunden, das Kind zu bekommen, sie spielte den Gedanken durch, wie es wäre, wenn Razack, ihre Freundinnen und ihre Familie sie unterstützten, während sie Abitur machte. Doch Anna sah sich nicht dazu in der Lage, ein Kind aufzuziehen. Sie fühlte plötzlich so deutlich, dass sie selbst noch viel zu sehr Kind war, dass sie noch viel zu wenig gelebt und erlebt hatte, um selbst Mutter zu sein. Anna wollte nicht, dass andere ihr Kind aufziehen.
Anna entschied sich für einen Abbruch.
Anna ist eine moderne, aufgeklärte junge Frau. Alle Menschen in ihrer näheren Umgebung ließen ihr die freie Wahl und boten sich an, jede ihrer Entscheidungen mit zu tragen. Ihr Freund, ihr Bruder und ihr Vater begleiteten sie zu allen Beratungsterminen und auch zum Abbruch selbst, der ambulant in einer Tagesklinik vorgenommen wurde.
Allerdings stellte sie fest, dass auch andere Reaktionen möglich waren. Der Abbruch selbst verlief wie am Fließband. Der Arzt schien keine Antwort auf eben gestellte Fragen zu erwarten und Anna wusste, dass es allen Frauen im vollen Wartezimmer gleichermaßen wie ihr ergehen würde. Ein Frauenarzt, bei dem sie eine Nachuntersuchung hatte, sprach ihr jede Kompetenz angesichts von Verhütungsfragen ab und kanzelte sie als »dumm« ab.
Schwer getroffen hat sie eine Diskussion im Rahmen des Biologieunter-

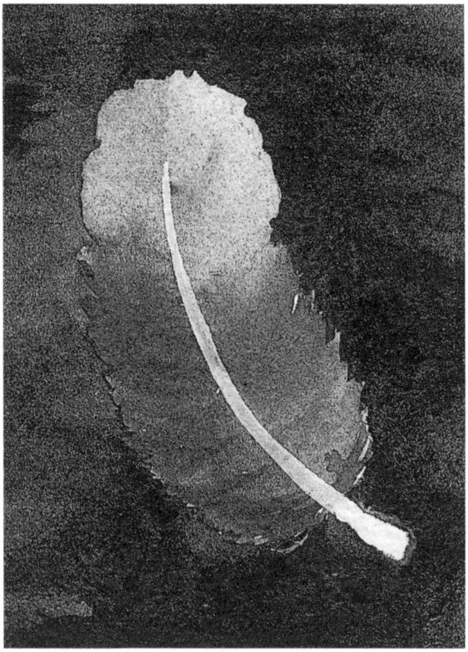

Eine Feder kann Symbol für das Kind sein, dass wir nie kennen gelernt haben.

richtes während des Abiturs. Ihre Mitschüler äußerten ihre Gedanken zur Abtreibung hartherzig und pragmatisch und Anna wurde klar, wie weit Theorie und Praxis voneinander entfernt liegen.
Anna rechnet seit ihrer Entscheidung bei jedem Baby, dass sie sieht, nach, wie alt ihr Kind jetzt wäre, wie es wohl aussehen würde. Anna hatte ein schlechtes Gewissen, gegenüber dem Kind, gegenüber ihrer Familie und gegenüber ihrem Freund. »Es ist, als würde man jemanden zum Essen einladen, nur um ihm dann die Tür vor der Nase wieder zuzuknallen und ihm zeigen, dass er unerwünscht ist«, meinte Anna.
Einige Tage vor ihrem Abbruch holte sie ein Kinderhemd, das sie selbst getragen hatte, hervor und bestickte es mit Perlen und Pailletten. Auf die Vorderseite nähte sie drei Schmetterlinge – zwei große und einen kleinen – und auf die Rückseite Federn »damit es wegfliegen kann«. Einen Abschied hatte sie jedoch nicht wirklich zelebriert. Es habe wenig Zeit gegeben, sagt sie; und sie wolle es nicht ohne ihren Freund machen. Sie sagt, das, was sie beruhigt, sei die Vorstellung, dass ihre verstorbene Schwester, Razacks verstorbener Bruder und Vater und alle anderen Toten auf das Kind aufpassen.

Liebe Anna,
erwachsen werden ist das Schwerste, was zu lernen ist. Dagegen sind alle Themen in deiner Prüfung winzig. Wie einfach war es früher. Da konnte sich deine Mutter, wenn einmal die Tränen liefen, hinstellen und mit aller Sicherheit behaupten, dass es Schlimmeres gäbe. Das ist vorbei angesichts dieser schweren Entscheidung, die du zu treffen hattest. Du hast völlig Recht: die eine, wie die andere Entscheidung ist mit unglücklichen Konsequenzen beladen.
Du hast deine Lebenssituation klar eingeschätzt und eine ebenso klare Entscheidung getroffen, im Wissen, dass du die einen, wie die anderen Folgen, die daraus entstehen, zu tragen hast.
Und ich sehe, dass du viel Unterstützung bekommen hast. Mich packt ein Würgen angesichts dessen, was Frauenvergangenheit ist. Wie viele Frauen haben sich umgebracht, wurden verjagt und geächtet, wenn sie schwanger wurden – ob nun gewollt oder ungewollt – ohne »ordentlich« verheiratet zu sein. Dieses jämmerliche Elend der Gesellschaft haben Frauen auf ihrem Rücken getragen.
Und vor etwa 30 Jahren sind wir Frauen dafür ins Feld gezogen, dass wir selbst entscheiden dürfen, ob wir ein Kind bekommen oder nicht. »Mein Bauch gehört mir!«, hieß es. Und das ist ja eigentlich auch völlig in Ordnung so. Doch wir alle haben die Kehrseite der Entscheidungsfreiheit nicht bedacht. Jede Frau, die einen Abbruch hinter sich hat – ob auf legalem oder illegalen Wege – musste eine

schwere Entscheidung treffen. Wir haben in unserem Wunsch nach Freiheit nicht gesehen, dass nach einer Entscheidung für einen Abbruch immer ganz erhebliche Konsequenzen entstehen. Wir dachten doch, dass mit dem Abbruch alles erledigt sei. Wir haben versäumt, den Abschied und das schlechte Gewissen zu berücksichtigen. Wir hatten kein Weltbild, das die Frage hätte beantworten können, wo diese Kinder denn bleiben, wenn wir sie wieder wegschicken, geschweige denn die Frage, ob es einen Ort geben könne, von dem sie kommen.
Ein Zellhaufen war es, der entsorgt werden kann. An lebendige Kinderaugen, an die Frage, »wie es wohl aussehen könnte«, haben wir bei dem Kampf nicht gedacht.
Du hast Unterstützung bekommen und das, was zuletzt nach deiner Entscheidung und bei deinem Abschied übrig bleibt, ist schwer genug zu tragen. Denn noch immer liegt die Hauptverantwortung für die Verhütung in den Händen von Frauen und jungen Mädchen. Und sie sind auch diejenigen, die die Folgen tragen – die Folgen der Einnahme der Pille ebenso, wie die eines Abbruchs oder einer ausgetragenen Schwangerschaft. Ich bin dankbar, dass wir endlich eine Situation geschaffen haben, in der die freiheitliche Verantwortung getragen werden kann und das unnötige gesellschaftliche Stigma weitgehend abgeschält ist.
Doch alle Frauen, die einen Abbruch hinter sich haben, werden früher oder später mit den Folgen ihrer Entscheidung konfrontiert. Es gibt viele Frauen, die ihre Entscheidung im nachhinein bedauert haben, auch solche, die sich wieder für einen Abbruch entscheiden würden. Doch viele tragen die Gedanken an ihre Kinder weiter mit sich – und ihr schlechtes Gewissen und/oder ihr Bedauern.
Ihr habt das Kind eingeladen, das ist absolut richtig. Doch das Fest wurde wieder abgesagt, es ist noch zu früh gewesen.
Ich fühle mit dir, wie schwer dir dieser Abschied fällt und wie traurig deine Gedanken noch sein werden. Doch ich bin auch beeindruckt von deiner Fähigkeit, diese schwere und auch klare Entscheidung zu fällen. Du bist eine junge Frau und du hast bedachtsam die Möglichkeit gewählt, die du tragen kannst, ohne dich Hals über Kopf in eine Verdrängung zu stürzen. Und ich sehe sehr wohl, dass du verantwortlich gehandelt hast.
Jede Mutter weiß um die Vollkommenheit und Verschiedenartigkeit ihrer Kinder. Wie oft habe ich gestaunt, was sie bereits alles mitgebracht haben. Schon am ersten Tag ihres Daseins ist es, als sähe man ihren Gesichtern ihr Alter, ihre Träume, ihre Gelassenheit oder ihren Zorn an. Sie liegen vor uns mit den Gesichtszügen lebenserfahrener Greise. Und langsam erst tauchen sie ein in diesen, uns so

bekannten Alltag. Voller Staunen betrachten sie alles Neues, und sie gehen mal vehement, mal zögernd auf dieses Neue zu. Mit allem, was sie sind, wollen sie es erfahren.

Doch wenn wir das erblicken, denken wir nicht konsequent weiter. Ebenso wenig dann, wenn wir die Möglichkeit hatten zu erleben, wie ein Toter sich von seinem Körper gelöst hat. Die Körper von Verstorbenen gleichen schon nach wenigen Tagen nach ihrem Tod einem zwar erkennbaren Abbild dieses Menschen, doch unverkennbar ist allen Anwesenden klar, dass diese Hülle nicht mehr der Mensch selbst ist. In solchen Momenten entsteht doch unweigerlich die Frage, wo die Personen »vorher« waren oder »nachher« sind. Es könnte ja sein, dass sie irgendwo existierten und wieder an irgendeinen anderen Ort gehen. Stell' dir vor, ein Radio ist plötzlich kaputt gegangen. Ist deshalb auch das Symphonieorchester, das eben noch wunderschöne Musik spielte, zerstört? Es wird an dem Ort, an dem es sich befindet, unverdrossen weiterhin Töne und Melodien erklingen lassen. Der Radiosender und das Radio sind nur Mittler, die Musik zu verteilen.

Zerfällt ein Geist in seine – nicht vorhandenen – Moleküle, wie ein Stück Fleisch, das mit der Zeit verwest? Was ist denn, wenn das nicht so ist? Sollte er zerfallen, gut. Sollte er das aber nicht, dann müssen wir unbeirrt weiterdenken und uns nicht um Glaubensfragen streiten.

Weltreligionen haben sich den Kopf darüber zerbrochen und ihre eigenen, häufig weit verzweigten und komplizierten, Modelle darauf aufgebaut. Und auch das Modell ist möglich, dass es sich um nichts mehr als Zellen handelt, die nach dem Tod in sich zerfallen und sozusagen in den natürlichen Kreislauf eingehen, quasi »recycled« werden. Niemand weiß wirklich, was geschehen ist und was geschieht.

Allerdings ist das Phänomen des perfekten Aufbaus eines Neugeborenen dabei außergewöhnlich auffällig. Und so kann es ja sein, das es weitergeht, so wie es vorher auch schon eine Vorgeschichte gab. Beide Möglichkeiten stehen nebeneinander, es besteht eine Chancengleichheit, welche der zwei Varianten wahr ist. Und die Entscheidung darüber, was man sich letztlich vorstellt, ist frei. Allerdings können wir angesichts der Ungewissheit durchaus die wählen, die uns sinnvoller, zukunftsträchtiger und logischer erscheint. Ein Abschied jedoch gehört in beiden Fällen zu einem notwendigen Frieden.

Und du hast keinen wirklichen Abschied gehabt. Dazu gehört ein Rahmen, der den Abschied benennt, anstatt ihn einfach im Alltag verschwimmen zu lassen und damit völlig unbemerkt mit diesem

verbindet. Ein Abschied muss gestaltet werden. Natürlich wirst du dazu keinen Platz auf den Friedhöfen finden. Ein ungeborenes Kind, ein Fötus im Krankenhaus nach einem Abbruch wird entsorgt. Es hatte ja nicht mal einen Namen. Und dennoch bist du es, die das Kind kannte. Du hast es gespürt und du hast es für wenige Wochen geahnt. Niemand außer dir hat diese Verbindung aufgebaut.
Und zu einem Abschied gehören möglicherweise auch Zeugen, die ihn begleiten und die ihn erinnern. Denn du hast dich von deinem Kind und von deinem schlechten Gewissen zu verabschieden. Ein Abschied ist wesentlich, um einen neuen Frieden zu gestalten.
Du sagst, dass du für deine Kinder einmal eine gute Mutter sein möchtest. Und du sagst, dass du es für dieses Kind nicht hättest sein können. So lass dein ungeborenes Kind daran Teil haben und dich dabei begleiten.
Denke an dein Kind und liebe es!

Wie es Anna heute geht

Anna hat ihre Prüfungen bestanden. Sie ist noch immer mir ihrem Freund zusammen und hat bereits einige Besuche in Togo hinter sich. Am ersten Jahrestag des Abbruchs ist Anna zu der Tagesklinik gefahren, um diesen Ort noch einmal zu sehen und sich zu erinnern. Sie hat an dem Tag Geschenke mitgebracht: eines für ihren Freund, eines für sich und eins für ihr ungeborenes Kind. Ihr Bruder hat ihr an dem Tag Blumen mitgebracht.
Sie sagt heute, das Schlimmste sei ihr schlechtes Gewissen gewesen. Ihr Freund hat ihre Entscheidung respektiert, doch er sagt, dass er manchmal ein wenig böse auf sie sei, denn es sei auch sein Kind gewesen.
Nur mühsam hat sie den schweren Abschied geschafft und hat sich überwunden, einige Ratschläge für die Gestaltung eines Abschieds anzunehmen. Es war schwer für sie. Ganz besonders, weil das bedeutete, sich immer wieder an etwas zu erinnern, bei dem man Selbst die Verantwortung trägt. Es wäre zu schön gewesen, wenn sie das einfach hätte vergessen können.
Der gestaltete Abschied von dem Kind und von den Gewissensbissen hat ihr einen neuen Boden bereitet.

Eine Geschichte zum Nachdenken

Das Haus des Lebens

Diese ganz alltägliche Geschichte kann als Analogie des Geborenwerdens und des Sterbens begriffen werden.

Hör zu! Und stell dir vor:
Du sitzt zu Hause. Gemütlich ist es dort. Deine Familie wohnt auch da. Ein ganzer Clan ist es, der dich umgibt. Und du siehst aus deinem Zimmerfenster und du lässt deinen Blick schweifen. Du siehst alles, was du schon lange kennst.
Und eines Tages gehst du spazieren, du gehst durch die Straßen. Und du siehst, wie in jeder Stadt, Litfaßsäulen, beklebt mit bunten Plakaten, Ankündigungen machen. Vor einer bleibst du stehen. Das Plakat hängt eigentlich schon lange dort. Aber du hattest bislang keinen Blick dafür, du hast es übersehen, denn es gab zu viel anderes, was gerade wichtig war. Du siehst das Plakat und näherst dich langsam. Du wunderst dich etwas, dass du nicht früher durchgelesen hast, was darauf steht.
Einladung! Steht ganz oben. Einladung! – Herzliche Einladung! Das hört sich ungewöhnlich an.

Einladung!
Herzliche Einladung!
Ein riesengroßes Fest findet statt und Sie sind eingeladen! Sie sind wieder einmal eingeladen in das Haus des Lebens! Das ist Ihre Chance! Sie haben wieder einmal die Chance, ein volles Herz zu gewinnen! Sie haben die Gelegenheit, unerforschte Räume zu entdecken und entstehen zu lassen! Nutzen Sie Ihre Chance!
Ein richtig SELBSTGESTALTETES FEST! Das war schon so lange ersehnt und gewünscht!
Das Haus ist riesengroß und fasst viele Gäste. Herzlich willkommen zu diesem unglaublichen, wunderbaren Fest.
Hier tobt das Leben! Sie können rund um die Uhr über viele, viele Jahre hinweg feiern. Unser längster Besucher steht im Guinessbook der Rekorde, er hat 130 Jahre lang mitgefeiert!
Bitte melden Sie sich an, damit wir ihre Reservierung entgegennehmen können und Sie gebührend empfangen werden können.
Einzige Bedingung: Bereiten Sie sich vor: packen Sie ihre Geschenke zusammen, planen Sie für sich ein möglichst passendes schönes fantasievolles Kostüm für das Fest.
Rufen Sie uns an, damit wir Ihr Kostüm rechtzeitig für das große Fest bereitlegen können!
Ihre Verkleidung holen Sie dann problemlos an der Garderobe ab. Das Besondere: Das Kostüm ist ein Geschenk an Sie. Bitte denken Sie daran, es beim Verlassen des Hauses wieder an der Garderobe abzugeben.

Das hört sich gut an. Wie kommt es nur, dass du das nicht schon vorher gesehen hast? Und auf dem Weg in dein Zimmer denkst du nach. Du malst dir aus, was du als Geschenk mitnehmen könntest. Du hast vor deinen Augen ein Kostüm, das es vorher kaum gegeben hat. Du hattest jedenfalls noch nie so eines. Du siehst aus dem Fenster deines Zimmers und nimmst kaum noch die Umgebung wahr. Was die anderen auf dem Fest wohl zu deinem Kostüm sagen? Und was für Augen sie erst machen, wenn du deine Geschenke auspackst?

Du sprichst mit deinen Verwandten. Du hättest da ein Plakat gesehen, sagst du. In dem Haus der Lebenden soll ein Fest stattfinden, wie du es kaum zu träumen wagst. Du bist etwas hibbelig. Ob sie deine Abenteuerlust gutheißen werden? Du sagst deinen Wunsch in die Runde, und guckst in ihre Gesichter. Ein alter Verwandter fragt, ob du nicht vielleicht etwas zu jung bist um dieses große Fest, dieses Abenteuer zu bestehen. Und eine andere Verwandte sagt, es käme ihr vor, als seiest du noch etwas müde von dem letzten Fest, ob du das schon vergessen hättest?

Deine Verwandten sehen die Neugierde in deinen Augen, sie sehen die Freude, die Vorfreude, die du mit dir trägst. Selbstverständlich verstehen sie dich. Aus der Runde heben sich einige Finger: deine engen Freunde. Sie wollen auch mitgehen. Sie wollen gemeinsam mit dir feiern und erleben. Das mache auch viel mehr Spaß. Und ein volles Herz im Haus der Lebenden sei immer wieder gute Nahrung.

Letztendlich sind alle einverstanden. Du planst deine Geschenke. Du planst dein Kostüm. Du legst dir eine ungefähre Route für die Fahrt ins Ungewisse zurecht. Und alle reden mit. Alle raten dir, dich gut auszurüsten, damit du die Feier stark und gesund betrittst und stark und gesund nach Hause zurück kommst, denn sie kennen sich aus. Sie alle wissen, wie es im Haus des Lebens zugeht. Und vor allem: sie sind dir wohl gesonnen. Und die, die jetzt nicht mitwollen, warnen dich. Sie erinnern noch gut, wie es ihnen auf der letzten Party gegangen ist. Sie haben jetzt noch Kopfschmerzen davon. Und alle geben ihr Bestes, denn sie lieben dich.

Und endlich ist die Stunde gekommen. Du brauchst dich nicht heimlich wegzuschleichen. Nein, sieh, sie bringen dich den ganzen Weg. Und immer wieder fragen sie, ob du auch weißt, wo du deine Geschenke hast. Wenn du genau guckst, siehst du einige besorgte Blicke. Sie fragen dich immer wieder, ob du auch nicht vergessen wirst, wie du heißt und woher du kommst. Sie fragen, ob du auch sicher weißt, wie du sie anrufen kannst, wenn etwaige Probleme auftauchen. Sie sind besorgt. Denn sie kennen das Haus. Sie sind bereit, dich zu gegebener Zeit wieder abzuholen.

Nun stehst du endlich vor dem Eingang des Hauses. Noch einmal siehst du in die Runde derer, die dich hierher gebracht haben. Voller Hoffnung und Zuversicht bist du. Und du siehst in den Augen aller, die um dich versammelt sind und mit dir vor der Tür stehen, sich neben dir in die Schlange der neuen Besucher einreihen, die große Hoffnung, die sie in dich setzen und gleichzeitig ihre Besorgnis.

Immer wieder aufs neue geht die Tür auf und wird wieder geschlossen. Dein Herz pocht, du bist aufgeregt. Ein Fest, und du bist eingeladen und alles scheint auf deine Geschenke zu warten. Das wird ein Abenteuer! Du zählst noch einmal deine Geschenke durch und du weißt sicher, dass du etwas so Wunderbares mitbringst, wie kaum jemand sich das vorstellen kann. Etwas, das das Haus des Lebens noch nie gesehen hat. Und entdecken willst du.

Und immer näher kommst du dem erhofften Haus und dem erhofften Fest. Ab und zu siehst du, wie jemand vor dir aus der Schlange wieder ausschert und mit den anderen wieder den Heimweg antritt. Ein Bedauern geht durch die Reihen. Und du weißt, dass dann im letzten Moment die Furcht vor der Neugier stand. Denn das Fest, auf das du dich so ungeheuer freust, ist anstrengend. Und du weißt auch, dass dabei im letzten Moment der Mut verloren gehen kann. So ein Fest kann ganz schön einsam sein. Dir jedoch wird das nicht geschehen. Du bist felsenfest davon überzeugt, dass du diesmal ein volles Herz gewinnen wirst. Früher warst du schon einmal so nahe dran.

Manchmal, wenn sich die Tür öffnet und die nächste Person sich aus der Schlange löst und das Haus betritt, hörst du Jubelschreie. Wovon mag das abhängig sein? Und ab und zu hörst du gedämpftes Murmeln, wenn jemand unversehens wieder aus dem Haus herauskommt. Und dann ist es dort drinnen plötzlich eine ganze Weile völlig still.

Und jetzt öffnet sich die Tür für dich. Noch einmal blickst du dich um und winkst. Und vor dir steht die Garderobiere mit deinem Kostüm. Sie strahlt dich an. Dich empfangend kommt sie dir entgegen. Sie trägt dir mit beiden Händen deine Verkleidung entgegen. Sie begrüßt dich und lacht hell auf. Sie freut sich, dass du der Einladung gefolgt bist. Du weißt, wer das ist. Dieses leuchtende begeisterte freundliche Wesen ist das »Lebenselbst«. Und du weißt, dass jedes Wesen, was von dem »Lebenselbst« begrüßt wird, herzlich willkommen ist. Es stimmt, was auf dem Plakat stand.

Sie hilft dir bereitwillig, in dein Kostüm. Du zwängst dich hinein. Haben sie das zu klein gemacht? Oder hast du es auch wirklich richtig in Auftrag gegeben? Du weißt, ohne Verkleidung findet das Fest des Lebens nicht statt. Du streckst dich. Ungewohnt fühlt es sich an, nun gut. Und als du deine Augen öffnest, erschrickst du.

Es ist plötzlich gleißend hell. Wie können sie diese Helligkeit aushalten? Du hattest vergessen, dass es so grell ist und du stößt einen Schrei aus. Das scheint die vor dir stehenden Maskierten zu befriedigen. Da stehen einige verkleidete Menschen um dich herum. Wenn du richtig Glück hast, sind alle Anwesenden um dich herum ein überaus freundliches Empfangskomitee. Sie jubeln. Sie bewundern dein Kostüm. Sie strahlen und sagen: »Endlich, endlich bist du da, wie haben wir uns auf dich gefreut!«

Doch ob du Glück hast oder nicht, du bekommst einen Begrüßungstrunk. Er schmeckt etwas bitter auf der Zunge und nährt dich über Jahre. Über viele Jahre. Das ist der Vergessenstrunk, der seine Wirkung nur langsam entfaltet

und dich alles vergessen lässt, woher du kommst…, was du bist…, wer du bist.
Die Kostümierten achten jedoch gar nicht auf das strahlende Wesen, das dein Kostüm zu dir getragen hat. Es steht noch leuchtend neben dir, niemand bemerkt es so richtig. Du bist darüber nach einigen Monaten leicht verwundert. Denn das Wesen begleitet dich lange. Und immer, wenn es dich anstrahlt und du unwillkürlich mit freudigem Herzen zurück lächelst, sind die Kostümierten neben dir nur amüsiert oder manchmal ungehalten. Manchmal genießen sie deine Gemeinsamkeit mit dem Leben selbst. Und viele, schon lang Kostümierte gehen dir dennoch aus dem Weg. Sie halten dein Komplott mit dem strahlenden »Lebenselbst« nicht aus.
Und mit dem Leben an deiner Seite erkundest du das Haus des Lebens. Ein Raum hinter dem nächsten. Bunt sind sie angemalt und laute Töne kommen aus den Räumen. Du siehst Blumen. Du siehst Farben. Du siehst Tiere. Und du hörst Musik, schöne Töne, laute und leise. Es scheint, als hätte das Haus kein Ende. Theaterstücke siehst du und eilige Menschen, die geschäftig in den Räumen hin- und herlaufen. Ab und zu bemerkst du auch einige, die sichtlich zögern. Sie sind noch klein, haben ebenso große, staunende Augen, wie du selbst, doch es scheint, als seien sie erschreckt von der lauten Musik.
Und du bewunderst die Kostüme der anderen, was haben sich die Menschen nur alles ausgedacht?! Und Wunder ohne Ende. Was für ein Fest! Du weißt, dass du hier richtig bist. Und du tanzt mit den anderen Kostümierten. Du tanzt und singst und lachst ohne Ende. Vielleicht bemühst du dich besonders, am lautesten zu singen. Denn die Musik ist nur für dich gemacht, die Blumen wachsen nur allein für dich, um dir eine Freude zu machen.
Du bist so berauscht, so trunken. Der Trunk, den du bekommen hast, beginnt nun allmählich seine Wirkung zu entfalten. Du hast gar nicht gesehen, wie sich das Leben selbst mehr und mehr im Hintergrund gehalten hat. Du musst schon die Augen zusammenkneifen, damit du es noch siehst. Und Geschenke? Vage steigt ab und zu die langsam verblassende Erinnerung in dir auf, dass du doch Geschenke mitgebracht hattest. Du schüttelst den Gedanken ab.
Die Feiernden brauchen keine Geschenke. Hier ist doch für alles gesorgt. Die Musik ist laut, die Kostümierten rufen dir zu: »Feiern ist angesagt! Feiern! Komm, tanz' mit uns!« Und du tanzt mit. Das ist viel besser, als mühsam an irgendwelche Geschenke zu denken. Jetzt hat sich die volle Wirkung des Begrüßungsschluckes entfaltet. Du denkst nicht mehr an deine Familie, du erinnerst dich nicht mehr, weshalb du hierher aufgebrochen bist. Und du verstehst nicht, wenn andere die zaghafte Frage stellen, was wohl vorher war oder was nachher sein mag.
Doch eines Tages entdeckst du in den bunten Räumen graue Ecken. Es ist, als hätte sich dein Blick ganz plötzlich geschärft. Wie lange magst du schon hier sein? Zehn Jahre? Oder sind es schon ein paar mehr? Und du erkennst auf

einmal, dass etwas, was dir gesagt wurde, gar nicht ernst gemeint war. Die Schokolade, die du bekommen hast, ist hohl. Und die Töne der Musik sind schrill und schräg. Die Blumen sind aus Plastik. Und das Gold ist gar kein Gold. Es ist Papier. Neben dir hat sich einer übergeben. Er liegt jetzt in der Ecke und du siehst die anderen Tanzenden über ihn hinweg tanzen. Dein Gesicht wird ganz ernst. Du staunst nicht mehr. Du guckst. Und jede weitere besoffene, brüllende Person versetzt dir noch eine ganze Weile lang einen Schreck. Doch während anfangs der Schreck schneidend ist, gehörst du schon bald zu denen, die sofort die Augen schließen, einmal tief Luft holen und umso lauter rufen: »Schunkeln! Das ist eine Party!« Und eine Party ist lustig. Du stößt vielleicht einem Nachbarn in die Rippen, und forderst ihn auf: »Mach' mit! Dazu sind wir ins Haus des Lebens gekommen. Und eine Party hat lustig zu sein! Kommt', wir machen eine Polonaise, dann gehören wir zusammen!«

Du hast gesehen, wie sich jemand aus den Fenstern beugt. Draußen ist es dunkel. Und du weißt, alle wissen, dass es gefährlich ist, sich hinaus zu beugen. Man könnte den Halt verlieren. Und du siehst, das da welche auf den Fensterbänken stehen. Vielleicht hast du auch erlebt, dass da jemand einfach die Scheiben zertrümmert hat und hinaus gesprungen ist. Das ist gefährlich, denn niemand weiß so recht, was da unten ist. Du hast gehört, dass dort zwielichtige Gestalten laufen, die vielleicht ins Haus des Lebens, des großen Festes möchten, aber nicht hineinkommen, weil sie kein Kostüm bestellt haben. Du weißt, nur mit Kostüm kann man in diesem Haus feiern und nur ohne Verkleidung kann man das Haus wieder verlassen.

Und wenn das alles geschieht, dann erschrickst du heftig. Und für einen Moment stehst du erstarrt. Und wenn du die Person kanntest, die aus dem Fenster gefallen ist, wenn du sie vielleicht gern mochtest, dann stehst du inmitten der Tanzenden und magst dich nicht mehr bewegen. Denn der Platz neben dir, an dem die Person eben noch tanzte, ist leer. Und langsam kriecht die Einsamkeit aus den Ecken hervor auf dich zu. Und die Tanzenden rufen dich, sie schreien: »Party! Party! Komm! Lustig! Lustig! Lustig!«

Vielleicht tanzt du wieder mit. Und vielleicht hast du keine Lust mehr zu tanzen. Du gehst mit dem leeren Platz neben dir in eine Ecke und siehst zu. Dann kannst du in den Gesichtern der Tanzenden sehen, dass da einige sind, die eigentlich gar keine Lust mehr haben zu tanzen. Sie haben gequälte Gesichter, sie ziehen die Beine nach, sie gucken nach allen Seiten, ob es nicht vielleicht eine Lücke geben könnte. Aber sie trauen sich nicht, aus dem Fenster zu springen, wie die Person, deren Platz neben dir leer ist.

Und vielleicht siehst du auch, wie sich heimlich eine Person wegschleicht und auf und davon läuft. Wo rennt sie hin? Wenn du ihr folgst, wirst du sehen, dass sie ganz schnell und leise in die große Eingangshalle läuft. Sie stellt sich an der Garderobe an, drückt diesem ausgesprochen freundlichen Wesen, dem »Todselbst«, die Verkleidung in die Hand und will hinaus. Sie hört gar nicht, dass der Todselbst fragt: »Willst du schon gehen? Hast du dich verabschiedet?« Erst nach einer ganzen Weile merken die anderen Kostümierten, wer fehlt. Und dann suchen sie, bis sie erfahren, dass die Person schon nach Hause gegangen ist. Sie hat nur gesagt: »Ich gehe schon mal nach Hause.« Und sie hat sich nicht verabschiedet. Dann mögen die anderen eine ganze Zeit nicht mehr feiern. Während du dann weiter durch die Räume gehst, siehst du Rempeleien und Prügeleien. Die Tanzenden, Besoffenen, die Erinnerungslosen, sie zerfetzen sich gegenseitig ihre Kostüme. Da müsste doch jemand etwas gegen tun!

Dir stockt der Atem. Du bist erschüttert, entsetzt und empört. Auch du bist da mit dem einen oder anderen leeren Platz neben dir. Vielleicht gehst du dann noch einmal durch die Räume und du guckst genau. Da entdeckst du möglicherweise, das dort jemand, ungerührt von dem tollen Treiben, hoch oben unter der Decke eine Landschaft malt. Oder du hörst liebevolle Flötentöne, mal laut, mal leise, die dein Herz berühren. Wenn du dann der anderen verkleideten Person in die Augen siehst, blitzt ein Erkennen auf. Ihr erkennt euch. Das ist schön und dein Mut steigt wieder.

Wieder kommt da so ein Gedanke in dir hoch. Hatte das nicht einen Grund, weshalb du hierher aufgebrochen bist? Wolltest du nicht etwas entdecken? Etwas finden? Etwas gewinnen? Hattest du nicht Geschenke mitgebracht? Wo sind sie denn? Du kannst eine Person fragen, die du erkannt hast. Frage sie. Möglicherweise haben sie sich erinnert und vielleicht wissen sie, wo die ganzen Geschenke liegen.

Neben dir siehst du einen Kostümierten. Er sieht müde aus, während alle anderen feiern. Und er sagt ihnen laut: »Hört! Ich bin müde. Ich habe jetzt mitgefeiert, aber ich mag weder Bier noch Wein. Ich bin satt und ich bin müde. Ich habe gern mit euch gefeiert, aber versteht, ich will jetzt nach Hause!« Die anderen sind bestürzt. »Bleib' doch noch,« bitten sie. »Du mochtest doch dieses Musikstück immer so gerne. Und du bist doch noch gar nicht lange hier, wie kannst du da müde sein? Wir holen dir auch noch etwas ganz besonders Gutes zum Essen.« Die Person lächelt: »Ach, nein. Wenn ihr so gut sein wollt, dann bringt mich zum Ausgang. Ich bin nur müde und satt. Und wenn ich dann nach Hause fahre, dann wisst ihr, dass es mir gut geht und ich weiß, dass es euch gut geht und ihr noch eine schöne Feier miteinander habt – es ist völlig in Ordnung so. Ich werde so langsam einmal zu Hause anrufen und Bescheid sagen, damit mich jemand abholen kann.«

Die anderen sind einverstanden. Doch sie sind traurig. Sie wissen nicht, wie sie ohne die Person weiter feiern sollen, denn sie wissen auch, dass der Platz leer bleiben wird, wenn dieser Mensch geht. Und dann beobachtest du, wie eine ganze Gruppe Menschen sich dem Ausgang zu bewegt. Der Todselbst kommt ihnen ein Stück entgegen, er ist freundlich. »Hast du zu Hause angerufen, damit du abgeholt wirst?«, fragt er. Und er geleitet die ganze Gruppe zum Tor, sanft nimmt er der Person die Verkleidung ab.

Freundlich nimmt der Todselbst die Person an die Hand. Er weiß, dass dieser Mensch müde ist und dass er sich dennoch nur schwer und mit Bedauern auf den Weg nach Hause macht. Gern hat er gelebt. An dem großen Eingangstor macht der Todselbst Halt. Er lässt die Zurückbleibenden noch einen Blick auf die Taxen und die Wesen werfen, die draußen stehen um die Ankommenden in Empfang zu nehmen.
Dann haben alle, die den Menschen zum Ausgang begleitet haben, eine Chance, sich zu erinnern. Du siehst, wie einige sich in dem großen Haus des Lebens auf die Suche nach den Geschenken und Visionen machen, die sie vergessen hatten.
Du beobachtest den Todselbst, wie er den Menschen die Verkleidung abnimmt. Einigen redet er gut zu. Und macht ihnen Mut, das Kostüm wieder zu reparieren. Dann steht der Todselbst mit dem Lebenselbst gemeinsam bei dem Kostümierten. Sie geben ihr Bestes. Der Todselbst spricht zu allen deutliche Worte, ob sie alt sind oder jung. Der kennt sich mit Feiernden aus. Er weiß genau, wann sie müde sind und nur wach tun. Er weiß auch, wann sie so tun, als wollten sie gar nicht nach Hause und stünden nur zufällig in der Eingangshalle. Er sieht sie verzweifelt die Treppe zur Festhalle suchen, obwohl er gut weiß, dass die Person gar nicht mehr feiern mag. Er weiß, sie traut sich nicht nach Hause.
Du stehst in der großen Halle und beobachtest die Kostümierten, wie sie dem Ausgang entgegengehen. Einige rennen, einige stürzen kopflos hinaus, einige gehen geraden, aufrechten Schrittes dem Todselbst entgegen und begrüßen ihn, wie einen alten Freund. Und du fragst sie: »Wie kommt es, dass du ihn nicht fürchtest? Man kann doch kaum sein Gesicht erkennen?« – Sie sehen dir ins Gesicht und du erkennst darin etwas. Du spürst eine vage Idee aus dem Nebel steigen. »Kann es sein? Kann es sein, dass sie mit einem prall gefüllten Herzen da stehen? Sie haben gewonnen! Sie haben ihre Geschenke gefunden, sie haben ihre Hoffnungen erfüllt und genährt, sie haben Unentdecktes entdeckt.« Und sie lächeln dir Mut zu. Es ist also möglich den großen Gewinn zu machen.
Und hörst du, wie der Todselbst mit ihnen spricht? »Wie viel Zeit hattest du, deine Geschenke auszuteilen? Wie viel Zeit hast du gebraucht zu tanzen, wie viel zum Vergessen?« Und du siehst auf die Uhr. Es mag ja sein, dass irgendwann die Zeit kommt, in der es dich selbst wieder nach Hause zieht. Was kannst du dann sagen? Deine Verwandten freuen sich auf dich. Was also könnte den Todselbst, was könnte die Lieben zu Hause davon überzeugen, dass du dringend noch auf dem Fest bleiben musst?
Seltsam, wenn du die große Eingangs- und die große Ausgangshalle betrachtest – es ist ein einziger Raum. In vielen Jahren Arbeit haben die Kostümierten die Eingangshalle neu gestrichen, wunderbar bemalt und neues Licht angebracht. Doch auf der anderen Seite, auf der Ausgangsseite, liegt alles im Dunklen. Menschen haben einen großen Wandschirm, so einen, wie er in den

Krankenhäusern zum Abschirmen benutzt wird, in die Mitte geschoben. Die Seite des Ausgangs ist dunkel und voller Spinnweben. Der Tod selbst arbeitet in Ruhe und Freundlichkeit, während immer wieder Ausreisende zu ihm gebracht werden.
Und draußen geht es zu, wie im wirklichen Leben. Vor den Toren stehen Kutschen und Taxen. Verwandte holen ihre Lieben ab. Claudia Cardinal

Einige begleitende Worte
Die Sehnsucht nach dem ungeborenen Kind entsteht erst nach einem Abbruch. Und nur die Mutter hatte die Gelegenheit, während ihrer Schwangerschaft, einen kurzen Kontakt aufzubauen. Dieses Problem betrifft auch alle Frauen, die eine Fehlgeburt oder Totgeburt erlebt haben. Auch ihnen ist der Abschied oft nicht möglich und es geschieht nur selten, dass die Gemeinschaft diese Frauen mit trägt. Es ist möglich, dass diese Frauen entlastet von den Gewissensbissen der Frauen sind, die sich für einen Abbruch entschieden haben, doch ist es für die Gesellschaft ausgesprochen schwer, die Lücke, die durch den Tod von dem ungeborenen Kind entstanden ist, zu erkennen. Die Gemeinschaft hat es nicht erlebt und sie hat dieses Kind auch noch nie gesehen. Eine Aufnahme von einer Ultraschalluntersuchung mag höchstens die Mutter anrühren, für alle anderen hat sie keinerlei Bedeutung.
Selbsthilfegruppen, die für Frauen nach Tot- oder Fehlgeburten eingerichtet sind, können in diesen Momenten unter Umständen eine Unterstützung sein, viel zu häufig jedoch, reicht es den Betroffenen nicht, nur im mehrwöchigen Abstand eine Aussprache zu haben. Erschwerend für die Frauen kann hinzukommen, dass nach jedem Treffen der Eindruck entstehen kann, dass außer Totgeburten keine normalen Schwangerschaften ausgetragen werden. In diesen Fällen wird die Lebensangst der Trauernden vergrößert.
Wo bleiben diese Verstorbenen, die täglich, stündlich aus unserer Gemeinschaft gehen? Ein ausschließlich in seine Einzelfragmente zerfallener Körper oder ein komplettes, in sich intaktes und unverletzbares Wunder, das existiert, was immer auch kommen möge? Die Vorstellung, dass die Chance besteht, dass irgendeine Weiterexistenz – wie immer sie auch aussehen mag – möglich ist, kann erheblich beruhigender erscheinen, als die faktische, naturwissenschaftliche, an Tatsachen und Beweisen orientierte Idee. Offen zu sein, bedeutet auch, verschiedene Möglichkeiten zuzulassen und beiden den gleichen Stellenwert einzuräumen.
Erstaunlich und möglicherweise logisch ist, dass das Leben selber nicht wirklich kompliziert ist. Es besteht die Möglichkeit, dass auch der Tod nicht so schwer verständlich sein muss, wie wir denken. Und es könnte

sein, dass es nach dem Tod, nach dieser Geburt in eine neue Ebene hinein, weitergeht »wie im wirklichen Leben«. Es ist vielleicht ganz einfach »als Toter zu leben«.
Allerdings bedeutet diese Einfachheit nicht unbedingt, dass sie immer ganz leicht ist. Es ist, als reduziere sich Menschsein auf nicht mehr als eine Handvoll Ängste und Sorgen, die erkennbar werden, wenn sich jemand um jemand anderes sorgt, wenn ein lieber Mensch geboren ist oder wenn ein naher Mensch gestorben ist. Unabhängig von jeder Kultur sind die Empfindungen der Menschen gleich. Es sind lediglich ein paar theologische Erklärungsmodelle, die uns vorgaukeln, dass wir grundverschieden seien. Und dann kann es sein, dass das »Haus des Lebens« eine beruhigende Vorstellung für uns alle in sich birgt. Wir wissen wieder, was wir hier sollen und wir wissen, dass die, die gestorben sind, nach Hause gegangen sind. Sie waren müde.
Wo immer Menschen gelebt haben, sie haben sich ihre eigene Vorstellung von der Welt der Toten und von dem Weg dorthin gemacht. Hier zeigen sich überraschende Ähnlichkeiten in den Modellen. Während eine traditionell orientierte Gesellschaft in völliger Selbstverständlichkeit mit ihren Ahnen lebt und in stetigem Kontakt mit ihnen steht, haben verschiedene Hochkulturen ausgefeilte Vorstellungen entwickelt.
Der Aztekische Glaube beinhaltet die Vorstellung von drei verschiedenen Totenreichen, die ein Mensch, je nachdem, wie er gelebt hatte, betritt. Geopferte, Krieger und Frauen, die im Kindbett starben gelangen direkt zur Sonne und begleiten diese für vier Jahre, bevor sie zum Sonnenvogel werden. Andere Verstorbene gelangen in das Totenland Mictlan, durch das sie über vier Jahre einen mühsamen Weg zurücklegen müssen. Am Ende des Weges ist ein Fluss, der nur mit einem gelben Hund überquert werden kann. Aus diesem Grund wurde Verstorbenen immer ein gelber Hund mit ins Grab gelegt. Im Totenreich Mictlan ruhen die Gestorbenen und erst im nächsten Weltzeitalter werden sie zur Schöpfung neuen Lebens verwendet. Das dritte Totenreich ist Tlalocan, das Haus des Regengottes Tlaloc. Er ist der Gott der Blumen, der Früchte und des Lebens. Dieser wurde wegen seiner lebensspendenden Kraft hoch geehrt. Und Tlaloc ist auch der Herr über das Totenreich, dass in seiner Beschreibung der europäischen Vorstellung von einem Paradies sehr nahe kommt. Hier leben die Toten in einem fruchtbaren Land, ein blühender Garten ist es, in dem alle ohne Sorgen leben können und alle Toten, die dorthin kommen, nehmen die gesellschaftliche Position wieder ein, die sie auch auf Erden hatten. Dieses Totenreich wurde von denen betreten, die durch Seuchen oder Naturkatastrophen starben.
Diese Toten sind nicht von den Lebenden getrennt. Sie sind die Ahnen, die dort ein Anrecht auf Land im Totenreich haben, wie im Leben

auch. Und die Verstorbenen besuchen ihre noch Lebenden nahen Menschen auf den Totenfesten. Das ehemals als »Blumenfest« bezeichnete Totenfest fand in alter Zeit im August/September statt, bevor es später in den November verlegt wurde. Ein kraftvolles Fest, das lautstark und bunt geschmückt die Verbindung zwischen den Lebenden und den Toten jedes Jahr aufs Neue manifestiert. Die Toten besuchen an diesem Tag die Lebenden und sie werden mit allen Köstlichkeiten bewirtet. Totenköpfe aus Zuckerguss, mit dem Namen einer noch lebenden Person beschrieben werden an diesen Menschen verschenkt, Gerippe in allen möglichen Formen und Darstellungen sind alltägliche Dekoration (siehe auch Kapitel 5). Auf sehr lebendige, drastische und humorvolle Weise werden wir so selbst an unsere eigene Endlichkeit erinnert.
Ob es der Fluss Styx in der griechischen Mythologie ist, der erst überquert werden muss, bevor die Verstorbenen ihr neues Reich betreten können oder der unterirdische Nil, der in der altägyptischen Vorstellung durch das Totenreich floss, der Gedanke an ein Reich, das durch Wasser von dem Reich der Lebenden getrennt ist und in dem die Toten weiterleben, ist weltweit verbreitet. Ähnlich der christlichen Vorstellung von Himmel, Fegefeuer und Hölle existieren viele Vorstellungen in den Religionen davon, dass nach dem Ableben eines Menschen eine Art Gericht gehalten wird, um die Taten der Menschen zu bewerten und über sie zu richten.
Die christliche Vorstellung, dass sich die Toten »bei Gott« befinden, ist verglichen mit den verschiedenen detaillierten Beschreibungen des Aufenthaltsortes der Toten in anderen Kulturen wenig konkret. Das ist der Hintergrund, weshalb sich bei nur in sehr geringem Maße Vorstellungen davon verbreiten konnten, wie das Reich der Verstorbenen aussehen könnte. Abgesehen von einigen Märchenmotiven, wie z. B. »Frau Holle«, in denen sehr deutlich völlig voneinander getrennte Ebenen beschrieben werden, gibt es in modernen Großstädten kaum mehr als nebulöse Ahnungen der anderen Welt. Das erklärt auch, weshalb wir unsere Toten einzig und allein an den Friedhöfen suchen. Die Idee, dass Tote als Rauschgoldengel verkleidet auf Wolken sitzen und Harfe spielen, ist üblich, doch naiv und wenig tröstlich, angesichts der Erinnerung an einen schmerzlich vermissten lieben Menschen.
Doch wenn eine konkrete und alltägliche Vorstellung entwickelt wird und existent sein darf, dann haben wir die Möglichkeit, einen kraftvollen, zukunftsweisenden und sehr lebendigen Kontakt zu den Verstorbenen zu halten. Eine Idee, die den Toten einen Platz gibt, ist tröstlich, angesichts dessen, dass sie ansonsten ganz einfach verschwunden sein müssten – niemand weiß, wo und wie sie gefunden werden können.

Denn wenn wir für uns selbst wissen, wo sie sind, dann ist ein Zusammenleben erst möglich.

Ratschläge an die Betroffenen

- Sollten Sie ungewollt schwanger sein, spielen Sie alle Ihnen zur Verfügung stehenden Möglichkeiten durch. Wählen Sie die Entscheidung, deren Konsequenzen Sie am ehesten tragen können.
- Wenn Sie einen Abbruch hinter sich haben, gestehen Sie sich alle Konsequenzen daraus ein.
- Suchen Sie einen Gegenstand, der für Sie die Liebe zu Ihrem Kind ausdrückt. Schenken Sie diesen Ihrem ungeborenen Kind.
- Wählen Sie einen Menschen, dem Sie nach dem Abbruch etwas Gutes tun.
- Übernehmen Sie Verantwortung für ein Kind in Ihrer Umgebung, achten Sie auf das Kind.

Wenn Sie einen Abbruch, eine Fehl- oder Totgeburt erlebt haben

- Denken Sie an Ihr Kind!
- Schreiben Sie alles auf, Ihre Gedanken, Ihre Bitten, Ihre Anklage und Ihre Rechtfertigungen. Vergraben oder verbrennen oder veröffentlichen Sie das Geschriebene im Andenken an Ihr Kind. Sie können diesen Brief auch forttragen lassen, ein Fluss ist dazu gut geeignet
- Stellen Sie an einem Platz in der Natur eine kleine Tafel oder einen Stein für Ihr Kind auf.
- Beauftragen Sie einen Steinmetz damit, in einen Stein bestimmte Buchstaben zu setzen. Der Stein kann selbst gefunden sein und bedarf keiner imposanten Größe. Diesen Stein können Sie auf den Friedhof legen oder auf einem Platz, den Sie für sich für wichtig erachten. Achten und schmücken Sie den Platz.
- Besticken Sie ein Tuch, ein Hemdchen oder Ähnliches. Vergraben Sie es an einem Platz, der Ihnen wichtig ist.
- Besorgen Sie einen schönen Bilderrahmen. Malen oder gestalten Sie ein Bild für das ungeborene Kind. Sie können abstrakt malen, nur Farbe wirken lassen, sie können es besticken oder bekleben. Das kann eine Feder sein, vielleicht auch ein Schmetterling – was immer für Sie als Symbol für Ihr Kind stehen mag. Stellen Sie dieses Bild zu den Bildern von Menschen, die Sie gern erinnern oder suchen Sie einen passenden Platz in Ihrer Wohnung.
- Achten Sie auf ihre Träume. Ein mythologisches Urbild taucht bei sehr vielen Menschen, die um einen geliebten Menschen trauern, auf. Träume davon, dass diese schmerzlich vermissten Menschen sich auf

eine Schiffsreise begeben haben, sind häufig. In unseren Träumen wird manchmal deutlich, wie stark wir mit der Frage beschäftigt sind, wohin die Menschen verschwunden sind. Das Bild einer Seereise, die angetreten wird ist als Archetypus in uns Menschen verankert und ebenso in vielen religiösen Vorstellungen über den Weg der Toten vorhanden.

- Hören Sie sich das Lied »Das weiße Schiff« von Nena an. Dieses Lied hat sie für ihren kleinen Sohn, der früh starb, geschrieben. Sie begegnet ihm auf einem weißen Schiff. Es ist ein hoffnungsvolles Lied über den Weg, den die Toten gehen.
- Finden Sie ein Liebeslied für Ihr Kind. Singen Sie dieses Lied für Ihr Kind, am besten vor Zeugen. Das kann sehr schwer sein, doch es ist wichtig, denn mit diesem Lied, mit dieser Melodie werden Sie an Ihr Kind denken und das Lied bekommt eine Bedeutung. Abschiede sind unter Umständen mit großer Überwindung verbunden. Stellen Sie dazu Kerzen oder Teelichte auf, für jeden Monat, für jede Woche, die Sie das Kind kannten, eines.
- Verschiedene Religionen haben ihre eigen Vorstellung vom Reich der Toten entwickelt. Lesen Sie so unterschiedliche, wie auch übereinstimmende Beschreibungen darüber.
  - »vom Schicksal der Toten«, Rudolf Meyer, Urachhaus. Rudolf Meyers Beschreibungen stammen aus der Anthroposophie. Die auf Rudolf Steiner basierende Lehre orientiert sich nach einem goetheanischen und einem christlichen Weltbild
  - »Das Tibetanische Totenbuch«, Walter. Die buddhistische Lehre zeigt die einzelnen Stufen (Bardos) auf, die Tote durchschreiten müssen, bevor sie an ihr Ziel gelangen.
  - »Das Jenseits – Die Vorstellungen der Menschheit über das Leben nach dem Tod«, Hans Jürgen Braun, Insel Taschenbuch. Der Autor beschreibt Vorstellungen der unterschiedlichen Zeiten und Völker über die Welt der Toten

Wenn Sie eine Fehl- oder Totgeburt erlebt haben

- Gestehen Sie Ihrem Kind eigene Entscheidungsfähigkeit zu. Es kann sein, dass Ihr Kind sich nicht getraut hat, leben zu wollen.

Viele Frauen leiden lange Zeit unter dem Eindruck, sie selbst seien Ursache für den Tod des gewollten Kindes und fühlen sich schuldig. Sollten Sie den Eindruck haben, als Mutter versagt zu haben und/oder als Frau nicht für das Austragen eines Kindes geschaffen zu sein, bedenken Sie, dass es möglich ist, dass ein Kind, das geboren wird, dafür selbst eine lange Reise auf sich zu nehmen hat und eine andere Entscheidung getroffen hat.

Auch werdende Väter, die den Schmerz der Fehl- oder Totgeburt erleben müssen, geraten sehr häufig in hoffnungslose Trauer. Oftmals unterscheiden sich die Verarbeitungsmechanismen dieser Erlebnisse sehr von denen, die Frauen als Lösungen suchen. Auch die Väter benötigen eine Sichtweise, die den ungeborenen Kindern einen eigenen Willen zugesteht.

Ratschläge für die Gemeinschaft

Bei einer Frau, die einen Abbruch hinter sich hat:

- Halten Sie sich zurück mit Vorwürfen, in jedem Fall tragen die Frauen die Folgen eines Abbruchs oder einer Mutterschaft. Und auch ein Abbruch ist ein Ausdruck von Verantwortung.
- Sprechen Sie mit den Betroffenen über alle Lösungsmöglichkeiten.
- Sprechen Sie deutlich von den Konsequenzen, die die eine oder die andere Entscheidung birgt.
- Haben Sie Verständnis für die Entscheidung der Frauen.
- Bieten Sie Ihre Begleitung zu den Beratungsstellen, zu Arztterminen oder zum Abbruch an.
- Begleiten Sie Betroffene, wenn diese einen Abschied gestalten möchten.
- Wenn eine Frau einen Abbruch hinter sich hat, fühlen Sie nach, was sie jetzt empfinden mag und was sie möglicherweise noch empfinden wird.

Bei einer Frau, die einen Abbruch, eine Fehl- oder Totgeburt erlebt hat:

- Nehmen Sie wahr, dass die betroffene Frau eine Beziehung zu dem Kind aufgebaut hat, auch wenn niemand ihr die Schwangerschaft angesehen haben sollte.
- Nehmen Sie wahr, dass die Frau ihre Sehnsucht noch lange in sich tragen wird.

Bei Eltern, die eine Fehl- oder Totgeburt erlebt haben:

- Fragen Sie die Eltern, ob sie über ihr ungeborenes oder totgeborenes Kind sprechen möchten. Ermuntern Sie sie, die Erinnerung an ihr Kind wach zu halten.
- Bieten Sie Ihre Unterstützung für einen selbst gestalteten Abschied an. Beerdigungen sind bei Abbrüchen und Fehlgeburten nicht vorgesehen!

5 Wie Fremdes das Denken erweitern kann

Wie gehen andere Kulturen mit dem Trauern um? Und wie wurde bei uns früher getrauert? Trauerbräuche gehen weit über das hinaus, was in den modernen Großstädten in Mitteleuropa stattfindet. Auf vielfältige Art und Weise haben Menschen aller Zeiten alles versucht, um ihr Erinnern und die Gemeinschaft mit den Toten aufrecht zu erhalten. Möglicherweise sind es letztlich ganz praktische Handlungen, die Trauernden den Weg aus ihrer Lähmung erlauben. Betroffene brauchen Inspirationen über sinnvolle Trauerbräuche, um den Mut zu haben, ihre eigene Trauer und den Prozess des Abschieds zu vollziehen.

Mit immer hohleren Zeremonien, den Pfauen entlehnt,
treiben sie Hofstaat in morschen Palästen…
Hagelstange

Brief an René (34), den Geliebten von Falk (23) und den Freund von Axel (36)

Die Namen der Personen wurden teilweise geändert

Falk stand das aufregende Leben in einer Großstadt bevor. Ein intelligenter junger Mann, der darauf wartete, sein Studium aufzunehmen und Abenteuer zu erleben. Er lebte gemeinsam mit René in dessen Wohnung, mitten im »Viertel«. Falk war fasziniert von sexuellen Techniken, die Vorstufen des Todes darstellen. Er war ein Grenzgänger, der alle Möglichkeiten eines nahen Todes ausprobieren wollte. Er bediente sich bei seinen Spielen sowohl verschiedener Drogen, als auch diverser Literatur. Eine große Zahl an homosexuellen Partnern stieg in diese Spiele mit ein.

René empfand große Liebe für Falk. Er war begeistert von diesem jungen Mann und übernahm gern die eher väterliche Rolle. Sie waren sehr verliebt, auch noch nach eineinhalb Jahren, die sie zusammen waren.

Falk schlief gerne und viel. Er war kaum zu wecken, wenn er in diesen Tiefschlaf gefallen war. Er hatte großen Humor und viel Fantasie. Ohne Hemmungen und mit großem Leichtsinn benutzte er gern z.B. Vereisungssprays, wie sie bei Sportverletzungen gebraucht werden, um

durch deren Einatmen, den Rauschzustand während seiner Spiele zu steigern.
Nach einem Bänderriss lag René frisch operiert im Krankenhaus und genoss den Besuch des Geliebten sehr. Spät abends erst verließ Falk das Krankenhaus.
Als am Tag darauf Renés Mutter zu einem vereinbarten Besuch ankam, öffnete Falk die Tür nicht. Nach mehrmaliger Rücksprache mit René, der zunächst vermutete, dass nach einer durchzechten Nacht der Tiefschlaf womöglich Ursache für die verschlossene Tür war, brachen sie die Tür auf und fanden Falk. Er hatte bei einem seiner sexuellen Spiele – wahrscheinlich unter Drogeneinfluss – den Tod gefunden. Er hing in einem Halsband. Ein vermutlich anwesender Partner wurde nie ausgemacht, allerdings ist davon auszugehen, dass Falk bei seinem Tod nicht allein war.
Als René das erfuhr, war er fassungslos. Und er dachte, er stünde einem abscheulichen Scherz gegenüber. Nur langsam drang die schreckliche Tatsache in sein Bewusstsein. Die Wohnungstür wurde polizeilich versiegelt und René verbrachte zwei Tage gemeinsam mit seiner Familie, bevor er wieder in die Klinik ging.
Da Falk feuerbestattet wurde, sah René ihn nie wieder. Falk wurde in seinem Heimatdorf beerdigt. Durch seine gesellschaftliche Stellung in Bedrängnis, erreichte Falks Vater, der als Richter tätig war, dass die offizielle Todesursache als Sportunfall angegeben und bekannt wurde.
Die Fotoaufnahmen des polizeilichen Erkennungsdienstes erzeugten in René die Vorstellung des Erhängten. Dieses Bild verfolgte ihn.
In den nächsten Wochen war René wie zerschmettert. Intensive und ernsthafte Gespräche sind in der Schwulenszene, in der er sich befindet, nicht üblich. Nach einigen Wochen sprach René erstmals mit zwei Freunden über seinen Schmerz. Sie handelten sofort. Sie luden ihn auf ihre Kosten zu einem mehrwöchigen Urlaub ins Ausland ein, da René zum damaligen Zeitpunkt kein eigenes Geld dafür zur Verfügung hatte. Noch heute ist René ihnen dafür dankbar.
Es ist anzunehmen, dass sich René mit seiner eigenen HIV- Infektion bei Falk angesteckt hat.

Axel war Lehrer, gut bekannt in einer bestimmten Schwulenszene und sehr geschätzt von einigen wenigen, ihm nahe stehenden Menschen. Seine Fähigkeit, Situationen – mit gewaltigem Sarkasmus – zu kommentieren, war beeindruckend. Er war blond, ein Sunnyboy, der viele Jahre mit René befreundet war. Er hatte einige Urlaube gemeinsam mit René und anderen Freunden im Ausland verbracht. Sie alle genossen die Zeiten auf diesen Reisen sehr und hatten viel Spaß zusammen.
René erfuhr zufällig, wenige Wochen nach der letzten Reise, dass Axel

sich im Krankenhaus befand. Und René besuchte ihn. Wie er hörte, hatte Axel eine Meningitis (Gehirnhautentzündung) und eine Toxoplasmose (eine unter besonderen Umständen heftige Infektionskrankheit). Axel war in der ersten Zeit wenig ansprechbar, leicht verwirrt und weitgehend allein. Sollte eine Pflegekraft das Zimmer betreten, war sie vermummt und vermied jeden möglichen körperlichen Kontakt. René ahnte sofort, dass Axel an Aids erkrankt war. Die Übertragungswege der Infektion waren damals noch weitgehend unbekannt, was die Hemmungen der Pflegekräfte den Kranken gegenüber erklärte.
In diesen Jahren war es unüblich, von HIV-Kranken zu sprechen. Wer die Diagnose HIV-positiv bekam, war in der Gesellschaft »an Aids erkrankt«. Das war auch in der Homosexuellenszene nicht anders. Axel war anzumerken, dass er große Schwierigkeiten mit seiner Diagnose hatte. Er versuchte vergeblich, René seine Infektionen mit den hygienischen Verhältnissen auf seiner Urlaubsreise zu erklären. René wusste: »Axel hatte Aids!« Und Axel wusste, dass er René nichts vormachen könne und dies auch nicht müsse.
In den nächsten Wochen und Monaten waren es René und einige Freundinnen, die Axel im Krankenhaus besuchten und pflegten. Als Axel endlich wieder in seine Wohnung zurückkehren konnte, bat er eines Tages René zu sich. Er sagte ihm, dass er nie und nimmer wieder ein Krankenhaus betreten wolle. Und René solle ihm dabei seine Unterstützung geben. »Ich will ›es‹ auch sehr kurz machen«, setzte er hinzu.
René sagte zu. Er hatte beobachtet, dass Axel nur zu wenigen Menschen Kontakt hielt. Eine Feier für ihn, als er aus dem Krankenhaus kam, besuchte Axel nur sehr kurz. Er zog sich früh zurück.
Nur wenige Wochen nach dem gemeinsamen Gespräch mit der Bitte von Axel an René, erschien Axel nicht zu einer Verabredung. René ging zu ihm und erst nach einigen Stunden öffnete Axel die Tür. Er sei umgefallen, sagte er. Noch während des Gespräches, fiel Axel wieder in eine Bewusstlosigkeit. René ahnte, was das bedeuten konnte. Er und einige Freundinnen organisierten einen Pflegeplan für Axel. Die Mutter von Axel reiste einen Tag später an. Sie war zu mitgenommen, um die Situation klar einschätzen zu können, und verlegte sich darauf, die Anwesenden zu versorgen.
Axel verlor immer häufiger das Bewusstsein. Nur drei Tage nach seiner ersten Ohnmacht rechneten alle damit, dass Axel nur noch wenige Stunden leben würde. Axels Mutter wurde unruhig und war der Meinung, dass man ihn doch in ein Krankenhaus verlegen sollte und auch der anwesende Arzt stand in der schweren Situation, für Axel entscheiden zu müssen. Doch dann wurde Axel für einen kleinen Moment – möglicherweise nur eine Minute lang – völlig wach und bekräftige für

alle laut und deutlich vernehmbar, dass sein Entschluss, in seiner Wohnung zu bleiben, unerschütterlich war. Sofort danach fiel er wieder in den bewusstlosen Zustand, aus dem er nicht mehr erwachte.
Obwohl Axel katholisch erzogen war, hatte er nicht direkt eine intensive Beziehung zur Kirche. René schätzte jedoch, dass es für ihn wichtig sein könnte, die Sterbesakramente zu bekommen und die Menschen, die bei Axel waren, bemühten sich darum, einen katholischen Priester darum zu bitten.
Hier jedoch traten ihnen große Schwierigkeiten entgegen. Mit dem Argument, es sei schon spät am Abend, verweigerten Priester die Sakramente. Letztlich fanden sie einen Franziskanermönch, der sofort zu Axels Wohnung kam, ihm die Sakramente gab und allen noch über Stunden seinen seelsorgerischen Beistand gab.
Alle Anwesenden saßen in der Küche beisammen, im Nebenzimmer war Axel. Sein Atem wurde schwächer und die Abstände zwischen den Atemzügen verlängerten sich. René ging in Abständen zu ihm und nahm die Veränderungen wahr. Er holte die Mutter und den Bruder von Axel ins Zimmer und bat alle anderen, draußen zu bleiben. Nach einigen wenigen letzten Atemzügen starb Axel, während seine Familie ihm die Hände hielt.
Axel wurde am nächsten Tag, etwa zwölf Stunden nach seinem Tod, vom Beerdigungsunternehmen abgeholt und in seiner Heimatstadt beerdigt.

Lieber René,
in nur kurzer Zeit hast du zwei völlig unterschiedliche und sehr intensive Tode erlebt. Ich bin voller Mitgefühl, für den unendlichen Schrecken, der dich so plötzlich aus scheinbar heiterem Himmel erfasst hat.
Das Entsetzliche an dem Tod von deinem geliebten Falk ist die Schlagartigkeit, die Gewalt und Brutalität, die immer als Schrecken mit einem solchen Tod verbunden sein wird. Dieser Tod wird für alle mit dem Schrecken verbunden bleiben.
Für dich war doch, bis zu jenen Anrufen an jenem Sonntag, als du im Krankenhaus lagst, die Luft voller heiterer Verliebtheit und frei von jeder Ernsthaftigkeit des Alltages. Du bist ganz plötzlich aus munterer Unbeschwertheit herausgerissen worden und in das, was man als »Horrorszenario« bezeichnen kann, geschleudert worden. Kein Wunder also, dass du nichts davon geglaubt hast. Wie denn auch, der Abend vorher war dir doch noch so nah.
Und ich bin ebenso voller Mitgefühl mit jenem jungen Mann, der, kaum dass er der Schule entwachsen war, nichts anderes im Kopf zu

haben schien, als die dunkle Intensität des Lebens erfahren zu können. Diese Sucht nach Befriedigung erscheint mir, wie die Kehrseite im Leben der Generationen, die nie von dem tieferen Sinn eines erfüllten Lebens gehört haben.
Und du bist noch immer fassungslos über den Leichtsinn, diesen grenzenlosen Leichtsinn, mit dem Falk gespielt hat. Du hast mit Vehemenz gesagt: »Wenn Falk eines nicht ernst genommen hat, dann ist es der Tod!« Und diese Sorglosigkeit hatte nicht nur für Falk fatale Folgen, sondern auch für dich, für seine Familie und für alle, die ihm nahe standen.
Und du hast ihn gewarnt, nachdem du ihn unter Drogen erlebt hast. Er hatte sich durch das Einatmen von Vereisungsspray in einen Zustand gebracht, in dem du ihn in seinem Rausch nicht mehr erkennen konntest. Du hast ihn gebeten, die Hände davon zu lassen, es sei gefährlich, sagtest du, denn du hast erlebt, dass er nicht mehr ansprechbar war. Du sagst, Genuss benötige Reife und das gelte für jede Form des Genusses, auch für sexuellen Genuss. Doch diese Reife hatte Falk nicht und er verstand sichtlich nicht, was mit deiner Aussage gemeint sein könnte.
Er hat gespielt, hoch gepokert und er hat verloren.
Es kann geschehen, dass du noch einmal unendlich böse auf ihn sein wirst. Denn er hat dich plötzlich, aus unbedarfter Fahrlässigkeit heraus verlassen – obwohl du ihn gebeten und gewarnt hast. Und möglicherweise hat er dich zu deiner eigene Diagnose gebracht. Und »HIV-positiv« zu sein, kann lebensbedrohlich sein, das weißt du nur zu gut. Du hast genügend Menschen erlebt, die nur wenig Zeit hatten, bevor sie starben. Du kennst dich aus. Du selbst hast doch in den Tagen nach deiner Diagnose als Erstes daran gedacht, dass du jetzt nur noch deinen Nachlass regeln solltest!
Das sind schwere Konsequenzen, die Falk erschaffen hat.
Und dennoch steht die Traurigkeit über die zerbrochene Liebe im Vordergrund.
Das ist bei Axel etwas ganz anderes. Du hast einen Abschied bekommen. Du konntest einverstanden sein im ›besten‹ Sinne des Wortes. Ein Einverständnis mit Axels Entscheidung zu sterben und das – wie er vorausgesagt hatte – sehr zielgerichtet und schnell. Auch wenn du meinst, dass er nicht genügend gekämpft hätte, dass er sein Leben aufgegeben hätte, nachdem er die ersten Anzeichen des Ausbruchs seiner Krankheit gespürt hat. Wege, das Kämpfen um das eigene Leben zu lernen, gibt es. Doch du weißt auch, dass die Fortschritte in der Medizin den HIV-Positiven vorgaukeln, dass die Forschung es – wie auch immer – möglich machen wird, das »Mittel« gegen die Krankheit zu finden. Und dieser Zeitpunkt war bei

Axel noch nicht gegeben. Du sagst selbst: Aids war das Todesurteil. Kein Wunder also, dass er keine Lösung sah.
Du selbst hast durch deine eigene Diagnose mühsam den Weg des Kämpfens gelernt und sagst, dass du nicht weißt, wie du reagieren wirst, wenn die Krankheit ausbrechen sollte.
Du bewegst dich in einer Szene, die tatsächlich das real lebt, was ansonsten nur als morbider, zynischer Humor betrachtet wird: dort werden die Menschen, die ihre Diagnose HIV-positiv bekommen haben, begrüßt mit dem Spruch »Willkommen im Club«. Und alle sind konfrontiert mit der Frage des Lebens und des Sterbens – auch ohne dass darüber gesprochen wird. Sie wissen nicht zu kämpfen, legen ihr Schicksal in die Hände der modernen Medizin. Und alle bekannt heftigen Nebenwirkungen der bislang bekannten Medikamente gegen Aids werden fraglos in Kauf genommen. Sinnfragen werden nicht gestellt. Lebensvisionen werden nicht gesucht.
Mir kommt das vor, wie in den Zeiten der Pest. In denen der schwarze Tod ganz Europa überflutete und die Menschen vor die Frage stellte: wer ist der Nächste? Gottergeben und scheinbar klaglos wird dann das Leben angesichts des Todes gelebt. Nach Erfüllung wird nicht mehr gestrebt. Denn jetzt geht es um ein bisschen Spaß. Um einen Spaß, der bis zum letzten Schluck ausgetrunken werden soll. In diesen Zeiten ist das Bild des Sensenmannes kraftvoll geworden. Das ist der Tod, der zuschlägt, wie es ihm gerade einfällt – und wehe, wer ihm in die Hände fällt. Diese Vorstellung geistert durch die heutige Zeit noch immer. Ob es sich um »Das Phantom der Oper« handelt, wo das Phantom als Tod gesehen werden könnte oder ob es sich um den aktuellen Film »Final Destination« handelt – der Tod kommt als willkürlich handelndes Monster daher, als ein Killer der zuschlägt und seinen einmal gefassten Plan verfolgt, bestimmtes Fleisch »anzufallen«.
Mir erscheinen die Reaktionen in deiner Szene mit einer Diagnose und der Präsenz eines möglichen Todes, als hartherzig, kalt und brutal – gegenüber allen Betroffenen und allen, die an ihnen hängen.
Das alles wusste Axel auch. Er hat seinen Tod eindeutig erwartet und dich gebeten, ihm Beistand zu leisten und ihn zu unterstützen. Er hat dir einen Teil der Regie vertrauensvoll in die Hände gelegt. Und ungeübt, wie du warst, wie alle angesichts der neuen Situation waren, hast du deinen Part ganz erfüllt. Du hast ihm seine Bitte erfüllt und hast ihn geschützt, seinem tiefen Wunsch entsprechend.
Das ist Erfüllung und das ist Einverständnis. Du konntest einverstanden mit dir selbst sein, denn du hast gehandelt, wie es erforderlich war. Damit ist nichts mehr offen. Hier entsteht keine Frage, die

bei Falks Tod im Vordergrund steht: »Wie furchtbar schrecklich, ach, hätte er doch gehört...«
Und es ist angesichts des Todes sehr entscheidend, ob es einen Abschied gegeben hat oder nicht. Wann immer keine Möglichkeit für eine Lebwohl war, werden die Lebenden die Toten suchen, denn sie glauben nicht, dass gerade eben noch lebendige, liebe Menschen so einfach verschwinden können. Diese Unfassbarkeit teilst du auch mit allen Müttern, die ihre Söhne auf den Schlachtfeldern der Kriege verloren haben und du teilst die Suche mit allen Eltern, deren Kinder verschwunden sind, wohin auch immer. Sie wissen nicht wirklich, ob ihre Kinder tot sind und sie wissen ebenso wenig, wohin sie gehen sollen, um sie zu finden.
Der Abschied ist es, der Frieden bringen kann mit dem Tod. Das war den Menschen in der Vergangenheit sehr viel bewusster, als heute.
Du befindest dich in der schwierigen Lage: du trauerst um zwei nahe Menschen, ohne dass dies erkennbar ist. Einige wenige Menschen in deiner Umgebung wissen davon. Doch du, als Homosexueller wirst dafür wenig gesellschaftliche Anerkennung bekommen. Du befindest dich in einer Randgruppe, die ihre Präsenz und Akzeptanz erst mühsam erarbeiten muss. Dennoch ist die Trauer und der Schmerz um einen Verlust der Gleiche, wie bei allen anderen Menschen auch.
In früheren Zeiten war es im Europa des Christentums üblich, dass Menschen im Kreis ihrer Verwandten und Freunde, in ihrer gewohnten Umgebung starben. Und alle, die ihnen nah waren, hatten die Chance, den Abschied zu vollziehen. Und es war auch üblich, dass die Toten noch über einen längeren Zeitraum zu Hause blieben, damit die Totenwache stattfinden konnte. Ihr habt das über einen Zeitraum von 12 Stunden gemacht und ihr habt auch gesehen, dass Axel sich auch nach seinem Tod noch veränderte und unwirklich wurde, als werde er mehr und mehr zu einem Abbild dessen, was er einmal war. Dieser Prozess benötigt Zeit. Und nur dann, wenn wir diesen Prozess nicht begleiten, kommen wir zu der Sichtweise, dass tatsächlich Menschen selber beerdigt werden können. Nur dann, wenn wir Zeugen dessen werden können, dass Tote sich langsam über Tage hinweg von ihrem Körper lösen, dann können wir achtungsvoll von dem Körper Abschied nehmen. Und erst dann wissen wir, dass nicht der Mensch, den wir in seinem Körper kannten, in die Erde versenkt wurde, sondern nur sein Körper. Erst wenn wir das erkennen und wissen, kann ein friedvoller Abschied vollzogen werden. Ein solcher Abschied allerdings findet heute nur selten statt.
Mit diesem Abschied ist verbunden, dass die Trauernden in einem gemeinschaftlichen Rahmen geschützt sind. Sie sind allen bekannt

und alle, die den Tod miterlebt haben, wissen um die Bindungen die waren und die neu entstehen.
In der Vergangenheit gab es bei allen Völkern der Erde unterschiedliche Riten für einen solchen Abschied und für die gelebte Trauer. Und noch heute werden diese vielfältigen Bräuche vollzogen. Sinn und Zweck von Bräuchen ist es auch, dass ein Geschehen für alle sichtbar werden kann. Und an den wiederkehrenden Jahrestagen werden noch heute in vielen Teilen der Welt, die Toten wie selbstverständlich eingeladen, anwesender Teil der Gemeinschaft zu sein. Auf den Friedhöfen finden zu diesen Gelegenheiten teilweise laute Feste statt. Diese Riten müssen bei uns erst neu entwickelt werden.
Sei mutig und traue dich dazu, deine Trauer auszudrücken und ihr eine Gestaltung zu erlauben – auch wenn in deiner Umgebung wenig Resonanz zu erwarten ist. Erlaube dir neue Sichtweisen, die dem widersprechen, was üblich ist.
Möge Falk dir zur Seite stehen und dich daran erinnern, was aus Leichtfertigkeit entstehen kann, denn er ist der Experte dafür. Falk hat dich doch bereits gelehrt, achtsam mit Sexualität und achtsam mit Drogen umzugehen. Er hat dich auch die leicht verletzbare Kostbarkeit des Lebens gelehrt. Und möge Axel dich daran erinnern, dass es wichtig ist, für das Leben zu kämpfen, neue Wege zu finden, denn du trägst die gleiche Diagnose, wie er. Axel hat nicht gekämpft und er kann dir auf diese Weise zu einem großartigen Verbündeten werden. Dann hat er die Möglichkeit, dir einen Dienst zu erweisen, einen Dienst, den du ihm mit der Erfüllung seiner Bitte auch erwiesen hast.
Alles Gute für dich!

Wie es René heute geht

René begegnet seiner eigenen HIV-Diagnose seit mehreren Jahren mit einer neuen und in seiner Szene unüblichen Sicht. Er möchte eigentlich gar nicht HIV-negativ sein, denn seine Diagnose erinnert ihn immer wieder an das, was er neu gefunden hat, was er vorher nicht wusste. Er ist wach geworden für das Leben und er ist sehr klar darin, »Spaß« und »Freude« voneinander zu unterscheiden. Er ist mit seinem Körper und seinen Zellen in stetigem Kontakt und verträgt die klinisch verabreichten Medikamente zur Verhinderung des Krankheitsausbruchs ausgesprochen gut. Das wiederum sehr zum Erstaunen aller, auch des behandelnden Arztes. Bislang hat er keine Resistenzen gegen die Medikationen entwickelt, er ist kaum einmal krank und zeigt kaum Nebenwirkungsreaktionen.

Er weiß, was er gelernt hat: »Ich weiß jetzt, ganz egal, was auch immer passieren mag in meinem Leben, es gibt immer, immer einen Weg. Das soll natürlich nicht heißen, dass der immer einfach ist. Nur: es gibt ihn!« Diese Erkenntnis gibt ihm den Mut, den er mit seiner Diagnose zum Leben braucht. Er beobachtet mit Staunen und Entsetzen, wie in seiner Szene mit der Krankheit umgegangen wird. Es werden weiterhin Drogen konsumiert, es werden weiterhin wahllose Sexualkontakte gelebt und es besteht die Haltung »Ach, bis meine Krankheit ausbricht, haben *die* bestimmt was dagegen gefunden.« Es gibt kaum jemanden, mit dem René sich inhaltlich austauschen kann – was er sehr bedauert.
In den ersten Jahren nach den beiden Todesfällen starben etwa 80 Freunde und Bekannte von René an Aids. Manchmal war er zweimal wöchentlich auf einer Beerdigung und er ertappte sich dabei, die Blumengestecke miteinander zu vergleichen. Es erschien ihm, als seien die Beerdigungen mehr und mehr Geburtstagsfeiern und ihm wurde allzu klar, dass das der Weg ist, »den wir alle einmal gehen werden«. Irgendwann hat er aufgehört, die Toten zu zählen und er ist froh, das die Welle des Sterbens erst einmal vorbei ist.
Als René seine Diagnose bekam, sah er den nahen Tod vor seinen Augen. Nachdem er gelernt hatte, sein Leben verantwortlich in seine eigenen Hände zu nehmen, anstatt dies ausschließlich der modernen Medizin zu überlassen, hat er sich mit einer Fahrschule selbständig gemacht. Er lebt seit einigen Jahren in einer neuen Partnerschaft.
René ist noch nicht bereit zu sterben. Er fände es ›schade‹. Wenn er im Laufe des Tages an das Sterben denkt, und herausfindet, was er vermissen würde, so gibt er diesen Dingen Aufmerksamkeit und plant konkret, wie er sie in sein Leben integrieren kann.

Eine Geschichte zum Nachdenken

Das Aschenputtel
Es war einmal ein reicher Mann, dessen Frau fühlte, dass ihr Ende näher kam. Sie rief ihre einzige Tochter zu sich und verabschiedete sich von ihr: »Mein Kind, bleibe immer reines Herzens, so wird Gott dir beistehen und ich werde von meinem Platz im Himmel auf dich herabblicken.« Bald darauf verstarb sie. Und als der Winter ein weißes Deckchen auf ihr Grab gelegt hatte und der Frühling es wieder weggezogen hatte, verheiratete sich der Mann neu.
Die neue Frau brachte zwei Töchter mit ins Haus. Die waren sehr schön, jedoch hartherzig und kalt. Sie verspotteten das Mädchen, zogen ihr alte Kleider an, und schickten sie in die Küche, wo sie schwere Arbeit verrichten

musste. Sie schütteten ihr Erbsen und Linsen in die Asche, die sie wieder auslesen musste. Sie lachten darüber und nannten sie »Aschenputtel«. Und Aschenputtel weinte.
Eines Tages fuhr der reiche Mann auf eine Reise und er fragte seine drei Töchter, was er ihnen mitbringen solle. Die beiden älteren wünschten sich Edelsteine, schöne Kleider und Schmuck. Als der Vater sein Aschenputtel fragte, bat sie einzig um einen Zweig, den er ihr mitbringen sollte. Sodann begab er sich auf die Reise. Als er zurückkam, hatte er Geschmeide und Kleider für die beiden Stieftöchter bei sich. Unterwegs streifte ihn ein Haselzweig an seinem Kopf und er brach ihn ab. Diesen übergab er seiner Tochter.
Aschenputtel nahm den Zweig und pflanzte ihn auf dem Grab der Mutter. Sie weinte sehr und die Tränen benetzten den Zweig, sodass er wuchs. Er wurde ein großer, schöner Baum. Aschenputtel ging dreimal am Tag zum Grab ihrer Mutter, weinte und betete und immer saß ein weißer Vogel in den Ästen des Baumes und warf ihr herunter, worum sie bat.
Es begab sich zu der Zeit, dass der König ein dreitägiges Fest veranstaltete, zu dem alle schönen Jungfrauen des Reiches eingeladen waren, damit sich der Sohn eine Braut aussuchen konnte. Die Schwestern freuten sich, waren sie doch schön von Angesicht und sie riefen Aschenputtel, dass es ihnen helfe, sich schön zu machen. Aschenputtel sehnte sich sehr, das Fest zu besuchen. Sie bat ihre Stiefmutter, dass sie auch zu dem Fest dürfe. Diese jedoch lachte und sagte: »Du bist zu schmutzig, du hast keine Kleider und du kannst nicht tanzen, was willst du auf dem Fest?« Aschenputtel aber bat so sehr, dass die Mutter sagte: »Ich schütte dir eine Schüssel Linsen in die Asche. Wenn du die in zwei Stunden ausgelesen hast, so darfst du gehen.«
Aschenputtel ging in den Garten und rief alle Vögel des Himmels zu sich, dass sie ihr bei der Lese halfen: »Die Guten ins Töpfchen, die schlechten ins Kröpfchen«, sagte sie. Und bald schwirrte der Himmel von Vöglein, die ihr helfen wollten. Nach einer Stunde waren die Linsen aus der Asche gelesen und Aschenputtel ging zur Stiefmutter, um zum Fest gehen zu können. Doch die Stiefmutter sagte: »Es geht nicht, du bist voller Asche, du kannst nicht tanzen und wirst nur ausgelacht.« Aschenputtel weinte sehr, da sagte die Stiefmutter: »Ich schütte dir zwei Schüsseln voll Linsen in die Asche. Wenn du sie in einer Stunde auslesen kannst, dann darfst du gehen.« Und Aschenputtel ging wieder hinaus und rief die Vögel des Himmels zu sich, damit sie ihr bei der Lese halfen. »Die Guten ins Töpfchen, die schlechten ins Kröpfchen!« sagte sie. Der Himmel schwirrte und alle Vöglein kamen, die Linsen aus der Asche zu lesen.
Und ehe eine halbe Stunde vergangen war, waren alle Linsen aus der Asche gesucht. Aschenputtel ging wieder zur Stiefmutter und dachte, sie dürfe nun zum Fest. Doch die Stiefmutter sprach: »Du kannst nicht tanzen, du bist schmutzig, wir müssen uns schämen.« Dann fuhr sie mit ihren Töchtern zum Fest.

Als alle weggefahren waren, weinte Aschenputtel. Dann ging sie zum Grab ihrer Mutter und rief: »Bäumchen rüttel dich und schüttel dich, wirf Gold und Silber über mich!« Das Bäumchen rüttelte sich und schüttelte sich und der Vogel, der auf dem Baum saß, warf ihr ein Kleid, das war glitzernd von Silber und schimmernd von Gold und dazu Schuhe aus Silber hinunter. Aschenputtel wusch sich, zog das Kleid über und eilte zum Fest. Sie war so schön, dass niemand sie erkannte und ihre Schwestern staunten über das schöne fremde Mädchen.

Als der Königssohn sie erblickte, ließ er alle anderen Tänzerinnen stehen und tanzte den ganzen Abend mit ihr. Als sie weg wollte und er sie begleiten wollte, sprang sie ins Taubenhaus hinein und entwischte ihm. Der Königssohn wartete und als Aschenputtels Vater kam, sagte er zum ihm, seine Tänzerin sei dort hinein verschwunden. Der Vater fragte sich, ob es das Aschenputtel sein könne. Er schlug das Taubenhaus um, doch Aschenputtel war lange fort und lag in der Küche in der Asche.

Am nächsten Tag ging Aschenputtel wieder zum Grab der Mutter und rief: »Bäumchen rüttel dich und schüttel dich, wirf Gold und Silber über mich!« Und das Bäumchen rüttelte sich und schüttelte sich und wieder warf der Vogel ein Kleid hinunter, das war noch viel schöner, als am Tag zuvor. Und Aschenputtel wusch sich und eilte zum Fest.

Der Königssohn kam sofort auf sie zu und nahm keine andere Tänzerin als diese. Als der Abend sich neigte, wollte sie wieder fort. Der Königssohn folgte ihr, denn er wollte sehen, wohin das schöne Mädchen verschwand. Doch Aschenputtel war geschwind in einen großen Baum geklettert. Der Königssohn wartete, bis Aschenputtels Vater kam und sagte ihm, seine Tänzerin sei in dem Baum verschwunden. Und wieder fragte sich der Vater, ob es wohl Aschenputtel sein könne. Er hieb den Baum um, doch Aschenputtel lag schon neben dem Herd in der Asche und schlief.

Am dritten Tag, als alle fort waren, ging Aschenputtel wieder zu dem Baum und rief: »Bäumchen rüttel dich und schüttel dich, wirf Gold und Silber über mich!« Und das Bäumchen rüttelte sich und schüttelte sich und der Vogel warf Aschenputtel ein Kleid hinunter, das war so stolz und prächtig, wie es noch niemand erblickt hatte. Und die Schuhe waren ganz golden. Aschenputtel wusch sich, zog das Kleid über und eilte zum Fest.

Und wieder wartete der Königssohn bereits auf sie. Sie tanzten den ganzen Abend und endlich wollte Aschenputtel davoneilen. Der Königssohn hatte aber die Treppe mit Pech einstreichen lassen. Als Aschenputtel die Treppe hinunter eilte, blieb der rechte Schuh an dem Pech kleben. Aschenputtel lief davon, legte das Kleid wieder auf das Grab ihrer Mutter rieb sich das Gesicht mit Asche ein und schlief in der Asche, als die anderen heimkamen.

Der Königssohn nahm den Schuh und sagte, dass keine andere Frau die seine werden solle, nur die, der der goldene Schuh passe. Die beiden Schwestern freuten sich sehr, denn sie hatten schöne Füße. So probierte die Älteste den

Schuh. Die Zehen aber passten nicht hinein. Das sagte ihre Mutter: »Hau dir ein Stück von den Zehen ab, als Königin brauchst du keine Füße.« Das tat die Tochter und da der Schuh ihr passte, führte der Königssohn sie hinweg. Doch als sie an dem Grab von Aschenputtels Mutter vorbeikamen, saßen in dem Haselbaum Vöglein, die riefen: »Rucke die guh, rucke die guh, Blut ist im Schuh. Der rechte Schuh ist zu klein, die rechte Braut, die sitzt daheim!« Als der Königssohn hinunter blickte, sah er das Blut aus dem Schuh quellen. Er kehrte um und brachte sie nach Hause.

Dann probierte die zweite Tochter den Schuh. Bei ihr passten die Zehen, aber die Ferse war zu groß. Und wieder sprach die Mutter: »Hieb dir ein Stück von der Ferse ab, als Königin brauchst du keine Füße!« Und die Tochter tat, wie die Mutter sagte. Da der Schuh ihr passte, nahm der Königssohn sie mit sich. Doch als auch sie an dem Grab von Aschenputtels Mutter vorbeikamen, saßen auf dem Haselbaum Vöglein, die riefen: »Rucke die guh, rucke die guh, Blut ist im Schuh. Der rechte Schuh ist zu klein, die rechte Braut, die sitzt daheim!« Der Königssohn sah hinunter und das Blut quoll schon die weißen Strümpfe hinauf. Darauf kehrte er um und fragte, ob sie denn nicht noch eine Tochter hätten.

Der Vater sagte, er habe nur noch ein kleines Aschenputtel von seiner verstorbenen Frau, aber das sei viel zu schmutzig. Der Königssohn aber beharrte darauf und so musste Aschenputtel geholt werden. Sie hatte sich das Gesicht gewaschen, setzte sich nieder und zog den Schuh an und siehe: er passte wie angegossen. Da sah sie der Königssohn an und er erkannte seine Tänzerin. Er war froh und nahm sie mit sich. Als sie wieder an dem Grab der Mutter vorbeikamen, saßen in den Zweigen des Haselbaumes Vöglein, die riefen: »Rucke die guh, rucke die guh, kein Blut ist im Schuh. Der Schuh ist nicht zu klein, die rechte Braut, die führt er heim.« Und Aschenputtel heiratete ihn, wurde Königin und sie lebten glücklich bis an ihr Ende.

Nacherzählt nach Grimm

Einige begleitende Worte

Bei dem Märchen handelt es sich um eines der wenigen, die Bräuche nach dem Tod Nahestehender beinhalten. Aschenputtel hat den Mut, mit ihrer toten Mutter zu sprechen, sie zu bitten und einen lebendigen und vertrauensvollen Kontakt mit ihr zu halten. Und Aschenputtel wird aus ihrer schwierigen Lage geholfen. Ihr Glauben und ihre enge Beziehung zu ihrer Mutter, ihr immerwährender Kontakt zu ihr, ermöglichen letztlich große Wunder und sie genießt eine unendlich große Unterstützung – trotz allen Leids.

Das Pflanzen eines Baumes kann allerdings auf Grund heutiger, teilweise sehr drastischer und einengender Friedhofsverordnungen mit erheblichen Schwierigkeiten verbunden sein. Nichtsdestotrotz kann in

der Natur ein Platz dafür geschaffen werden – eben außerhalb der Friedhofsmauern. Das kann sowohl im eigenen Garten sein, als auch an einem Platz, den andere dafür zur Verfügung stellen. Dies mag dann zu einem Platz werden, an dem Ruhe und die Hoffnung auf eine Verbindung mit den Toten wohnen und gelebt werden kann.
Das Schmücken eines Grabes hat bereits in der Steinzeit stattgefunden, in der Blütenblätter als Bett unter die Toten gelegt wurden. Wohl weltweit wird das Verwelken von Blumen als Sinnbild sowohl der Vergänglichkeit des Lebens betrachtet, als auch als Unterstützung für die Toten, sich von der Materie zu lösen.
Der Totenmonat November ist die Zeit in unseren Großstädten, in denen die Zeitungen voll sind von Ratschlägen über das Andenken an den Tod, von Gedenkfeiern und von Andenken an die Verstorbenen. Sterben jedoch findet in jeder Jahreszeit statt – auch bei strahlendem Sonnenschein – der aller Trauer und allem Elend zu trotzen scheint. Eine Verbannung von Abschied und Trauer in diese kurze Zeit von einem Monat lässt damit wenig Gestaltungsmöglichkeiten zu.
Die Sehnsucht nach den Verstorbenen findet in den kleinen Erinnerungen des Alltags statt. Der Geruch des Lieblingsessens oder eine Zeitungsreklame, eine Textstelle in einem Buch oder der Refrain eines Musikstückes machen deutlich, wo und wann die Toten fehlen. Diese Sehnsucht kann eine Heilung finden, wenn die Lebenden die Gestaltung übernehmen, anstatt die Erinnerung zu verdrängen. Allein das Verzehren des Lieblingsessens, auch wenn unter Tränen, ermöglicht es doch, einen lebendigen Kontakt zu halten, auch wenn die Person nicht real mit am Tisch sitzt. Es ist eine innere Erfüllung wenn wir etwas gestalten oder tun, mit dem die geliebten Toten in tiefstem Sinne einverstanden wären. Die Gestaltung eines Platzes in der Wohnung ist wie der Trauerprozess selbst Veränderungen unterworfen. Möglicherweise kann daran selbst erkannt und entdeckt werden, dass das Leben verändernd und entwickelnd weiter vor sich geht.
Jeder Tag, der nach dem Tod eines lieben Menschen vergeht, ist scheinbar eine immer weitere Entfernung von ihnen und die Sorge darum, dass das Bild der Erinnerung immer mehr verblasst, kann dabei quälend im Vordergrund stehen. Eine veränderte Sichtweise kann hier hilfreich sein. Denn es ist nicht jeder Tag, der uns immer weiter und mehr von den Lieben entfernt, wir könnten auch die entgegengesetzte Möglichkeit in Betracht ziehen: mit jedem Tag, der vergeht, rücken wir ihnen wieder ein Stück näher. Es ist unser eigener Weg, der zielsicher und direkt dem ihren folgen wird. Dies ist, in einem nur leicht vergrößerten Blickwinkel, eine Frage der Zeit.
Andere Kulturen haben Bräuche entwickelt, die kraftvoll und laut sein können, anstatt wie in unserer gesitteten Großstadtgesellschaft, leise

und indirekt. Trauernde erleben die Ebene und Realität des Todes und das Leben des Alltags direkt nebeneinander und diese scheinbar getrennten Schichten müssen erst parallel empfunden werden. Das prachtvolle Leben, die an Fülle quellende Natur und der quälende Schmerz der Leere benötigen die Kraft der Gestaltung, um sich näher zu kommen. Dazu gehört auch der Mut, Unkonventionelles zu tun. Die Umgebung Trauernder kann nicht unbedingt begreifen, dass ein Glas Wein oder Kakao ausgeschüttet über einem Grab, ein Brauch sein kann, der es den Trauernden ermöglicht, weiterhin aktiv handelnd zu sein und ihre eigene Form der Verbindung mit den Verstorbenen zu halten. Dazu gehört die Akzeptanz, dass diese Handlungen eine Lösung und eine Verarbeitung innerhalb eines Prozesses sind, in dem jeder Mensch seinen ganz eigenen Weg finden muss.

Die Lautstärke von Klageweibern in der griechischen Tradition erleichtert es den Angehörigen, in einen kraftvollen Ausdruck ihres eigenen Schmerzes zu kommen. Stolz getragene Trauer, die mit steinernunbeweglichem Gesicht nach außen keinerlei innere Gemütsregung erkennen lässt, ist es, wodurch Trauernde in schwere Isolation und Einsamkeit geraten können. Eine Gemeinschaft, die gemeinsam klagt, löst die Erstarrung und die fließenden Tränen können Erleichterung verschaffen.

Ein unter Umständen respekt- und ehrfurchtslos erscheinender Brauch in Mexiko gibt den dort Lebenden die Möglichkeit, das pralle Leben und den Tod Seite an Seite zu erleben. In dem alljährlich wiederkehrenden Fest der »Lebenden Toten« finden überall bunte Feste statt. Die Stadt und der Friedhof sind geschmückt mit bunten Papierbändern, laute Musik wird gespielt und Totenköpfe in allen Farben und Variationen aus Zuckerguss werden untereinander verschenkt. Häufig befindet sich auf dem Kopf noch in bunter Zuckerschrift der Name des Beschenkten. In den Geschäften werden Skulpturen und Bilder verkauft, die Gerippe bei den unterschiedlichsten Alltagshandlungen zeigen: als Zahnärzte, als Hausfrauen, als Bäcker usw. Sie können dort Miniatursärge mit Gerippen ebenso bekommen, wie Christbaumanhänger aus Weißblech – in Form eines Gerippes.

Diese sehr drastisch anmutende und mitunter hemmungslose Art verleugnet jedoch unseren eigenen Tod und unsere Sterblichkeit in keiner Weise. Sie stellt die größte Angst dar, auf derbe und direkte Weise. Das Fest der Lebenden Toten findet am 1. und 2. November statt und es ist anzunehmen, dass hier christliche und alt-Aztekische Vorstellungen ineinander geflossen sind. Der November ist in Mexiko der Monat der Toten, genau wie in Europa. Allerdings erscheinen diese Tage in buntem Gewand und voller Musik, nicht in den grau – gedämpften Farben, wie hier. In Mexiko steht das kunterbunte Leben neben der Trauer und

der Sehnsucht, die selbstverständlich dabei ist, wenn die Toten geladen und erinnert sind. Ganz ähnlich übrigens findet z. B. auch in Togo die Erinnerung an die Toten in den Novembertagen statt – auch hier mit einer Feier am Friedhof, mit lauter Musik und mit Festessen.
Menschen starben noch vor wenigen Jahrzehnten zu Hause, in geschütztem Rahmen und alle, die anwesend sein wollten und Abschied nehmen wollten, konnten dies auch tun. Das ist es, was sich fast alle Menschen wünschen, was jedoch nur selten geschieht. Es ist noch immer üblich, dass die letzte Hoffnung auf die lebensrettenden Maßnahmen der klinischen Medizin, die Angehörigen in ihrer Angst dazu bringt, ihre Lieben ins Krankenhaus zu bringen. Doch auch dort kann ein Prozess, der Abschied heißt, nicht aufgehalten werden, so sehr wir das auch wünschen mögen. Die Kehrseite davon ist dann, dass häufig völlig mit der Situation überforderte Krankenschwestern und Ärzte einen vergeblichen Kampf mit dem Tode kämpfen wollen. Ein Abschied in Frieden wird dadurch zu einer hektischen Farce: es ist, als brächten wir jemandem zum Bahnhof, der Zug dampft schon, bereit für die Abfahrt, doch wir selbst und alle Bahnbediensteten tun, als würde weder ein Bahnsteig dort sein, noch ein Zug. Und wir verdrängen jeden Gedanken daran, dass die Person, die wir hierhin begleitet haben, in jedem Fall mit dem Zug abfahren wird.
Und wenn ein Mensch in seiner Umgebung gestorben war, zog die so genannte »Leichenbitterin« (in den meisten Fällen waren es Frauen) von Haus zu Haus und brachte die Nachricht vom Tod der ganzen Dorfgemeinschaft. Alle, die wollten, hatten dann in den nächsten drei Tagen die Möglichkeit, ihren eigenen Abschied zu nehmen. In diesen Tagen war das betroffene Haus gut besucht, die Trauernden waren nicht allein. Und sie alle hatten die Gelegenheit, zu erkennen, wie der Tod die Toten sanft empfängt. Dies ist nicht mit dem letzten Atemzug getan. Die Gesichtszüge entspannen sich, der Körper wird wächsern. Es ist eine Gnade dies erleben zu können, denn es nimmt den schaudernden Schrecken, dass es sein könnte, dass eben noch warme lebendige Menschen in schwarze Erde gepackt werden. Diese brutale Vorstellung weicht, wenn wir erkennen, dass die Toten ein Wachsbild sind mit nur wenig Unterschied zu den kunstvollen Wachsfiguren bekannter Persönlichkeiten im Kabinett.
Nach den drei Tagen, die die Totenwache dauerte, kam der Priester des Ortes und zelebrierte die Aussegnung. Damit war für alle Anwesenden klar, dass der Prozess des Todes abgeschlossen war. Gleichzeitig wurde mit dieser Handlung den Toten deutlich mitgeteilt, dass sie tot sind, denn es bestand die Sorge, dass die Toten das nicht wissen. Damit die Toten, die sich möglicherweise nicht in das Reich der Verstorbenen begeben wollten, da sie das Zusammenleben in ihrem gewohnten Le-

bensbereich und mit ihren Nahestehenden ersehnten, wurden die Toten mit den Füßen zuerst aus ihren Wohnungen getragen. Dadurch richtete sich ihr Blick nach vorn und ihre Füße konnten den Weg zurück nicht finden. Dieser Ritus signalisierte den Lebenden und den Toten, dass ihr Weg ab diesem Zeitpunkt getrennt war.
Der Kirchhof lag mitten im Dorf, direkt gegenüber dem Gasthaus. Es war immer beides: Leben und Tod, Abschied und Empfang, Kommen und Gehen. Und beides gehört zusammen, pralles Leben und schmerzhaftes Auseinandergehen.
Bei vielen Völkern der Welt besteht die Befürchtung, dass ein Tod weitere nach sich ziehen könnte. Das wurde in Europa auch als »Nachholen« der Lebenden ins Totenreich bezeichnet. Es war bekannt, dass die Sehnsucht der Verstorbenen und der Lebenden zueinander, zu weiteren Toden führen kann. Es bestand daher die Sorge, dass die »Nachholer«, ihre Lieben zu sich ins Grab holen. Und das bedeutet eine Gefahr für die ganze Gemeinschaft, denn der Tod kann dann immer weiter um sich greifen. Aus diesem Grund wurden sowohl die Nachricht vom Tode eines Menschen, wie auch die Trauernden selbst, nicht ohne aufkommende Befürchtung betrachtet und behandelt. Die Gemeinschaft stand damit vor einem wirklichen Dilemma: einerseits sollen Trauernde getröstet und geschützt werden und andererseits geht eine Gefahr von ihnen aus. Das ist ein Problem, das von keiner Gemeinschaft leicht gelöst werden kann. Auch wenn das sich daraus entwickelte Brauchtum vielfach als »Aberglaube« bezeichnet wird, ist auch heute deutlich zu sehen, wie schwer es der Gesellschaft fällt, mit Trauernden und Sterbenden umzugehen.
Gleichzeitig wurde mit Recht angenommen, dass die Lebenden selbst ähnliche Sehnsucht verspüren können und den Verstorbenen auf ihrem Weg in die Welt der Toten folgen könnten. Um das Leben vor dem Tod zu schützen wurde dementsprechend Vorsorge getroffen. Die Trennung der Lebenden und der Toten wurde rituell vorgenommen: Bilder der Verstorbenen wurden umgedreht, Bänder durchtrennt. Noch heute wird z.B. in Togo jedes Foto eines Verstorbenen mit einem aufgemalten Kreuz versehen, damit allen klar ist, dass die Person in eine andere Welt gegangen ist und gleichzeitig ist dem verstorbenen Menschen der Weg zurück ins Reich der Lebenden verwehrt.
Das tägliche Miteinander von Leben und Tod hat allen Menschen ohne Umschweife ihre eigene Endlichkeit präsentiert. Und pragmatisch, wie Menschen dann manchmal mit den unterschiedlichsten Lebenslagen umgehen, hat dies zu mancherlei humoristisch anmutenden Entwicklungen geführt. In Bayern gab es in einigen Regionen Bestimmungen, die es untersagten, den Hefeteig im Bett des Toten unter der Decke gehen zu lassen und in Teilen Schwabens war es untersagt,

am Totenbett Alkohol zu trinken. Der Genuss des Most hatte teilweise zu richtigen »Gelagen« geführt.
Es ist erst wenige Jahrhunderte her, als in europäischen Gebieten die Haare der Toten abgeschnitten und aus ihnen prachtvolle Kunstwerke geflochten wurden, die in einem geschmückten Rahmen in den Häusern verblieben. Damit blieb ein ehemals lebendiger Teil der Verstorbenen bei den Lebenden und gehörte weiterhin zu ihrem Leben. Verbannung der Trauer fand nicht statt, denn diese Bilder waren für alle sichtbar, die den Raum betraten, sie wurden nicht versteckt, sondern bekamen ganz im Gegenteil, einen Ehrenplatz im Hause. Der noch vor wenigen Jahrzehnten übliche Schmuck in Form eines Medaillons, in das Haarlocken gelegt wurde, ist eine Möglichkeit gewesen, ein stetiges wesentliches Andenken an die lieben Toten zu haben – nicht nur eine Erinnerung für Liebende.
Ein Trauerjahr wurde als notwendiger Teil einer Ablösung vom »Sterben ins Leben hinein« begriffen. In dieser Zeit wurden die Trauernden, erkennbar an ihrer schwarzen Kleidung, nicht allein gelassen. In ländlichen Gebieten wird dieser Brauch auch heute noch praktiziert. Was das von der Gemeinschaft an Aufmerksamkeit und Mitgefühl bedeutet, ist dabei kaum vorstellbar.
Ein weiteres Beispiel für einen heilenden Umgang mit Trauer stammt aus dem Hochland Boliviens. Dort ist es wichtig, dass nach dem Tod die Hütte der Verstorbenen und die Trauernden gereinigt werden, damit der Tod und das Unheil aus allen Ritzen verbannt werden können. Ein Bündel mit den verschiedensten Ingredienzen wird bei einem Ritual verschnürt und dann außerhalb des Dorfes in einem Fluss weggespült. Die reinigende Kraft des Wassers spielt dabei eine wesentliche Rolle. Nur dann, wenn die Trauer weggespült ist, kann das Leben weitergehen. Auch hier vermischen sich traditionelle und christliche Elemente.
Neue, lebendige Formen und viel Fantasie sind nötig, um Ähnliches in den modernen Großstädten zu gestalten. Wir vernünftigen Menschen neigen dazu, alles, was uns unbekannt ist, kopfschüttelnd zu betrachten und nicht den Versuch zu wagen, Verständnis für das aufzubringen, was als tieferer Sinn dahinter stecken mag.
Es ist wenig, was an lebendigen Bräuchen in unseren modernen Leben existiert. Und diese Formen müssen erschaffen werden. Das benötigt die Courage, neue Bräuche und Riten zu praktizieren, auch wenn schiefe Blicke geerntet werden. Und es braucht dringend die wachsende Toleranz einer Gemeinschaft, die diesen Formenwandel unterstützt und ermöglicht.

Ratschläge für die Betroffenen

- Sollten Sie einen Abschied noch vor sich haben, erfüllen Sie den Sterbenden die Bitte eines friedlichen Sterbens zu Hause.
- Lassen Sie sich in dieser Zeit von anderen unterstützen. Sterben und Abschied ist leichter, wenn eine Gemeinschaft helfen kann.
- Überlassen Sie nicht alles den Beerdigungsunternehmen – waschen Sie die Toten selbst.
- Suchen Sie einen wichtigen Gegenstand, den Sie mit in den Sarg legen.
- Bepflanzen Sie das Grab selbst.
- Wenn Sie einen Garten haben, richten Sie einen Platz für den Toten ein, bepflanzen Sie ihn, stellen Sie einen schönen Stein dorthin.
- Pflanzen Sie einen Baum für den Gestorbenen. Sollten Sie keinen eigenen Garten besitzen, bitten Sie Bekannte um einen Platz dafür.
- Planen Sie eine Unternehmung an einem Tag, der für Sie und den verstorbenen lieben Menschen eine Bedeutung hatte. Das kann der Frühlingsanfang ebenso sein, wie der Geburtstag des Verstorbenen oder der von Ihnen. Unternehmen Sie an diesem Tag etwas, dass der Person gefallen hätte: gehen Sie ins Theater, machen Sie einen Kino- oder Konzertbesuch. Gehen Sie in das Restaurant, in dem die Person gern war.
- Spielen oder singen Sie ein Lied, ein Musikstück, dass der Tote gemocht hat. Trauen Sie sich, dies bei einem Grabbesuch zu tun. Bitten Sie jemanden, Sie zu begleiten.
- Gießen Sie ein Glas des Lieblingsgetränkes des Toten auf sein Grab, prosten Sie ihm zu!
- Richten Sie in ihrer Wohnung einen Platz ein, auf dem das Bild der/des Verstorbenen, möglicherweise eine Kerze, Blumen und Ihnen oder der Person wichtige Gegenstände liegen. Der Tisch kann der Jahreszeit entsprechend geschmückt werden. Muscheln, schöne Blätter, hübsche Steine verändern das Bild des Dankesaltars. Jeder Gegenstand, den Sie hinzufügen, ermöglicht es Ihnen, auch weiterhin in handelnder Aktion mit dem Verstorbenen zu sein.
- Behalten Sie eine Haarlocke ihres Verstorbenen bei sich. Lassen Sie sich ein Schmuckstück anfertigen oder besorgen Sie sich ein Medaillon, damit Sie die Locke bei sich tragen können. (Diese Möglichkeit steht für Christen durchaus zur Verfügung, im Islam allerdings ist ein solches Vorgehen nicht erlaubt).
- Trauen Sie sich, sich anrühren zu lassen. Tränen lösen den Schmerz der Erstarrung.
- Nehmen Sie alle Informationen ernst, die Sie über fremd anmutende Bräuche in anderen Ländern oder Kulturen erhalten und erkennen Sie darin die Vielfalt unterschiedlicher Sichtweisen. Folgende Buchtitel kön-

nen Ihre Suche nach Informationen erleichtern: »Lebende Tote«, Ausstellungskatalog des Übersee-Museum Bremen, »Die Verbannung der Trauer«, Ina Rösing, Zweitausendeins, »Die letzte Reise«, Constanze Jones, Piper.

- Lesen Sie das Buch »Tanz auf dem Grab« von Nigel Barley, DTV. der Autor ist Ethnologe und berichtet über vieles Unbekannte, was in anderen Ländern angesichts des Sterbens und der Trauer stattfinden kann. Dabei hat er auch keine Hemmungen, exotisch anmutende Bräuche neben unseren eigenen, bekannten und schal wirkenden Umgang mit dem Tod zu stellen. Und ganz plötzlich werden unsere eigenen Riten damit ein wenig fremder.
- Planen Sie einen Besuch in einem Völkerkundemuseum und erkunden Sie es mit der Frage, wie die Menschen früher mit Tod und Trauer umgegangen sind und was ihre Bräuche möglicherweise aussagen können. Finden Sie ihre eigenen Bedeutungen, unabhängig davon, was in den Beschreibungen der Museen und Ausstellungen angegeben ist!
- Planen Sie einen Besuch im Sepulkralmuseum in Kassel. Das Museum beschäftigt sich mit allen Fragen des Todes und des Trauerns. Verschiedene Ausstellungen dort geben einen guten Überblick über den Umgang mit Tod und Sterben.
- Lesen sie das Buch »Malidoma Somé: Vom Geist Afrikas«. Malidoma beschreibt sehr anschaulich und nachvollziehbar den Schmerz Trauernder und den Umgang seines Volkes mit dem Tod und der Trauer. Er beschreibt die Wichtigkeit einer Gemeinschaft, die die Trauernden schützt.
- Sehen Sie sich den Filmklassiker »Alexis Sorbas« an. Der Tod und das Leben stehen in großer Weisheit beieinander.
- Lassen Sie den Gedanken zu, dass der Tod möglicherweise nicht der Killer, das wütende Monstrum ist, als der er uns scheint. Vielleicht ist er ein Freund. Ein enger, liebevoller Freund, der uns begleiten wird, wenn alle anderen zurückbleiben müssen und der uns alle auf unserem letzten Weg begleiten wird.
- Sollten Sie homosexuell sein, mag Ihnen die Totenrede aus dem Film »Vier Hochzeiten und ein Todesfall«, aus dem Herzen sprechen. Unendlich viel Liebe und Schmerz spricht aus der Ansprache, die ein Darsteller für seinen verstorbenen Freund hält. Haben Sie den Mut, eine ähnliche Rede an Ihren Partner zu schreiben, lesen Sie diese vor Ihren Freunden und Bekannten vor, die anderen haben so die Chance, Sie als trauernd zu erkennen.

Ratschläge für die Gemeinschaft

- Besuchen Sie Trauernde an für sie wichtigen Tagen.
- Laden Sie Trauernde zu jahreszeitlichen Festen ein: Pfingsten, Ostern, Weihnachten usw.
- Unterstützen Sie Trauernde, wenn diese ihre Trauer nur zaghaft gestalten.
- Unterstützen Sie Trauernde, an einem Platz in ihrer Wohnung einen Dankesaltar gestalten. Bringen Sie ihnen kleine Gegenstände dafür mit.
- Bringen Sie Trauernden kleine Gegenstände mit, die die Erinnerung erhalten. Das können Fotos sein, überspielte Musikstücke, die für die Betroffenen eine Bedeutung haben können, usw.
- Pflanzen Sie mit den Trauernden gemeinsam einen Baum für den/die Tote/n.
- Lesen Sie die Bücher von Jorgos Canacakis (»Ich sehe deine Tränen«, »ich begleite dich durch deine Trauer«). Der Autor regt dazu an, Schmerzen und Trauer nach dem Tod von Menschen, die uns nahe standen, zu zeigen, damit das Mitgefühl die Betroffenen erlösen kann. Mitgefühl ist eine Gemeinschaftsaufgabe!
- Leisten Sie sich das Mitgefühl mit Trauernden anderer Bevölkerungsgruppen, mit gesellschaftlichen Randgruppen ebenso, wie mit Menschen fremder Kulturen. Die Mutter in der Steinzeit, der Partner im alten Griechenland oder die alte Witwe heute haben die gleichen Gefühle angesichts von Schmerz und Trauer!

6 Wie gelernt werden kann, Beziehungen zu halten

Was können wir für die Toten tun? Können wir mit ihnen Verbindung halten? Andere Kulturen leben ganz selbstverständlich mit der Gegenwart ihrer Verstorbenen in einer Art »Solidargemeinschaft«. In einer modernen Großstadt ist das meistens darauf reduziert, dass dem Bild der verstorbenen Person mit einem Glas heimlich zugeprostet wird oder bei normalen Alltagshandlungen mit ihnen gesprochen wird. Der Wunsch nach Kontakt mit den Verstorbenen ist jedoch deutlich vorhanden. Auch hier müssen erst neue Formen eines lebendigen Miteinanders geschaffen werden

Ein jedes Band, das noch so leise
Die Geister aneinanderreiht,
wirkt fort in seiner stillen Weise
für unberechenbare Zeit
Platen

Brief an Marianne (15) Tochter von Hermann (55)

Die Namen wurden geändert

Hermann fuhr immer gern nach Italien. Er hatte dort einige Jahre seines jungen Erwachsenendaseins gelebt. Und es zog ihn immer wieder in das Land der Sonne, der Farben und der geliebten Sprache zurück.
Er lebte als Landarzt mit seiner Frau und seinen vier Kindern in einem kleinen Dorf. Die Arbeitsteilungen in der Ehe waren klar geregelt. Hermann verdiente das Geld und seine Frau versorgte den Haushalt, kochte leidenschaftlich – wobei sie sich jedoch nicht außerhalb der traditionellen (Koch)Grenzen ihres Heimatortes bewegen wollte – und kümmerte sich um die Kinder. Hermanns Frau war in das streng religiöse, traditionelle Dorfleben, mit den kirchlichen Jahresfesten eingebunden. Sie sorgte dafür, dass ihre Kinder diese Traditionen miterlebten und mitgestalteten. Die Familie war in das Dorfleben integriert und fand dort eine haltbare Gemeinschaft.
Bevor Hermann sich entschloss, Landarzt zu werden, studierte er das Fachgebiet Chirurgie, was ihm in seiner Tätigkeit, weit abgelegen von jeder Klinik, große Hilfe bot.
Hermann war ein leidenschaftlicher Vater und ein guter Heilkundiger. Er sang unter der Dusche italienische Gassenhauer, nahm seine älteste

Tochter Marianne wie selbstverständlich zu Kranken und Sterbenden mit und liebte es, fantasievolle und verrückte Geschichten zu hören und zu erfinden. Wo Hermann ging und stand, philosophierte er über den Sinn und Zweck von allem. Marianne war die Person, die seine unendlichen Fragen über das Leben und seine phänomenalen Naturbeobachtungen in sich aufsog. Er forderte Marianne, die damals noch nicht zur Schule ging, am Bett der Kranken auf, ihnen Geschichten zu erzählen. Und war Hermann einmal selbst krank, rief er seine Tochter zu sich, sie solle ihm Geschichten erzählen, damit er von seiner Krankheit abgelenkt werde. Das tat sie dann auch und wurde dadurch eine geübte Geschichtenerzählerin.

Wenn Hermann spät von seiner Arbeit wieder nach Hause kam, hatte er immer Zeit dafür, zu seinen Kindern zu gehen, ihre Probleme anzuhören und ungewöhnliche Lösungsmöglichkeiten dafür zu finden.

Hermann fuhr mit seiner Familie regelmäßig nach Italien. Dort wohnte die Familie auf Zeltplätzen, damit sie die Möglichkeit hatte, das Land zu erkunden. Hermann schleifte dabei seine ganze Familie, mitsamt Kleinkindern, zu allen historischen Sehenswürdigkeiten, die große und kleine Städte in Italien zu bieten hatten. Und er kümmerte sich wenig darum, ob die Sommerhitze für kleine Kinder sonderlich angenehm war, um durch Museen und Kirchen zu ziehen. So wusste Marianne bereits als Schülerin der Grundschule die kulturellen Besonderheiten der italienischen Städte aufzuzählen. Ihr Vater liebte es außerdem, die Legenden und Mythen, die sich um diese Kunstwerke rankten, so anschaulich zu vermitteln, dass Marianne manchmal davon überzeugt war, dass die Bilder und Statuen sich bewegen.

Marianne liebte und bewunderte ihren Vater sehr.

Als seine Kinder älter wurden und Hermann langsam merkte, dass es auch in seinem Beruf als Landarzt kaum Neues zu lernen gab, träumte er sich mehr und mehr in die Abenteuer ferner Länder hinein. Sein großer Traum dabei war Indonesien. Er las alles, was er an Literatur und Reisebeschreibungen darüber finden konnte. Sozial engagiert wie er war, plante er ein Schulprojekt in den unzugänglichen Gebieten Indonesiens aufzubauen. Er hielt Kontakt zu Hilfsorganisationen und erkundigte sich über Möglichkeiten, Spendengelder zu organisieren, um ein Zipfelchen Realität in seine Träume zu bekommen. Und während er davon träumte und versuchte seinen Visionen eine machbare reale Grundlage zu geben, erzählte er seiner Tochter Marianne immer wieder, wie er durch Regenwälder fahren würde, wie die Ausrüstung für diese Abenteuertouren aussehen müsste und welches Auto für die unwegsamen Strecken außerhalb der Zivilisation das richtige sein würde.

Als Marianne 15 Jahre alt war, fuhr die Familie in den Sommerferien wieder nach Italien. Wie immer wohnten sie gemeinsam in dem großen Zelt. Ihre Mutter hatte, wie üblich, Konserven eingepackt, damit die Gerichte, wie sie es von zu Hause gewohnt waren, auch im Urlaub keine Veränderung erfuhren. Die Familie pausierte für ein paar Tage an einem Strand. Die Kleineren bauten Sandburgen, wie es Kinder machen; Hermann nutzte seine Zeit, mit ihnen zu schwimmen, ihnen Muscheln und Steine zu zeigen, wie es begeisterte Naturbeobachter tun. Gegen frühen Abend wollte Hermann noch einmal weiter draußen im Meer schwimmen. Er schickte seine Kinder auf unmissverständliche Art zurück zu ihrem Zelt. Die Kompromisslosigkeit, mit der er das in diesem Moment tat, erstaunte die Kinder sehr. Als Hermann nach Ablauf einer guten Stunde nicht zurück war, wurde die Suche nach ihm aufgenommen.
Hermann war ertrunken. Eine genaue Todesursache wurde nicht festgestellt. Es ist allerdings anzunehmen, dass er einen Herzinfarkt hatte. Er war gerade 57 Jahre alt. Seine Kinder waren zu dem Zeitpunkt zwischen fünf und fünfzehn Jahren alt.
Hermann wurde in dem kleinen Dorf, in dem er gelebt und gearbeitet hatte, beerdigt. Sein Lieblingslied, ein italienischer Gassenhauer, wurde bei der Beerdigung gespielt und die Beerdigung lief genau so ab, wie er es in seinen spielerisch – humorvollen Sketchen seinen Kindern immer vorgespielt hatte: der Organist kam zu spät, der Pfarrer setzte mit den gleichen Worten an, die er auf jeder Beerdigung sagte und der Blumenschmuck musste aus Nelken sein – ob Hermann die nun mochte oder nicht.
Marianne folgte dem Trauerzug scheinbar ungerührt. Keine Träne lief über ihr Gesicht, sie antwortete allen, die mit ihr sprachen und nahm, wie alle anderen auch, an der darauf folgenden Trauerfeier im Gasthof des Dorfes, teil. Die Dorfgemeinschaft wunderte sich über ihr ungerührtes Benehmen. »Sie hat keinen Anstand!«, flüsterten sie hinter ihrem Rücken. Und: »Wie kann sie so hartherzig sein?«. Ihre Kleider waren schwarz. Wie die Gemeinschaft erwartete, hatte Marianne ein ganzes Jahr lang schwarze Kleidung zu tragen, bevor sie wieder farbigere Stücke anziehen durfte. Das geltende Trauerjahr unterband jede Teilnahme an Musikveranstaltungen und jeder Besuch einer Diskothek war ihr versagt.

Liebe Marianne,
ich glaube kein Wort davon, dass dich der Tod deines Vaters unberührt lässt. Das sieht vielleicht für viele Menschen von außen betrachtet so aus. Aber das stimmt nicht. Sie sagen, du seiest harther-

zig. Er sei dir ja völlig egal und »da sieht man wieder, dass du kein Gefühl in dir trägst!«
Nein, ich glaube kein Wort davon.
Und ich weiß, dass niemand mit dir redet. Niemand fragt dich, wie du mit dieser schrecklichen Nachricht umgehst. Niemand fragt dich, was du fühlst. Und wenn die anderen jungen Menschen in deiner Umgebung ihre Verabredungen treffen, dann stehst du daneben. Denn du weißt sehr genau, dass du an deine schwarzen Kleider gebunden bist. Keine Mode, keine bunten T-Shirts, keine Jeans. Und du weißt sehr wohl, dass das Gespräch verstummt, sobald du völlig in schwarz erscheinst. Alle denken und wissen, dass ein Tod geschehen ist, wenn sie Menschen in schwarz begegnen. Und sie zucken zusammen.
Es kann ganz einfach sein, dass du ihnen Angst machst. Denn im normalen Alltag denken Menschen nicht jeden Tag an den Tod. Doch wenn ihnen ein Leichenzug begegnet, dann wird ihnen für einen winzigen Moment klar, dass der Tod dazu gehört. Und zum Tod gehört keine laute Musik. Dazu gehört auch kein lautes Reden, kein Lachen und kein Fahrradfahren mit wehenden Haaren. Der Tod ist still, voller Gram und Tränen.
Das alles ist sehr schwer für dich. Dabei ist doch der Verlust deines Vaters schon schwer genug für dich. Wer will denn verstehen, dass du weißt, dass du nie wieder hören wirst, wie er dich ruft, wie er unter der Dusche seine Arien schmettert und wie der Klang seiner Sprache ist? Du hast noch in dir, wie es sich anhört, wenn er seine Stimme senkt, weil er von Indonesien »etwas ganz, ganz Interessantes« gelesen hat und du erinnerst sehr wohl die Nuance, in der sich seine Betonung veränderte, wenn er einen Scherz machen wollte. Sein Händedruck, sein langsam schütteres Haar, sein Gang und seine philosophischen Gespräche werden nie wieder so gespürt und so geführt werden, wie du sie kanntest.
Du weißt, dass du ihm sehr nahe warst. Nicht umsonst warst du es, die er zu Teilen seiner Arbeit mitgenommen hat, bei denen normalerweise kein Kind zugegen ist. Und du hast jeden Abend auf ihn gewartet. Du wusstest doch, dass deine Mutter schon damals deinen Fragen nicht standhalten konnte. Sie sind zu anstrengend deine Fragen – nicht nur für deine Mutter.
Dann ist es doch ganz einfach. Wenn du das alles weißt und wenn du auch genau weißt, dass die Menschen in deiner Umgebung am äußeren Schmerz das Maß ablesen werden, dann ist es besser, nichts zu zeigen. Denn das Ausmaß deines Schmerzes und deiner Einsamkeit, die Wucht, die dich in eine neue, kalte und ungewohnte Welt geschmettert hat, wer will das schon verstehen können? Wer das

wissen will, muss schon erahnen, wo du gerade steckst. Und wer dich versteht und deine Empfindungen nachfühlen kann, kennt das Gefühl sehr wahrscheinlich selbst.
Es ist so schwer. Denn es gibt zwei Sorten von Menschen: die einen, die »Es« noch vor sich haben, und die anderen, die »Es« schon hinter sich haben. Das heißt, dass der unendliche Schmerz, der ein ganzes gewohntes Leben zerstören kann, nicht von allen Menschen erlebt wurde. Die, die nicht wissen und empfinden können, was in dir gerade durcheinander wirbelt, sehen nur die stoische Ruhe und Gelassenheit, mit der du zur Beerdigung gegangen bist. Und die, die es schon hinter sich haben, werden möglicherweise erahnen, dass du gerade mitten in der Hölle stehst. Nur: sie wissen dabei vermutlich nicht, wie sie an dich herankommen können. Und das ist auch tatsächlich schwer. Ganz besonders, wenn man nicht mehr genau erinnert, wie es war mit 15, und wenn ein unnahbar 15-jähriges Mädchen vor einem steht, dass keinem Menschen eine Brücke des Zugangs bietet.
Jeder missbilligende Blick, den Erwachsene dir in diesen Wochen und Monaten zuwerfen ist aus dem Unverständnis entstanden. Sie denken, du bist ganz »cool«. Erwachsene haben sich in ihrem Leben eingerichtet und mit ihrer eigenen Weltsicht arrangiert. Jede Anerkennung einer ungewohnten und völlig neuen Form ist für sie sehr schwer anzunehmen. Denn sie bringt Unsicherheit für ihr bereits fest eingerichtetes Weltbild. Ganz besonders findet diese Ablehnung neuer Ansichten auf dem Land statt, wo in kleinen Dörfern mehr gewohntes Sicherheitsgefühl besteht; mehr noch, wenn dieses Dorfleben von religiösen Regeln bestimmt wird. Ich bitte dich, gib' dem nicht ein so großes Gewicht, wenn Erwachsene dich nicht verstehen!
Dein Vater ist tot. Und ich sehe, dass du nicht einmal viele Fragen hast. Ich glaube, du bist so dermaßen schockiert, dass du tatsächlich wie erstarrt bist. Und das wäre kein Wunder.
Ein Vater, an den man sich anlehnen kann, der philosophieren, scherzen, erzählen kann und der einem einen solch großartigen Schutz bietet, ist ein wunderbares Geschenk. Das ist der unendliche Schutz, den du immer dann hattest, wenn der Boden der zu erobernden Erwachsenenwelt zu wanken schien. Und dieser Schutz, diese Sicherheit ist dir entzogen worden. Jetzt erlebst du schon, dass der ganze Boden, auf dem du stehst, wankt – nur: es ist niemand mehr da, der dich hält! Es ist sichtlich auch niemand da, der das zumindest versucht. Du weißt doch genau, dass deine Mutter ebenso wie du vor dem ungeheuren Ausmaß einer ungewissen Zukunft steht. Du weißt, dass sie so mit sich und deinen Geschwistern be-

schäftigt ist, dass sie für die Versorgung der Verwüstung in dir nichts mehr aufbringen kann. Es ist die Aufgabe der großen Gemeinschaft dir Unterstützung zu bieten; nur, ich habe meine Zweifel, ob die Gemeinschaft diese Aufgabe wahrnehmen wird.

Ich nehme an, dass du dich noch gut an den letzten Streit mit deinem Vater erinnerst. Er hatte Regeln aufgestellt und du wolltest sie nicht einhalten. Vielleicht hast du ihn angeschrien, dass du selbst entscheiden kannst, was du tust, dass du schließlich alt genug dafür seist und möglicherweise hast du ihn auch als Spießer bezeichnet. Und jetzt tut dir alles, was du gesagt hast und was ihn verletzt hat, unendlich Leid.

Er war eifersüchtig auf jeden Jungen, der mit dir ausgehen wollte. Dann hat er dich oder den Jungen nachgeäfft und du bist böse geworden. Du weißt, dass neben dem Schutz, der von ihm ausging auch die Kontrolle über dich da war. Die ist natürlich unangenehm. Wenn du jetzt annimmst, dass er irgendwo anders weiterlebt, dann kann sich für dich ein Problem ergeben. Denn dann kann dir der Eindruck entstehen, als bestehe die Kontrolle über dich den ganzen Tag über. Dann gibt es nichts mehr, was du verbergen könntest. Er weiß genau, wann du das machst, was er verurteilen würde. In diesem Moment entsteht unweigerlich das Gefühl in dir, dass du völlig unfrei geworden bist und dass du nie wieder Freiheit verspüren kannst. Das kann dich über lange Zeit sehr bedrücken.

Doch ich weiß, dass das, was im Leben wichtig erschien, jetzt vielleicht völlig anders aussehen kann. Angesichts des Todes und des lebenslangen Abschieds wird entschieden, was wichtig ist und was nicht. So, wie du ihn verletzt hast, hat er dich verletzt. Und das kann ihm ebenso Leid tun, wie dir. Und vor allem, wird dein Vater jetzt die Möglichkeit haben, alles aus einer völlig anderen Perspektive zu sehen. So weltoffen und neugierig, wie er war, wird er wahrscheinlich auch weiterhin sein. Es gibt keinen logischen Grund, warum er sich jetzt anders verhalten sollte. Er war sein Leben lang lernfähig, weshalb sollte das jetzt anders sein?

Was immer du entdecken willst, was immer du tun willst, weil es gut für dich ist, er wird es auch gut finden. Was du tust, musst sowieso du selbst entscheiden.

Du denkst jetzt, dass nichts je wieder so sein wird, wie es einmal war. Und vielleicht denkst du auch, dass dein Vater mit seinem Tod von allem weit entfernt ist, was dein und euer Leben betrifft. Er ist fort, weg, ausradiert und übrig bleibt ein überdimensionales Nichts.

Aber das ist nicht so und das muss auch nicht so sein.

Denn höre zu, es kann sein, dass viel Arbeit auf dich wartet, um

etwas völlig Neues entstehen zu lassen. Das können nur die, die Sehnsucht in sich tragen – wie du. Denn sie können von dem Gedanken an die Toten nicht abgelenkt werden. Die Erinnerung an deinen Vater und seinen Tod wirst du nicht einfach ausschalten können: sie wird morgens den Tag mit dir beginnen und ihn abends mit dir beenden. Das teilst du mit allen Trauernden.
Du kannst eine Verbindung zu deinem Vater halten. Und eine Verbindung geht weit über eine reine Erinnerung heraus. Dazu ist es notwendig, dass du fest an ihn glaubst: wie du es schon zu seinem Lebzeiten getan hast. Dann kann es sein, dass ihr den Weg dahin findet, einen Kontakt über den Tod hinaus zu halten. Das musst du erst lernen. Und das ist schwer.
Du wirst das schmerzlich erfahren müssen, was alle Trauernden erst mühsam begreifen können: die Toten können nicht mehr angefasst werden. Nie wieder wirst du den Druck seiner Hand spüren können. Das ist vorbei. Damit beginnt eine neue Zeit. Dein Vater liebt dich; nichts Böses wird je von ihm zu dir kommen. Nur Unterstützung und liebevolles Vertrauen wird er für dich haben. Frei von jeder schweren Bedingung. Du kannst ihn also als einen deiner wichtigsten und besten Unterstützer für deine Zukunft betrachten. Wieso sollte das mit seinem Tod enden?
Dein Vater war ein verantwortlicher Vater und ein kluger Mann. Es kann sein, dass er die schwere Aufgabe, euch zu verlassen, nicht gern getan hat. Doch es scheint, als hielte er euch alle für fähig dazu, ohne ihn hier weiter zu leben. Dein Vater war zu verantwortungsvoll, als dass er einfach verschwunden wäre, ohne die Folgen zu bedenken. Vielleicht kann es sein, dass er müde war von seinem Beruf und müde vom Betrachten der menschlichen Eigenarten. Und es kann auch sein, dass er sich nicht im Stande gesehen hat, seinem Leben noch einmal eine solch tief gehende Wendung zu geben und nach Indonesien zu gehen. Er wusste möglicherweise genau, dass dann, wenn seine kleinen Kinder groß genug wären, dass er gehen könne, er schon zu alt wäre. Und ob deine Mutter dieses Wagnis mitgemacht hätte, ist mehr als fraglich. Das hätte für sie Abenteuer bedeutet. Für eine, die den sicheren Rahmen der Dorfgemeinschaft und ihr Zuhause hegen und pflegen will? Meinst du nicht, dass dein Vater das auch alles wusste?
Ich wünsche dir sehr, dass du in dem Trost weiter leben kannst, dass dein Vater dir – ähnlich wie in eurem gemeinsamen Leben vorher auch – mit seinem Rat zur Seite stehen wird, wann immer du ihn benötigen wirst. Und ich wünsche dir, dass die Liebe für deinen Vater dich weichkneten kann, denn er hat dir so vieles beigebracht, was du jetzt benötigen wirst. Du hast durch ihn eine Weltsicht bekom-

men, die dir im Dschungel der Zukunft Überblick verschaffen kann.
Das Leben wartet auf dich! Nutze, was du gelernt hast! Dann kannst du die Abenteuer, die er sich nicht getraut hat, in eine lebendige Tat umsetzen. Ich bin sicher, er wird sich darüber freuen!

Wie es Marianne heute geht

Über mehrere Jahre war Marianne durch dem Tod ihres Vaters wie zerfetzt. Sie hat ihn sehr vermisst. Ihr Dorf erschien ihr plötzlich in einem völlig neuen Licht. Marianne entwickelte Schulstörungen. Sie bekam Streit mit allen Lehrern, sie engagierte sich politisch, was von der Dorfgemeinschaft ebenso unverständlich missbilligt wurde, wie ihre Neigung, trotzig und aufsässig bestehende Regeln durchbrechen zu wollen.
Sie hatte tatsächlich den Eindruck, als stünde ihr Vater ununterbrochen kontrollierend neben ihr und es dauerte lange, bis sich der Gedanke in ihr ausbreitete, dass Tote den Menschen zwar sehr ähnlich sind, doch unter Umständen vieles nicht mehr »so wichtig nehmen«. Marianne verstand, dass Tote vermutlich andere Schwerpunkte für das setzen, was wesentlich ist.
Wenige Monate nach dem Tod des Vaters wurde Marianne der Schule verwiesen. Sie bekam einen Platz an einem Gymnasium, das von ihrem Wohnort nicht täglich zu erreichen war. Marianne war 16, als sie ein eigenes Zimmer bezog. Jedes Wochenende fuhr sie nach Hause zu ihrer Mutter, um sich das Geld für die kommende Woche abzuholen. Allerdings tat sie das nur widerwillig. Sie wollte nichts mehr mit ihrem Zuhause zu tun haben.
Als Marianne ihr Abitur gemacht hat, zog sie für das Studium, das sie beginnen wollte, in die Universitätsstadt, die sehr weit von ihrem Heimatdorf entfernt lag. Sie engagierte sich auch hier politisch und brach nach drei Semestern ihr Jurastudium ab, um Medizin zu studieren.
Heute ist Marianne Kinderärztin. Sie hat selbst zwei Kinder, einen Jungen und ein Mädchen. Ihr Sohn hat die Augen ihres Vaters, was Marianne sehr beruhigt. Marianne genießt es heute sehr, wenn sie mit ihrer Familie in ihr Heimatdorf fährt. Sie liebt es, den Dialekt zu hören, sie sammelt alles, was mit dem Brauchtum der Gegend, aus der sie stammt, zu tun hat. Ihre anderen Geschwister sind dort geblieben und schicken ihr regelmäßig regionale Spezialitäten und auch den neuesten Dorfklatsch zu.
Sie weiß um die Schwierigkeiten und Ängste, die junge Eltern haben und reagiert mit großer Geduld. Die medizinischen Bücher ihres Vaters hat sie von ihrer Mutter bekommen. Diese haben ihr nicht nur ihr Stu-

dium unterstützt, sondern werden auch heute noch von ihr bei bestimmten medizinischen Fragen zu Rate gezogen. Sie freut sich, wenn sie die Bücher durchblättert und die handgeschriebenen Kommentare ihres Vaters darin entdeckt.
Marianne hat viele Reisen nach Indonesien gemacht. Sie versteht die Träume von der fernen Welt, die ihr Vater zu seinen Lebzeiten hatte. Marianne liest alles, was über die Kultur und das Leben in Indonesien berichtet.
Zu Beginn ihres Berufes sah sich Marianne sehr häufig großen Schwierigkeiten ausgesetzt. Sie fühlte die schwere Bürde der Verantwortung für das Leben von Kindern auf ihren Schultern. Wann immer sie vor solchen Problemen stand, bat sie ihren Vater um Unterstützung – und sie fand immer eine Lösung.
Noch heute ist sie dankbar für diese Form der »Zusammenarbeit«, wie sie es nennt.

Eine Geschichte zum Nachdenken

Die Seelenbegleiterin
Ganz hoch in den felsigen Bergen, dort, wo kein Gras mehr wächst, wo kein Moos den Boden weich macht und wo kein Tier mehr zu finden ist, dort, wo nur ab und zu der Ruf eines Raubvogels zu hören ist, ist es so bitterkalt, dass das ganze Jahr hindurch das Wasser in Schneekristallen vom Himmel schwebt.
Nur manchmal hört man besonders nachts ein ächzendes Knarren und ein knirschendes Ziehen, wenn die Eismassen, die aus dem jahrhundertelang rieselnden Schnee entstanden sind, sich bewegen. Das hört sich schaurig seufzend, klagend und stöhnend an.
Tagsüber, wenn die Sonne scheint, dann schmilzt der Schnee an der Oberfläche. Der geschmolzene Schnee verdampft oder sickert immer tiefer in die Eismassen hinein und festigt und verbackt sie immer mehr.
Dort oben liegen ungeahnte und gewaltige Eismassen.
Wie alles Wasser auf der Erde, rutschen diese Eismassen und bewegen sich unendlich langsam auf das Tal zu. Hier oben sind die Gletscher.
Viele von diesen Gletschern sind im Laufe der Zeiten bis in die bewohnten Täler vorgedrungen. An dem Rande so eines Gletschers stand die Hütte einer alten Frau. Vor vielen Jahren waren ihr Mann und ihr Sohn eines Tages über den Gletscher gezogen, um Gämsen zu jagen. Beide sind nicht wiedergekommen. Von diesem Tag an, wohnte die Frau allein in ihrem Häuschen am Rand des Gletschers.
Die alte Frau spann Flachs und niemand weit und breit konnte so wunderbar gleichmäßig spinnen, wie sie. Die Leute aus dem Dorf brachten ihr

Flachs und alles was sie zum Leben dort oben benötigte. Dafür bekamen sie das versponnene Garn von ihr. Die alte Frau bat auch immer darum, dass die Menschen ihr Kerzen mitbrachten. Das taten die Dorfbewohner gern, denn sie wussten, was die Alte mit den Kerzen tat: sie zündete jeden Abend eine Kerze an, um der Toten zu gedenken.
Die Bewohner der Gegend sagten, dass in dem unendlichen Eis und in der starren Kälte, in Winterstürmen und Schneelawinen, die Seelen der Toten verblieben, die in ihrem Leben hartherzig gegen Alte, Kranke und Kinder gewesen sind und die keinerlei Liebe zu Mensch oder Tier gezeigt haben.
Sobald es also abends dunkel wurde, hörte die Frau auf, zu spinnen. Sie warf ein paar dicke Holzscheite auf ihr Herdfeuer, zündete eine Kerze an und stellte sie ins Fenster. Sie verschloss dabei dort oben niemals ganz die Tür. Und wenn sie alles getan hatte, ging sie ins Bett. Jeden Abend sprach die alte Frau ein Gebet für die Toten und schlief dann ein.
Und jede Nacht hörte sie die Toten vom Gletscher hinab kommen, damit sie in ihrer kleinen Hütte ein wenig Schutz und Wärme fanden.
Eines Tages hatte sie lange gesponnen. Während ihre Finger sich sachte bewegten und der Faden immer länger wurde, zogen ihre Gedanken in die ferne Vergangenheit zurück. Sie erinnerte sich, wie sie als kleines Kind in den Bergen gespielt hatte. Sie roch die frischen Bergblumen und sie hörte das Läuten der Kirchenglocken im Tal. Sie spürte den Wind, wie er ihr durch die Haare fuhr und sie hörte das glucksende Lachen der Kinder, mit denen sie gespielt hatte. Und sie erinnerte auch die Zeit, in der ihr Sohn neben ihr in der Hütte gesessen hatte und spielte, während ihr Mann von seiner Arbeit heimkam. Und während ihre Finger spannen und sie ebenso vor sich hinspann, hörte sie plötzlich ein Kratzen und Klopfen am Fenster. Sie erschrak und stellte fest, dass es schon tiefe Nacht war und sie vergessen hatte, die Kerze ins Fenster zu stellen. »Seht nur, die alte Frau spinnt noch!«, hörte sie eine Stimme, dann sprang die Tür auf und die Toten kamen in ihr Hüttchen hinein. Für sie war es schon zu spät ins Bett zu gehen. Und so spann sie die Nacht über weiter, während die Toten in der Wärme des Raumes warm wurden und entspannten.
Von dem Tag an vergaß sie nie wieder, rechtzeitig eine Kerze ins Fenster zu stellen.
So vergingen viele Jahre und die alte Frau wurde immer älter. Die Menschen im Tal mochten sie sehr, denn sie war immer ruhig und gelassen mit einem dankbaren und freundlichen Wort für alle, die kamen. Und als sie nicht mehr spinnen konnte, weil ihre Augen schwächer und die Hände zittriger wurden, brachten sie ihr weiterhin alles, was sie brauchte. Und Kerzen waren immer dabei.
Eines Tages, als zwei Hirten ihr neue Vorräte bringen wollten, fanden sie die alte Frau in ihrem Bett liegen. Sie war tot und hatte ein zufriedenes Lächeln auf ihrem Gesicht. Der jüngere Hirte ging hinunter ins Dorf um die Beerdi-

gung zu veranlassen und einen Sarg zu holen, während der Ältere an dem Bett der Frau sitzen blieb und den ganzen Tag bei ihr wachte.
Es war schon dämmerig, als der Jüngere Hirte mit dem Sarg wieder bei der Frau anlangte. Sie betteten die Frau in den Sarg, stellten Kerzen um sie herum an ihrem Kopfende und wachten weiter neben der Toten.
»Wie einsam sie hier oben in der Kälte gehaust hat«, sagte der Jüngere.
»Ach«, antwortete der Ältere der beiden, während er der Alten forschend ins Gesicht blickte, »vielleicht war sie allein. Aber einsam? Das glaube ich nicht. Sie hat viele, viele Freunde gehabt.«
Inzwischen war es draußen dunkel geworden. »Sieh' nur«, sagte da der Ältere zu dem jüngeren Hirten und zeigte auf das Fenster. Und der Jüngere blickte zum Fenster hin und sah einen Schimmer. Vom Gletscher her näherte sich ein langer, langer Zug bleicher Gestalten. Und jede dieser Gestalten trug vor sich eine brennende Kerze in der Hand. Es waren so viele Gestalten und Kerzen, wie die Alte im Laufe der Jahre Abend für Abend angezündet hatte.
Die bleichen Wesen stellten sich in einem Kreis um die Hütte herum. Der ältere Hirte öffnete die Tür und beide sahen, wie die alte Frau sich erhob, aus dem Haus trat und auf die Toten zuging. Alle, die dort mit einer Kerze in der Hand standen, verbeugten sich tief vor ihr. Sie reichten ihr eine Kerze und mit der alten Frau voran entfernten sie sich in einer langen Reihe. Allerdings verschwanden sie nicht in den eiskalten Gletscherspalten, sondern sie alle stiegen immer höher und höher den Berg hinauf und weiter höher in den Himmel hinein. Es sah aus, wie ein leuchtend gelb-rot schimmerndes Band, das sich langsam immer höher in den Himmel hineinwand. Über dem Gletscher selbst lag ein warmer, rötlich glänzender Schimmer.
Von diesem Tag an brauchten die Seelen der Toten nicht mehr in dem Gletscher zu hausen. Die Fürsorge und das liebevolle Denken der alten Frau hatten sie erlöst.

Nach einer Schweizer Legende

Einige begleitende Worte

Einen lebendigen Kontakt zu den Toten halten zu können, benötigt ein paar wenige Voraussetzungen. Zunächst einmal ist es wichtig, fest zu wissen und zu erkennen, dass Tote nicht einfach »nicht mehr da« sind, sondern in einer völlig neuen und uns fernen Ebene befinden – wie immer die auch aussehen mag. Diese Sichtweise geht über das hinaus, was gängig als »Glaube« bezeichnet wird. Es handelt sich dabei um eine Form eines erweiterten Denkens, die überhaupt die Möglichkeit einer Existenz auf verschiedenen Ebenen zulässt. Vielleicht mag es hilfreich sein, dazu den Gedanken zuzulassen, dass es zumindest möglich ist, dass ein solches Modell ebenso gut wahr sein kann, wie die Ansicht, dass »Alles« zu Ende ist, wenn ein Mensch gestorben ist.
Es ist erstaunlich, dass Menschen, die einen Nahestehenden verloren

haben, in den folgenden Wochen und Monaten sehr häufig davon berichten, dass ihnen die Toten im Traum erschienen sind und deutlich gezeigt oder gesagt haben, dass sie dort, wo sie sind, lebendig sind. Allerdings werden diese Träume mit den für die Trauernden häufig sehr beruhigenden Aussagen nur sehr selten öffentlich erzählt. Diese Träume werden als »Schäume« abgetan. Erst in einem geschützten Rahmen trauen sich die Betreffenden dann, sehr dezidiert und ausführlich von dem zu berichten, was sie gesehen haben. Das betrifft selbstverständlich auch Menschen, die bislang keinen Zugang zu ihren Träumen hatten, geschweige denn irgendetwas über psychologische oder geisteswissenschaftliche Deutungen von Träumen wussten, sondern die – im Gegenteil – zunächst sehr verhalten davon berichten. Die Betreffenden haben dabei sehr häufig die Sorge, sie würden nicht mehr ernst genommen, wenn sie das offen sagen würden.
Das Vertrauen in die eigene Wahrnehmung und Entscheidungsfähigkeit ist wichtig, wenn es so scheint, als könne niemand auf der weiten Welt etwas darüber wissen, wie es den Toten gehen möge. Viele Menschen neigen dazu, so genannte Medien oder Wahrsager aufzusuchen, damit diese, die ja in »ständigem obskuren Kontakt mit Geistern« stehen, die Berichte über das Befinden der Verstorbenen abgeben können. Ohne diejenigen, die sich in dieses schwere Gebiet trauen, diskreditieren zu wollen, ist es allerdings erheblich glaubhafter, wenn die, die die Toten kannten, sich auf den Weg machen, zu erkunden und zu erfühlen, wie es ihnen geht. Wer weiß denn, welcher Geist nun gerade spricht? Wer weiß, welche teilweise lapidaren und in sich oft völlig logischen Aussagen durch »Durchgaben« dabei herauskommen? Es gibt keine Möglichkeit, das objektiv zu überprüfen. Nur der Mensch, der selbst erfühlt und gesehen hat, weiß doch, wovon er spricht.
Der nachvollziehbare Wunsch Trauernder, einen lebendigen Kontakt zu den Verstorbenen zu halten, kann von ihnen selbst erlernt werden. Dann, wenn wir uns selbst in aller Ehrlichkeit begegnen, wissen wir, wann wir uns etwas vormachen wollen und wir wissen, wann wir etwas »schönreden« wollen. Angesichts der Frage und der Bitte, alle Begründungen zunächst wegzulassen und mit der »Hand auf dem Herzen« eine freimütige, offene Antwort über das Befinden eines nahe stehenden Toten zu geben, ist es verblüffend, wie klar und sicher die Antworten von Trauernden gegeben werden können. Sie haben sich nur auf die Frage und die Suche nach einer Antwort eingelassen – mehr nicht.
Das notwendige so genannte »Loslassen« der Toten ist ein verständlicher gesellschaftlicher Rat und eine Aufforderung an alle Trauernden. Gleichzeitig aber bedeutet es für die Trauernden einen zusätzlichen schweren Schmerz, denn die Sehnsucht verbindet Liebende – ob auf

der Erde oder in Leben und Tod. Was aber kann mit dem »Loslassen« gemeint sein? Wenn es darum geht, Sterbende und Tote ihren Weg in Frieden in eine neue Zukunft gehen zu lassen, ist das Loslassen von Vertrauen, anstatt von Sorge und Schmerz geprägt. Das geht Eltern, deren Kinder erwachsen geworden sind und die möglicherweise in eine ferne Stadt ziehen, ganz ähnlich. Auch sie stehen vor der schweren Aufgabe, sich vor dem Weg eines anderen Menschen zu verneigen und ihnen ihre Zukunft in die Hände zu geben. Das ist die schönste und klarste Form einer Begleitung derer, die sich in ferne Welten aufgemacht haben. Das bedeutet auch, dass den Trauernden klar werden soll, dass die Toten nicht wieder »herbeigebettelt« werden sollen. Verstorbene haben ihre Reise bereits angetreten und jeder Mensch weiß, dass eine Rückkehr in den vorherigen Zustand unmöglich ist. Das ist, wie mit jeder Reise: der Zug, der abgefahren ist, wird nicht rückwärts wieder in den Bahnhof einrollen.

Ohnmacht und Leere bereitet Trauernden aber, dass der Begriff »Loslassen« gewöhnlich nicht genau erklärt wird. So stehen Menschen nach einem schweren Verlust sehr häufig vor dem Problem, dass sie denken, sie dürften nicht an die Verstorbenen denken. Bereits in diesem Moment haben sie den Eindruck, dass sie die Toten behindern und an sich binden würden. Ein Mensch aber, der geliebt wird, kann nicht mit einem Schalterdruck »nicht mehr geliebt werden« und soll es doch auch gar nicht.

Trauernde zu unterstützen bedeutet, ihnen den Mut zu machen, an der Liebe zu den Verstorbenen festzuhalten. Und es bedeutet auch, sie immer wieder zu ermuntern, dass sie an die Toten mit hoffnungsvoller Zuversicht auf Zukunft denken. Jeder Mensch, der jemals eine weite Reise gemacht hat oder ein Abenteuer zu bestehen hatte, weiß, wie die beste Unterstützung für ein solches Vorhaben aussieht: der Glaube und die Zuversicht der Nahestehenden sind die beste Hilfestellung und der beste Ansporn dafür.

Das bedeutet dann auch, dass eine Bitte und ein möglicher Wunsch, der an Verstorbene herangetragen wird, frei von jedem Ziehen und Betteln sein muss. Da der Zustand, wie er einmal war, nicht wieder herzustellen ist, ist es erlösend, wenn der eigene Blick in eine, wenn auch ungewisse, Zukunft gerichtet wird. Das gilt für die Lebenden, wie auch für die Toten. Jedes Betteln, darum, dass der Tote wiederkommen möge, wird dabei den peinigenden Schmerz in eine unendliche Länge ziehen.

Wann immer der Eindruck entsteht, dass die Toten selbst sich nicht lösen wollen oder sich voller Schmerz und Sehnsucht an das bisherige Leben klammern, können und sollen Lebende ihnen die notwendige Unterstützung geben. Das, was in früheren Zeiten als das »Nachholen«

der Lebenden in den Tod hinein beschrieben wurde, entsteht, wenn sich der notwendige Loslösungsprozess von der Welt der Lebenden nicht einstellt. Die Lebenden haben den Toten in aller Klarheit zu sagen und zu vermitteln, dass diese tot sind und ihren eigenen Weg zu gehen haben – wie auch die Lebenden selbst.
Der Ritus in verschiedenen religiösen Beerdigungsformen, eine so genannte »Aussegnung« zu vollziehen, hat den Hintergrund, den Verstorbenen zu vermitteln, dass sie gestorben sind und sich die Wege der Lebenden und Toten dadurch trennen.
Für Menschen, die in schwerer Trauer sind und scheinbar alle Hoffnung verloren haben, ist das Lösen eine sehr schwere Aufgabe, die notwendig von außen gemeinschaftlich unterstützt werden muss. Zukunft, für die Lebenden und für die Toten, ist damit allerdings noch nicht erschaffen, dass ihnen dann als scheinbarer Trost gesagt wird »das Leben muss doch weitergehen«. Das sieht eher nach Abwiegeln aus, als dass es eine kraftvolle Unterstützung ist. Zukunft muss kreiert und erschaffen werden. Aufgabe der Umgebung Trauernder ist es dann auch, die Neugierde und Hoffnung der Trauernden zu wecken und gemeinsam mit ihnen konkrete Ideen zu spinnen, um diese nebulöse Zukunft erst zu erschaffen.
Menschen im Leben halten zu wollen oder gar Tote ins Leben zurückzuholen, ist unmöglich. Die Macht über den Lebenswillen oder den Lebensweg anderer Menschen zu haben, steht den Menschen nicht zu. Gary Bruno Schmid beschreibt in seinem Buch über den psychogenen Tod (Tod durch Vorstellungskraft) von der Aussichtslosigkeit der Medizin, Menschen im Leben halten zu können, die aus den unterschiedlichsten Gründen den Weg in den Tod gehen wollen, ohne dabei einen Suizid zu vollführen. Menschen sterben aus den verschiedensten Gründen; Hoffnungslosigkeit ist nur einer davon. Eine Gemeinschaft, die sich verantwortlich zeigt, wird dann Trauernden phantasievoll und lebensbejahend die notwendige Unterstützung geben, die ihnen eine Zukunft erst möglich macht.
Diese Notwendigkeit besteht auch, wenn Kinder und Jugendliche mit dem Thema Tod konfrontiert werden. Sie sind ebenso zerschmettert wie Erwachsene und ebenso hilflos. Die Fragen, die Kinder und Jugendliche angesichts des Todes haben, unterscheiden sich in keiner Weise von denen, die Erwachsene quälen. Auch der Schmerz, den die Trauer und der Verlust mit sich bringen, ist dabei gleich groß. Bei jungen Menschen kommt jedoch erschwerend hinzu, dass sie in ihrer eigenen Entwicklungsphase oftmals von Erwachsenen nur schwer erreicht werden können. Für sie existiert die Wachheit gegenüber den Erscheinungen der Welt noch nicht lange genug, als dass sie mit ihnen geübt umgehen könnten. Erwachsene haben die Aufgabe, ihnen mit Verständnis

und der Erinnerung an ihre eigene Suche in den entsprechenden Lebensjahren, Unterstützung zu geben. Dass Erwachsene sich mit floskelhaften Lebensweisheiten bequem in ihrem Dasein arrangiert haben mögen, entbindet sie dennoch nicht der Verantwortung den Jugendlichen gegenüber. Es kann sein, dass Jugendliche die brennende Frage nach dem »Sinn«, die Erwachsene gelernt haben, zu verstecken, greifbar mit sich tragen. Ein Monster, das wir nur als Biest und Ungeheuer erkennen, kann immer nur dann befreit werden, wenn wir bereit sind, es kennen zu lernen (siehe auch Kapitel 11, »Die Schöne und das Tier«). Das ist im Leben nicht anders als im Märchen.
Trauernde, egal welchen Alters können in unterschiedlichster Form auf den Verlust reagieren. Ob dabei ein »Hineinstürzen in den Spaß des Lebens« nach außen gezeigt wird, eine stoische, unbewegliche Mine oder hemmungsloses Weinen, ist nur der Ausdruck, der nach außen gezeigt wird. In jedem Fall ist dabei die Gemeinschaft gefragt, ihnen die Befreiung aus der Trauer möglich zu machen.
Jedes Unverständnis angesichts eines Phänomens kann in Verstehen gewandelt werden, wenn dazu den Betreffenden Fragen gestellt werden. Auch hier ist das Alter der Trauernden unwichtig, denn alle bedürfen einer Erlösung.
Die Alte in den Bergen wusste sehr wohl um das Land und das Wohlbefinden der Toten. Seelenbegleitung bedeutet, die Lebenden und die Toten, ungeachtet dessen, welche Fehler sie zu haben scheinen oder welche Konsequenzen sie auf sich geladen haben, zu begleiten. Und es bedeutet auch, an eine Erlösung zu glauben und danach zu handeln, auch wenn es heißt, man könne nichts mehr tun.

Ratschläge für Betroffene

- Trauen Sie sich, die Toten anzusprechen. Fragen Sie sie um Rat, wenn Sie einen benötigen. Sprechen Sie zunächst ein Foto der verstorbenen Person an. Fühlen Sie nach, ob Sie eine Antwort in Ihrem Herzen finden.
- Sollten sich eine Antwort oder ein einzuschlagender Weg als kompliziert herausstellen, können Sie die Frage über einen Zeitraum hinweg stellen. Formulieren Sie das, was Sie der verstorbenen Person sagen möchten oder was Sie sie fragen möchten und nehmen Sie es jede Nacht mit in den Schlaf. Achten Sie darauf, ob sich Ihr Empfinden zu Ihrem Anliegen am nächsten Morgen verändert hat. Machen Sie dies für die Dauer eines Monats. Und betrachten Sie am Ende des Monats, was Sie mittlerweile alles über das, was Ihnen auf dem Herzen liegt wissen und wie Ihre Fragen sich geklärt haben. Sollten Sie keine Antwort

bekommen haben, fordern Sie sie ein, wie Sie es auch einem Lebenden gegenüber tun würden.

- Wenn Sie eine Frage oder ein Anliegen haben, bei dem zunächst keine Lösung und kein Trost erkennbar sind, machen Sie einen Spaziergang. Gehen Sie in der Erwartung, dass etwas Besonderes passiert. Seien Sie wach! Es kann sein, das ein Vogelgezwitscher nur für Sie stattfindet, es kann sein, dass Sie ein wunderschönes Blatt finden, es kann sein, dass Ihnen jemand zulächelt, der sie gar nicht kennt, es kann sein…
- Suchen Sie sich einen Platz in der Natur, an dem Sie sich wohl fühlen. Das kann ebenso am Friedhof sein, wie auf einer Parkbank oder einer Lichtung mitten im Wald. Gehen Sie dorthin, wenn Sie Fragen haben. Halten Sie dort regelmäßig »Zwiesprache« mit der verstorbenen Person.
- Verschaffen Sie sich einen ruhigen Moment, stellen Sie Radio und Fernsehen ab. Zünden Sie eine Kerze an. Formulieren Sie das, was Sie der oder dem Verstorbenen sagen möchten und sehen Sie in die Flamme hinein. Stellen Sie sich das Gesicht der verstorbenen Person dabei deutlich vor. Sagen Sie der Person das, was Sie auf dem Herzen haben. Legen Sie Ihre rechte Hand dabei auf Ihr eigenes Herz und fühlen nach: Was meint die Person dazu?
- Stellen Sie das Radio an. Das nächste Liebeslied, das Sie hören ist wichtig. Besorgen Sie sich den Text und wenn nötig die Melodie dazu (entweder aus dem Internet oder aber aus Musikgeschäften). Lernen Sie das Lied auswendig und singen Sie es für die verstorbene Person, die Ihnen fehlt. Und wenn Sie das getan haben, stellen Sie noch einmal das Radio an. Das nächste Lied, das Sie hören ist die Antwort auf das, was Sie für den verstorbenen Menschen gesungen haben. Damit haben Sie eine Verbindung mit den Toten hergestellt und Ihre Erinnerung wird wach werden, wenn Sie das Lied hören.
- Wenn Sie eine Frage oder ein Anliegen an die verstorbene Person haben, bei der Sie keine Lösung erkennen können, stellen Sie das Radio an. Hören Sie genau auf das nächste Lied, das gespielt wird. Was wird Ihnen gesagt? Möglicherweise müssen Sie sich das Lied übersetzen lassen (Musikgeschäfte haben viele Übersetzungen vorrätig). Sollten Sie mit der Antwort nichts anzufangen wissen, finden Sie heraus, wer das Lied gemacht hat und weshalb. Lassen Sie sich Zeit, das Gehörte auf sich wirken zu lassen.
- Achten Sie auf Ihre Träume. Schreiben Sie Ihre Träume auf, wenn Sie von den Verstorbenen träumen. Achten Sie dabei auf Kleinigkeiten (Z. B. Welche Kleidung hatte die Person an? Wie sah die Umgebung aus, in der Sie sie trafen? Usw.) Hatten sie eine Frage oder Bitte an Sie? Woll-

ten sie Ihnen etwas sagen? Haben Sie keine Angst vor ihren Träumen und vor den Verstorbenen, wenn sie Ihnen begegnen sollten. Wann anders, als in den Träumen können wir lernen, mit ihnen zu sprechen? Sie haben von denen, die Sie lieben, nichts Böses zu erwarten.

- Wie oft träumen Sie davon, dass die Toten gar nicht tot sind? Sie kommen zu Ihnen, möglicherweise mit einer Bitte oder einem Ratschlag. Für viele Menschen ist das der erste oder tiefgreifendste Moment, in dem sie Trost finden können. Glauben Sie daran, was Sie im Traum sehen!
- Fühlen Sie nach, wie es der verstorbenen Person gehen mag. Es ist nicht unbedingt so, dass es allen Verstorbenen gut geht. Stellen Sie sich vor, wie es Ihnen erginge, wenn Sie plötzlich in einem fremden Land sind und genau wissen, dass Sie Schmerz und Trauer bei denen, die Sie lieben, zurückgelassen haben. Ein Vater, der seine Kinder verlässt, eine Tochter, die ihre Eltern voller Schmerz und Hoffnungslosigkeit zurücklässt; sie wissen möglicherweise um die Konsequenzen, die daraus entstanden sind und fühlen sich verantwortlich.
- Fragen Sie die verstorbene Person (wie weiter oben angegeben), was Sie für sie tun können. Wenn Sie mit einer Person verbunden sind, gilt Verantwortlichkeit in beide Richtungen!
- Sollten Sie den Eindruck gewinnen, dass die verstorbene Person sich ausgesprochen unwohl fühlt, kann es sein, dass der oder die Verstorbene sich nicht wirklich von ihrem bisherigen Leben trennen möchte. Sagen Sie der Person klar und deutlich, dass sie tot ist, was sie möglicherweise nicht begriffen hat. Sagen Sie den Verstorbenen, sie sollen ihren Weg gehen und ihren Frieden finden.
- Wenn Sie einen wichtigen Termin haben, vielleicht eine Prüfung oder einen Behördengang, der Sie unsicher macht, bitten Sie die verstorbene Person Sie zu begleiten. Schließen Sie die Augen für einen Moment, fragen Sie die Person, ob Sie sie begleiten mag. Und wenn Sie eine Antwort bekommen haben, gehen Sie mit der festen Überzeugung: Sie sind nicht allein!
- Bereiten Sie ein Festessen vor. Laden Sie, wenn Sie möchten ein paar Menschen dazu ein. Decken Sie auf dem Tisch bewusst ein Gedeck mehr. Dies ist für die verstorbene Person. Geben Sie auf das leere Gedeck Essen und Trinken, wie an jedem anderen Platz auch. Diese Speisen können Sie am nächsten Tag an einem Platz in der Natur vergraben. Laden Sie den oder die Toten dazu ein! Ein üblicher Brauch in Russland vermag vielleicht eine aufkommende Hemmung davor zu nehmen: bei jedem Essen wurde ein Gedeck mehr aufgelegt – falls Gott Nahrung braucht und zufällig vorbeikommt!
- Sehen Sie sich den Film »The sixth sense« an. In dem psychologisch

raffiniert gemachten Film leidet ein Junge unter massiven Ängsten vor Geistern, die er sieht. Bis er letztlich die Frage an sie stellt, was sie möchten. Ab diesem Moment entsteht kein Horror mehr, sondern Erlösung, denn alle Toten, die zu dem Jungen kommen, tragen ein Anliegen mit sich.

- Sehen Sie sich den Film »Ghost – Nachricht von Sam« an. Dieser Hollywoodfilm zeigt auf durchaus humorvolle Weise, wie ein Verstorbener dafür sorgt, dass sowohl sein Tod aufgeklärt wird, als auch, wie schwer es sein kann, sich als Toter bemerkbar zu machen. Es kann ja sein, dass diese Version stimmt!
- Lesen Sie das Buch »Leben mit den Toten« von Hans-Peter Hasenfratz. Das Buch beschreibt, wie das Zusammenleben der Lebenden und der Toten in der vormodernen Zeit stattfand. Daraus kann sich eine Fülle an neuen Sichtweisen und Möglichkeiten für die heutige Zeit ergeben.
- Lesen Sie das Buch von Dieter Hildebrandt »Vater unser – gleich nach der Werbung«. Die satirische Abhandlung unserer Konsum- und Spaßgesellschaft findet in beobachteten Senioren-Containern statt. Dieter Hildebrandt ist mit seiner Frau Renate dort eingezogen. Allerdings beachten Sie: das Buch ist 2001 neu erschienen, Hildebrandts Ehefrau Renate ist seit 16 Jahren tot! Das ist ein sehr lebendiges Beispiel einer Gemeinschaft, die den Tod überdauert.

Ratschläge für die Umgebung Betroffener

- Lassen Sie sich nicht blenden und verwirren. Es gibt sehr viel verschiedene Ausdrücke von Trauer. Lautes Weinen oder stiller Gram sind ebenso möglich, wie entsetztes Erstarren oder zur Schau gestellte Fröhlichkeit.
- Fragen Sie die Betroffenen, wie sie den Tod empfinden. Wie sie mit der Trauer umgehen können oder ob Sie etwas helfen können. Diese Frage ist nicht nur für Erwachsene gedacht. Auch Kinder und Jugendliche tragen Trauer und benötigen die Frage, um nicht isoliert zu werden.
- Wenn Sie Lehrer oder Erzieher von Jugendlichen sind, die einen Trauerfall erlebt haben, sprechen Sie diese an, auch wenn es für Sie Überwindung bedeutet. Fragen Sie die Kinder und Jugendliche, wie es ihnen geht, versichern Sie ihnen Ihre Aufmerksamkeit. Es kann angehen, dass Sie den Jugendlichen damit Sicherheit und Halt geben können. Möglicherweise sind Sie die einzige Person, die das tut.

Bieten Sie dabei den Betroffenen an, für sie da zu sein, wenn diese es wollen. Es kann sein, dass sie nicht sprechen wollen, jedoch allein die Versicherung, dass es möglich ist, kann ihnen große Zuversicht vermit-

teln. Sie können in Abständen nachfragen, ob es etwas gibt, was Sie tun können, bzw. ob die Kinder und Jugendlichen mit ihrer Situation klar kommen.
Achten Sie dabei besonders darauf, wenn Kinder und Jugendliche ihr Verhalten oder ihre Leistungen verändern. Sprechen Sie sie an, es kann eine Erlösung sein!

- Akzeptieren Sie Beerdigungsformen und Ausdrücke von Trauer, die Ihnen unbekannt sind. Es kann sein, dass die Betroffenen sich ihre eigenen Gedanken dazu gemacht haben. Fragen Sie doch nach, was sie sich dabei gedacht haben!
- Lassen Sie sich darauf ein, diese neuen Formen zu begleiten. Vielleicht wird auch Ihr Weltbild erweitert!
- Ermuntern Sie die Betroffenen, neue Denkformen und Gestaltungen zuzulassen. Begleiten Sie Trauernde dabei, ihr Denken zu erweitern.
- Fragen Sie die Betroffenen, wie es dem oder der Toten geht. Versichern Sie ihnen, dass das möglich ist, wenn man nachfühlt. Sollten bei Ihnen oder den Betroffenen Zweifel daran bestehen, erinnern Sie sich an den Satz »...man sieht nur mit dem Herzen gut...« von Antoine de Saint-Exupéry in dem »Kleinen Prinzen«. Probieren Sie es aus!

7 Die Rückkehr aus der Einsamkeit

Nach einem halben Jahr lässt die Teilnahmebereitschaft der Gesellschaft deutlich nach. Wer sich in einem aktiven Trauerprozess befindet, läuft Gefahr, in einer stresserfüllten »Spaßgesellschaft« zu vereinsamen. Während sich die große Gemeinschaft mit Alltagsfragen und Aktivität beschäftigt, sind die Trauernden in ihre Fragen und in ihre Sehnsucht verstrickt. Ihre Hoffnung auf eine mitfühlende Gemeinschaft, wird allzu oft aus Unwissenheit und der Unfähigkeit, diese Situation einzuschätzen, in einen rein privaten Rahmen verdrängt. Das Thema Tod ist nicht gesellschaftsfähig! Für die Betroffenen besteht die Gefahr einer dauerhaften Isolation.

Und alles so still und alles so stumm,
man sieht sich umsonst nach Lebendigem um…
Friedrich Hebbel

Ich weine viel in meinen Einsamkeiten
Der Herbst in meinem Herzen währt zu lange…
Tschang-Tsi

Tiefe Stille herrscht im Wasser
Ohne Regung steht das Meer,
Und bekümmert sieht der Schiffer
Glatte Fläche rings umher
Johann Wolfgang v. Goethe

Brief an Edith (30), Mutter von Manuel (dreieinhalb Monate), Mutter von Ungeboren, Schwester von Werner (32), Tochter von Elke (49), Geliebte von Michael (33)

Die Namen wurden geändert

Die Vorgeschichte:
Edith war gerade 21 Jahre alt, als sie ihren ersten Sohn Alexander gebar. Zwei Jahre später wurde der zweite Sohn Daniel geboren. Sie arbeitete in einem kleinen Second-Hand-Laden, während ihre Mutter sie tatkräftig dadurch unterstütze, dass sie ihr die Kinder regelmäßig abnahm und ihnen eine gute Großmutter war. Ediths Mann war ebenso jung wie sie selbst und kam mit der anstrengenden und verantwortungsvollen Situation als Familienvater nicht zurecht. Als er begann, die

Kinder und auch Edith zu schlagen, trennte sie sich von ihm. Sie hatte ihrer Mutter noch nichts von der eben erst vollzogenen Trennung erzählt, als die Nachricht vom plötzlichen Tod der Mutter sie erreichte. Ediths Mutter starb – für alle völlig überraschend – an einem Herzinfarkt.

Edith wurde durch diesen Schock zum ersten Mal mit dem Tod konfrontiert. Sie stürzte sich in das, was sie dem Leben abtrotzen wollte: wie sie vorher als Hausfrau und Mutter ihr Leben lebte, wollte sie jetzt ein wildes und feuriges Leben haben. Sie stellte ihr Leben unter das Motto »jeder Tag muss ein Genuss sein!«. Sie hatte erste Drogenkontakte, sie trank viel Kaffee, begann, sich für Politik zu interessieren, und feierte, soviel und sooft sie nur konnte – alles Dinge, die sie früher nie getan hatte.

Ein Arzt, den sie wegen körperlicher Schwierigkeiten aufsuchte, riet ihr, sofort mit den Drogen aufzuhören. Alternativ bot er ihr Valium (ein starkes Beruhigungsmittel) an, damit sich ihre Aufregung legen könne. Sie solle sich anpassen und aufhören immer »gegen den Strom zu schwimmen«, meinte er.

In der Kleinstadt, in der Edith nun als allein erziehende Mutter mit ihren Kindern lebte, gab es nur wenige Menschen, die sich in einer ähnlichen Lebenssituation befanden und für sie Verständnis aufbringen konnten.

Sie lebte mit einigen anderen Frauen in einer Wohngemeinschaft zusammen und lernte zwei Jahre später Markus kennen. Er war kreativ und intelligent und kam mit ihren beiden Söhnen gut zurecht. Sie hatten eine schöne Zeit zusammen. Nach zwei Jahren wurde Edith schwanger. Beide freuten sich sehr auf das Kind. Edith plante, zum ersten Mal eine Hausgeburt zu machen. Markus war in dieser Zeit immer für Edith da.

Die Zeit, die sie jetzt miteinander verlebten wurde nur dadurch getrübt, dass Edith während der ganzen Schwangerschaft von heftigen Alpträumen und Ängsten verfolgt wurde. Sie träumte davon, dass sie ihr Kind ersticken würde, oder dass diesem Kind irgendetwas »Schlimmes« passieren könne. Aus medizinischer Sicht gab es dafür keinerlei Ursache. Das einzige, was in dieser Zeit als tatsächlicher Befund zu erheben war, war ein leichter Eisenmangel, der bei sehr vielen Schwangeren festzustellen ist.

Als Edith im 7. Monat schwanger war, starb ihr Bruder Werner im Alter von 32 Jahren in einem Verkehrsunfall. Als Edith und Werner noch Kinder waren, waren sie sich sehr nahe. Später entfernten sie sich immer mehr voneinander, da er anfing, in alkoholisiertem Zustand seine Ehefrau zu schlagen. Edith träumte wenige Tage nach seinem Tod davon, dass er ihr lebendig begegnete und ihr klar machte, dass er eine neue Lebenschance haben wolle. Das hat sie mit seinem Tod versöhnt.

Nach weiteren zwei Monaten setzten bei Edith pünktlich die Wehen ein. Edith und Markus erreichten gerade eben die Wohnung, als die Presswehen einsetzten. Und als die Hebamme kam, war Manuel bereits geboren. Die Eltern und das neu geborene Kind schliefen in der Nacht in einem Bett zusammen, alle waren berauscht und glücklich über ihr kaum fassbares Glück.

Die Ängste um Manuel hörten jedoch nicht auf. Edith besuchte regelmäßig eine Gruppe, die in Abständen indianische Schwitzhüttenzeremonien machte. Eines Sonntags, als Manuel etwa drei Monate alt war, sprach sie dort von ihren scheinbar unbegründeten und heftigen Ängsten, die sie um ihr Kind hatte. Die Gruppe führte ein gemeinsames Taufritual durch, betete und stellte Ediths Problem in den Mittelpunkt. Edith fühlte sich nach dem Ritual zum ersten Mal seit Beginn der Schwangerschaft völlig ruhig und vertrauensvoll. Die Ängste waren fort und Edith fühlte sich frei und erleichtert.

Einige Tage später besuchte eine Freundin Edith und ihre Kinder. Sie wollte auf Manuel aufpassen, während Edith ihren Sohn Daniel vom Kindergarten abholen wollte. Manuel schlief in seinem Bettchen, das in Ediths Zimmer stand, während die beiden Frauen Essen für die älteren Kinder zubereiteten. Alle Zimmertüren waren geöffnet. Nach einiger Zeit klingelte das Telefon. Markus' Mutter rief an, um sich nach ihrem Enkelkind zu erkundigen. Und in diesem Moment fuhr es Edith »wie ein Stich durchs Herz«. Sie beendete sofort das Telefongespräch und ging zu dem Bett von Manuel. Manuel war tot. Edith begann sofort, ihn wiederzubeleben. Der eintreffende Notarzt bat sie aufzuhören. Er vermutete, dass Manuel bereits seit einer Stunde tot war.

Edith hielt ihren Sohn fest in ihrem Armen. Sie fühlte sich, als sei sie in einem Vakuum gefangen. Markus, der sofort informiert wurde, war bereits in der Wohnung, als die Kriminalbeamten, die in allen Fällen eines plötzlichen Todes eingeschaltet werden, und das Beerdigungsinstitut kamen, um Manuel abzuholen. Nach zwei Stunden Aufregung, in der viele Menschen anwesend waren, saßen Edith und Markus plötzlich völlig allein in der Wohnung. Markus fiel in sich zusammen. Von einem Moment zum nächsten schien er innerlich gebrochen. Alexander und Daniel, die den Entsetzensschrei ihrer Mutter gehört hatten, liefen aus der Wohnung und kauften ihrer Mutter von ihrem letzten Taschengeld, einen Blumenstrauß.

Die Beerdigung gestaltete die Familie gemeinsam mit Freunden selbst. Edith hat ihren Sohn nicht noch einmal gesehen. Die Leiche wurde erst am Tag vor der Beerdigung vom gerichtsmedizinischen Institut freigegeben. Die Diagnose lautete: SID (Sudden infant death, Plötzlicher Kindestod). Ediths Muttermilch floss noch 3 Monate. Sie glaubte nicht, dass Manuel tot war und fühlte um sich herum nur das Vakuum. Sie sah alle Babys um sich herum, suchte ihr Kind und war »nahe daran, ein anderes zu stehlen«.

Nach einigen Wochen machte sich Edith auf die Suche nach Literatur, die sich mit dem Thema Tod beschäftigte. In diesen Jahren waren ausschließlich die Bücher von Elisabeth Kübler-Ross diejenigen, die sich auf dem Markt befanden. Alle medizinischen Vermutungen, die Hintergründe des SID-Syndroms darstellten, durchsuchte sie nach eigenem Verschulden und möglichen Ursachen, die für Manuels Tod verantwortlich sein könnten. Der einzig übereinstimmende Faktor war, dass Manuel, wie viele betroffene Kinder, die am plötzlichen Kindestod gestorben waren, auf dem Bauch geschlafen hatte.

Edith und Markus bekamen in dieser Zeit zunehmend mehr Schwierigkeiten in ihrer Beziehung. Sie fühlte sich von ihm allein gelassen, während er sich völlig in seine berufliche Aufbauarbeit stürzte. Edith wollte über den Tod, über den gemeinsamen Sohn und über die Fragen, die sie quälten, sprechen, während Markus sich völlig in sich selbst verkroch. Sie fanden keine Ebene, auf der sie die Trauer gemeinsam tragen konnten. Ediths Kinder bekamen nach diesem Schock, der die ganze Familie betraf, Schwierigkeiten in Schule und Kindergarten, ihre Aufnahmebereitschaft war erschöpft.

Letztendlich trennten Markus und Edith sich. Edith zog auf einen Bauernhof, weg von dem Platz, an dem sie alle einmal zufrieden miteinander gelebt hatten. Sie wollte eine Ausbildung beginnen.

Ganz plötzlich fand sie sich als allein erziehende Mutter wieder – mitten in einem unverarbeiteten Trauerprozess und in einer Ausbildung, die von ihr vierzig Stunden wöchentlich Aufmerksamkeit forderte. In ihrer Verzweiflung angesichts dieser Überforderung griff Edith eines Tages zu einem Hammer, um damit auf ihren eigenen Arm einzuhämmern. Sie hoffte, der Arm würde brechen, damit sie dadurch diesem allseitigen Druck entgehen könne. Als der Arm den Schlägen standhielt, ließ sie ab davon. Sie kündigte ihre Ausbildungsstelle.

Die folgenden Monate und Jahre verliefen wie in einem Wattezustand. Viele Menschen in Ediths Umfeld nahmen Drogen oder wanderten in Großstädte ab. Edith hatte den Eindruck, dadurch jeden Platz in ihrer Umgebung verloren zu haben. Sie suchte einen Neubeginn und fuhr in eine weit entlegene Großstadt. Dort begegnete ihr nach wenigen Tagen Michael, der als Diskjockey und Kurierfahrer seinen Lebensunterhalt verdiente. Sie verliebten sich und so zog sie noch am gleichen Tag bei ihm in seine gemietete Fabriketage ein. Dies geschah am Todestag ihrer Mutter.

Nach einem halben Jahr hatte sie sich mit ihren beiden Kindern in der

Großstadt eingerichtet, hatte eine eigene Wohnung und eine Liebesbeziehung – es schien, als gelänge ihr Leben endlich in ebenmäßigere Bahnen. Erst nach und nach wurde ihr bewusst, dass Michael nicht unerhebliche Drogenprobleme hatte. Er arbeitete neben seinem Kurierdienst viel nachts, hatte Jobs bei Theatern und überwand seine permanente Müdigkeit dadurch, dass er Kokain konsumierte.
Als Edith zwei Jahre später schwanger wurde, freute Michael sich sehr und beendete seinen Drogenkonsum sofort. Im zweiten Schwangerschaftsmonat erlitt Edith eine Fehlgeburt. Michaels väterliche Vorfreude zerplatzte: er nahm seinen Drogenkonsum wieder auf und distanzierte sich von Edith und ihren Söhnen. In den nächsten Monaten durchlebten beide das stetige Wechselspiel zwischen dauernder Sehnsucht, Annäherung und sowohl Vertrauen als auch Misstrauen. In dieser Zeit begann Edith für die Drogensucht von Michael aufmerksam zu werden. Sie sah, wie er kämpfte und wie jede kleine Enttäuschung mit dem Sieg des Kokains über seinen Willen endete. Edith wurde langsam misstrauisch und sah, dass ihr Vertrauen zu ihm – obwohl sie ihn liebte – langsam schwand.
Edith wurde ein zweites Mal schwanger. Michael geriet jetzt in Panik. Er spürte den zunehmenden Sog, den die Drogen auf ihn ausübten, gleichzeitig war er voller Freude und möglicherweise auch voll banger Erwartung, Vater zu werden. Dass er dem Erwartungsglück nach der Fehlgeburt nicht trauen mochte, ist nur sehr wahrscheinlich.
Bereits in den ersten Schwangerschaftsmonaten suchte Edith eine Drogenberatungsstelle auf, damit sie in dem Wechselbad zwischen Hoffnungen und dauernden Enttäuschungen eine Unterstützung bekäme. Ihr wurde geraten, offen mit dem Problem umzugehen, jedoch keinerlei Glauben an verbale Beteuerungen zu haben. Sie solle ausschließlich sich selbst und ihre Kinder im Blick behalten. Edith hielt sich an die Ratschläge. Sie erkannte sehr schnell, dass es von Michael abhängig sein würde, ob er den Ausstieg aus der Drogenwelt schaffen würde.
Kurz vor der Geburt des gemeinsamen Kindes trennte sich Edith von Michael. Dennoch war er bei der Geburt anwesend und versprach, die ersten Tage für sie zu sorgen. Allerdings war kein Verlass auf ihn. Edith war mit dem neu geborenen Sohn weitgehend allein. Schließlich bekam sie Unterstützung von Freunden, die Michael vor die Tür setzten und Edith und die Kinder versorgten.
In den folgenden Monaten bekam Edith immer wieder Briefe von Michael. Er schrieb, dass er zu ihnen käme, sobald er seinen Entzug beendet hätte. Edith hatte keine Hoffnung mehr darauf. Sie hatte ihm über Jahre hinweg immer wieder Glauben geschenkt, bis am Ende kein Funken Vertrauen mehr in ihr existierte. Mit ihren drei Kindern hatte

sie sich in ihrem Leben eingerichtet. Sie wusste jedoch, dass sie Michael immer noch sehr liebte.
Um ihren neu geborenen Sohn machte Edith sich keine Sorgen. Sie hatte weder in der Schwangerschaft noch danach irgendwelche Alpträume oder Ängste um dieses Kind. Zu ihrem eigenen Erstaunen besorgte sie sich nicht einmal ein Baby-Phon, das sie darauf aufmerksam machen würde, wenn ihm im Schlaf etwas zustoßen würde.
Als ihr Sohn Niklas gerade ein halbes Jahr alt war, näherten sich Michael und Edith wieder an. Edith hatte eine Ausbildung begonnen und Michael passte auf das gemeinsame Baby auf, wenn sie zur Schule ging. In den Zeiten, wenn er bei seinem Sohn war, war er wach und klar. Edith und Michael sprachen viel miteinander und Michael sprach offen über seine erheblichen Zukunftsängste. Er sprach über seine Vergangenheit und seine Furcht, »dass es niemals anders werden würde«.
Langsam und zögernd ließ Edith sich auf ihn ein und ihre Liebe begann zaghaft neu zu wachsen.
An einem sonnigen Morgen, als ihr kleiner Sohn gerade neun Monate alt war, sah ihre gemeinsame Perspektive hoffnungsvoll aus. Sie hatten ein Haus außerhalb der Großstadt gefunden, in dem sie eine gemeinsame Zukunft beginnen wollten, sie liebten sich und schmiedeten Zukunftspläne für die Zeit, wenn sie erst außerhalb der Großstadt leben würden. Fürsorglich und liebevoll hatte Michael die Wohnung aufgeräumt, alles geputzt und Wäsche gewaschen, bevor er sich auf den Weg zur Arbeit machte. Edith war glücklich.
Als sie nachmittags mit ihrem Sohn von einem Einkauf in ihre Wohnung zurückkehrte, klingelte das Telefon. Michael war tot. Ein Auto hatte ihm auf seinem Motorrad die Vorfahrt genommen und er war noch am Unfallort gestorben.
Edith brach zusammen. Sie spürte das Vakuum um sich, das sie so gut kannte und Horrorbilder davon begleiteten sie, in denen sie sah, wie Michael auf irgendeine Weise »eingesperrt« und handlungsunfähig war. Diesmal wollte sie den Abschied. Sie bestand darauf, ihn noch einmal zu sehen. Als sie ihn nach fünf Tagen ansehen und Abschied nehmen durfte, wurde sie ruhig. Sie erkannte, dass er seinen eigenen Weg gefunden hatte.
Michael wurde erst einige Wochen später beigesetzt.

Liebe Edith,
lange schon sitze ich vor diesem Brief. Wie fühlt es sich an, wenn über viele Jahre immer wieder Todesfälle in der nahen Umgebung auftreten? Wie fühlt es sich an, wenn immer wieder nahe und liebe

Menschen, zu denen wir Vertrauen gefasst haben, plötzlich und scheinbar über Nacht verschwinden?
Darüber mache ich mir viele Gedanken. Denn eigentlich muss doch unweigerlich eine abwartende und möglicherweise auch ablehnende Haltung den Beziehungen zu Menschen und dem Leben selbst gegenüber eintreten. Beginnt man nicht, misstrauisch zu beäugen, ob nicht vielleicht der nächste Schlag bereits wartet? Hast du überhaupt noch die Möglichkeit, tiefes Vertrauen zu empfinden und dich auf neue Beziehungen zu Menschen einzulassen? Bist du nicht in eine Situation geraten, in der du dem Leben nicht mehr über den Weg traust? So, als werde alles, was in Zukunft geschieht und alles, worauf du dich mit deinem Herzen einlassen willst, im nächsten Moment zerfetzt?
Du hast dich nach dem Tod deiner Mutter, als du eine junge Frau warst, ganz und gar in das hinein fallen lassen, was deine Vorstellung von »Abenteuer« war: Feiern, Drogen, alles ausprobieren, was du noch nicht kanntest. Und in die Politische Arbeit bist du eingestiegen, weil du der Welt bereits zutiefst misstrautest, wie du selbst sagst. Wolltest du wirklich etwas ändern oder wolltest du der Welt sagen, in welchem Zustand sie ist? So fassungslos, wie du als junge Frau vor den Scherben der ehemaligen Sicherheit und Begleitung durch deine Mutter gestanden hast, wäre das nur natürlich.
Da war doch dein Traum vom perfekten Leben einer jungen Mutter bereits ausgeträumt.
Und wie du selbst sagst, hast du dich mit deinen beiden Söhnen und einer neuen Partnerschaft, als immer noch junge Frau, sehr bereitwillig auf die schönen und hoffnungsvollen Seiten des Lebens eingelassen, als du wieder schwanger wurdest. Es kann sein, dass das die »Suche nach der heilen Welt« war. Und alles hätte so schön sein können, wenn nicht deine tiefe und unbegründete Sorge während der Schwangerschaft gewesen wäre. Diese Sorge, die erst dann aus den Ecken kroch, als du allein warst und einen Moment Ruhe fandest. So eine Sorge, die durch nichts begründet ist, kommt immer nachts, genau dann, wenn wir nichts mehr zu tun haben, was uns von ihr ablenken könnte. Und gegen diese klammheimliche dunkle Angst gibt es kein Mittel, denn angesichts der Angst ist sogar jedes logische Argument zwecklos. Das wissen alle, die jemals den inneren Kampf mit unbegründbaren Ängsten ausgefochten haben. Und es gibt kein messbares Symptom. Was will behandelt werden, wenn es kein Symptom gibt?
Es ist nur diese diffuse Angst.
Als dein Bruder ganz plötzlich starb, hast du zunächst gar nicht recht reagiert. Und du meinst heute dazu, dass du das gar nicht an

dich heran lassen kommen wolltest. Auch das ist sehr verständlich. Du warst doch gerade dabei, endlich einen Platz für dich selbst zu schaffen. Dass auch diese erhoffte Stabilität mit dem plötzlichen Tod von Manuel im Wind des Lebens zerfledderte und deine Beziehung daran zerbrach, ist doch fast zu erwarten gewesen. Denn ich sehe aus deinen Erzählungen nicht, dass es irgendeinen Halt für dich und euch gegeben hätte: weder in deiner um dich herum lebenden Familie, noch in der neuen Umgebung mit erwartungsvollen und aufbruchbereiten jungen Menschen, die ihre eigene gesellschaftliche Revolution vorantreiben wollten.
Du befindest dich nun einmal in einer Gesellschaft, die keine Worte findet. Und die Gemeinschaft erwartet dennoch von denen, die ihre Teile sind, dass sie sich anpassen und einfügen. Alles andere ist extrem unbequem. Ach Edith! Wärest du doch wenigstens nur unangepasst gewesen. Dann hätte es möglicherweise einige gegeben, die dir zur Seite gestanden hätten. Doch unangepasst *und* trauernd: das ist für Gemeinschaften, die solche Angst vor der Sterblichkeit haben, wie wir, viel zu viel, um Worte zu haben. Du bist damit leibhaftige Mahnerin in einer Gesellschaft, die nicht gemahnt werden will!
Und ich gebe zu, dass ich nur sehr schwer einen Sinn in dem Tod deines kleinen Sohnes erkennen kann. Es kommt mir so unsinnig vor. So, als hätte dein kleiner Manuel selbst gar nicht recht gewusst, ob er nun hier sein will oder nicht. Alle Untersuchungen und Forschungen, die über den plötzlichen Kindestod durchgeführt wurden, basieren auf Statistiken. Und ich weiß nicht, ob sich jemals jemand die Mühe gemacht hat, diese völlig unbegründeten Ängste von jungen Müttern daraufhin zu untersuchen, ob diese tatsächlich nur aus Hysterie und Unsicherheiten entstanden sind. Ich nehme diese Ängste sehr ernst.
Was mag Manuel bewogen haben, so schnell »mal eben im Schlaf« wieder zu gehen? Ohne Schmerz, ohne Kampf und auch ohne irgendein erkennbares Symptom. Hier stehst du gemeinsam mit der gesamten Wissenschaft vor einem Rätsel.
Und wenn er geahnt hätte, was für eine Lawine an Schmerz und Hoffnungslosigkeit und weiteren Entwicklungen er damit lostritt: ob er dann gegangen wäre? Ich bin sehr erstaunt, denn für mich sieht es so aus, als wäre er in einem fast heiteren Traum gekommen und in einem Traum wieder gegangen.
Ich habe die Geschichte einer alten Krankenschwester gehört, die auf einer Säuglingsfrühgeburtenstation gearbeitet hat. Sie sagte, dass die kleinen »Frühchen« manchmal in ihren Brutkästen lägen und fast wie in Trance aufhören können zu atmen. Wenn dann eine ver-

sierte Kraft zupackt, und den Kleinen die Fußsohlen massiert, fangen sie wieder an, Atemzüge zu machen. Es ist, als ob wir die Säuglinge erst locken müssen, damit sie sich entscheiden können, hier zu bleiben. Es mag sein, dass sie noch viel zu sehr in anderen Gefilden stecken und nur mit einem Fuß in dieser Welt zu Hause sind. Und damit überblicken sie natürlich in keiner Weise, mit welcher tiefen Sehnsucht und Ernsthaftigkeit Eltern ihre kostbarsten Schätze – ihre Kinder – hegen und behüten wollen, als hinge ihr eigenes Leben davon ab.

Genau so träumerisch und wenig zielgerichtet erscheint mir der Tod von Manuel.

Du und Manuels Vater habt das Erbe angetreten, das Manuel euch damit hinterlassen hat. Und damit hat euer beider Leben eine völlig andere Richtung bekommen. Er hat sich mit seinem eigenen Gedanken – wie so viele betroffene Väter – in seine Arbeit eingegraben und du hast verzweifelt – wie so viele Mütter – das Gespräch und Lösungen gesucht. Dass das keine gute Ebene für eine Beziehung ist, ist klar. Und vor allem: die eigene Familie ist unter Umständen nicht die richtige dafür, Trauernden Halt und Trost zu geben. Dazu sind alle Betroffenen innerhalb ihrer familiären Beziehungen viel zu sehr verstrickt in ihre eigene Beziehung mit der Person, die gestorben ist. Die Unterstützung für den Prozess, Trauer in Hoffnung zu verwandeln, muss von außen dazu kommen.

Wer weiß denn aber, in welche neue Richtung dich der Tod von Manuel letztlich gebracht hat? Zwar war dein Weg nicht der in eine gewünschte Beziehung hinein, aber dennoch: vieles hat sich vor dir aufgetan, was dir beibringen musste, dass das Abenteuer Leben nicht dadurch erfüllt wird, dass wir uns ein wenig außerhalb der Gesellschaft und dennoch in einer kleinen, gewählten familiären Sicherheit befinden.

Ich höre dich, wenn du von deiner Beziehung und deiner Zeit mit Michael sprichst. Und in mir ist der leise Gedanke entstanden, ob sein Tod nicht ein wenig ähnlich zu dem ist, den du mit Manuel ertragen musstest. Mir scheint es fast, als hätte er sich, ebenso wenig, wie dein kleiner Sohn, getraut, das Leben mit beiden Händen zu greifen und zu formen.

Euer gemeinsamer Weg, der voller Unsicherheit und den tiefen Fragen nach Vertrauen, Verantwortung und Zukunft geprägt war, hat dir vieles abverlangt, was du nicht kanntest und nicht wusstest. Du hast dich mitten im Großstadtdschungel befunden, was eine ganz andere Umgebung für dich darstellte, als es vorher in ländlicher Umgebung gewesen ist. Du hast dich mit allen Fragen auseinander setzen müssen, die mit langjährigem Drogenkonsum und den be-

Gescheiterte Hoffnungen sind Zusammenbruch und Aufbruch zugleich.

gleitenden Familienkonflikten einher gehen. Und in diesem Strudel und deiner eigenen Gewöhnung daran, dass das Leben Kostbares ganz schnell wieder wegnehmen kann, nehme ich an, dass du dich mit größerer Sorge um Michael bemüht hast, als um dich selbst, als euer erstes gemeinsames Kind nicht geboren wurde.
Da warst du diejenige, die dem Vater Halt geben wollte. Und er war es, der den Schmerz nicht ertrug und verzweifelt verzagen wollte. Was hat dich an der Verzweiflung gehindert? Deine beiden Söhne, denen du Mutter und Vater sein musstest? Du hast mit allen Möglichkeiten um Michael gekämpft. Du hast um eure gemeinsame Zukunft und um eine Vision gerungen, die dir eine familiäre Basis gibt, obwohl du schon wusstest, dass so vieles über Nacht zertrümmert werden kann. Möglicherweise hattest du bereits die Beharrlichkeit gelernt, die dich die Jahre hat überleben lassen. Vor allem: du warst als Mutter für deine beiden Söhne bereits daran gewöhnt, ihnen und dir selbst das Mindestmaß an Schutz zu geben, das notwendig ist. Nur so erklärt sich mir deine Kraft zu erkennen, dass Michael selbst den Mut finden muss, ein erwachsener und verantwortungsvoller Mann zu sein.
Viele Jahre hast du gekämpft obwohl niemals klar war, ob jemals Sicherheit für dich dabei entstehen wird. Und schlussendlich zerplatzte noch einmal alles, als auch Michael noch starb. Wie viel Verzweiflung und Wut, Einsamkeit und Hoffnungslosigkeit musst du empfunden haben?
Deine drei Söhne haben eine Mutter, keinen Vater. Und keiner der Männer, die dich jemals begleitet haben, hat den Mut aufgebracht, deinen Söhnen mehr als kurzzeitig ein Vater zu sein. Da gibt es keinen Unterschied zwischen denen, die sich vor ihrer eigenen Verantwortung gedrückt haben, indem sie wegzogen oder gestorben sind.
»Hoffnung« ist schwer zu erkennen, wenn ein Berg von tausend Scherben vor einem liegt. Und dennoch erinnere ich dich daran. Du hast gesagt, dass du bereits vor vielen Jahren in Schwitzhütten eine schamanische Arbeit kennen gelernt hast. Nun denn: dann ist dir auch klar, dass sich alle Toten irgendwo befinden müssen. Der Ort an dem sie sich befinden, ist in einer schamanischen Tradition nur etwas konkreter gefasst, als es alle anderen Menschen, die insgeheim mit ihren Verstorbenen sprechen, auch ahnen und nur nicht auszudrücken wagen.
Ich rate dir, ziehe alle, die dich in deiner Trauer und in deiner Verantwortung allein gelassen haben, in die Pflicht. Ob Tote oder Lebende – du hast dein Leben nicht allein gestrickt. Dein Bruder und Michael sind verantwortlich für dich und für deine Kinder, ebenso,

wie die lebendigen Väter deiner Söhne. Ich kann mir vorstellen, dass eine Menge geschehen kann, wenn du ihnen ihre Pflicht zuteilst und sie um Unterstützung bittest. Du weißt, wie sehr deine Söhne Väterlichkeit vermissen, auch wenn deine beiden Älteren, schon lange nicht mehr damit rechnen, dass Verlässlichkeit von irgendeiner männlichen Seite kommen kann. Den Part der Väterlichkeit kann keine Frau übernehmen. Das ist Sache der Männer – ob sie nun tot sind oder lebendig.
Edith, das Leben hat dir vieles in die Hände gespielt, an dem du mühsam groß und wach werden musstest. Und dennoch birgt das Leben immer die ganze Brandbreite in sich: das weite Meer ist es, das sich zwischen tiefer Freude und grenzenlosem Schmerz ausbreitet. Es wird Zeit, dass du beide Seiten wieder erkennst. Du befindest dich auf der Seite des Schmerzes. Erinnere dich daran, dass es noch mehr ist, als Schmerz, der letztendlich übrig bleibt, wenn ein Tod eingetreten ist. Von den Menschen bleiben niemals nur die Knochen übrig. Das Einzigartige der Verstorbenen ist es, das die Welt geprägt hat, das allen die Möglichkeit gegeben hat, an dieser Einzigartigkeit zu wachsen – das ist es, was überdauert.
Du weißt, dass von deiner Mutter und von deinem Sohn Manuel etwas sehr Vertrauensvolles und sehr Weiches als Gefühl übrig geblieben ist. Das ist es, was von Menschen übrig bleibt, auch wenn der Weg dorthin schmerzvoll ist. Dazu muss erst alles abgeschält werden, was unsere eigene Bedingung an die Verstorbenen ist. Und dieses tiefes Gefühl, dass du bereits zu deiner Mutter und deinem Sohn hast, wird dir klar machen, dass es die Süße ist, die überlebt, nicht der Schmerz und die Seite des Lebens, die Schmerz heißt.
Ich wünsche dir alle Kraft dazu, das Wunderbare wieder zu erlangen und die Schönheit des Lebens im Schmerz und den Schmerz in der Weite des Lebens zu entdecken. In dem Schwersten, das erlebbar ist, steckt ein kleines Fünkchen von dem, was wunderbar und wahr ist. Und in allem, was uns als glückseligste Freude erscheint, steckt ein Tropfen des Bittersten, das ertragbar und ebenso wahr ist. Das ganze Leben in aller Fülle wahrzunehmen und erleben zu können, bedeutet, beides zu nehmen und tief in beides hineinzutauchen. Erst dann haben wir die Gesamtheit erfasst.
Ich denke viel an dich und hoffe sehr darauf, dass du den Mut zu neuem Leben finden mögest!

Wie es Edith heute geht

Lange Jahre war Edith voller Zorn über Michaels Tod. Sie hat nicht verstanden, weshalb er sie allein lassen konnte. Mit allen Toden konnte

sie im Laufe der Zeit einverstanden sein, nur sein Tod, der ihre gemeinsame Zukunft und Liebe, ihre eigene Hoffnung auf eine Familie vollends zerstörte, nagte lange Zeit sehr an ihr.
Die beiden ersten Söhne Ediths sind heute erwachsen. Sie haben im Laufe der Jahre alle Hoffnung darauf, dass ein Freund der Mutter auch gleichzeitig ein väterlicher Begleiter für sie sein könnte, aufgegeben. Nur der jüngste Sohn, das gemeinsame Kind von Michael und Edith, seufzt manchmal sehnsüchtig und stellt sich laut vor, wie wunderschön es sein müsse, einen Vater zu haben. Die beiden Älteren bemühen sich um den kleinen Bruder, so gut es geht, haben allerdings für den Traum des kleinen Jungen nur ein schiefes Grinsen übrig.
Als Edith etwa das Alter erreicht hatte, in dem ihre Mutter starb, bekam sie ganz plötzlich deutliche Herzinfarktsymptome. Sie hatte große Angst, denn alles deutete darauf hin, dass sie den gleichen Weg einschlagen würde, wie damals ihre Mutter. Edith begab sich zum Arzt, der ihr mit allen zur Verfügung stehenden Untersuchungsmethoden versicherte, dass bei ihr organisch nichts festzustellen sei. Noch heute weiß Edith, wie sich die Schmerzen anfühlten.
Es hat lange Jahre gedauert, bis Edith Vertrauen ins Leben fassen konnte. Noch immer ist sie in den Prozess der Verarbeitung ihrer Trauer eingebunden. Sie hat langsam begonnen, ihren verstorbenen Bruder und Michael quasi in die Erziehung ihrer heranwachsenden Söhnen einzubeziehen. Wie Edith heute sagt, ist es erstaunlich, wie vieles sich ab diesem Zeitpunkt entwickelte. Ihre beiden älteren Söhne haben seitdem begonnen zu arbeiten, nachdem sie in den ersten Jahren nach ihrem Schulabschluss scheinbar ziellos ihr Leben lebten.
Edith hat ihre Ausbildung in einem medizinischen Beruf beendet und bietet anderen Betroffenen Trauerbegleitung an. Sie wunderte sich zunächst, warum ihre Arbeit nur sehr langsam angenommen wurde. Ediths große Stärke war immer, dass sie den tiefen Schmerz und die Sehnsucht mit den Menschen sehr gut mitfühlen konnte. Allerdings hat Edith heute verstanden, dass eine Trauerarbeit nur dann eine Perspektive in sich tragen kann, wenn die Person, die die Trauernden begleitet, in der Lage ist, zaghafteste Hoffnungsfunken auflodern zu lassen. »Ich habe mich nur auf die eine Seite der Trauer eingelassen«, sagt Edith heute dazu. »Den Schmerz konnte ich immer unheimlich gut nachempfinden, in aller Tiefe, doch Hoffnung geben konnte ich nicht. Ich hatte selber keine. Ich habe Angst davor, mich letztendlich doch auf das Leben einzulassen, aber alle, die ich frage – und wenn es die Toten selber sind – sagen zu mir: ›Wage das Unmögliche!‹.«
Der Weg zu einem tatsächlichen Frieden mit ihrer großen Liebe Michael ist eingeleitet. Und Edith ist sich klar darüber, dass der Prozess noch dauern kann. Sie hat Frieden mit dem Tod der Mutter, ihres Sohnes

Manuel und ihres Bruder gemacht. Ihr Bruder ist ihr nahe gekommen, seit sie verstanden hat, dass auch er ein Mann war, der sich aus dem Leben »weggeschlichen« hat; sie spricht ihn direkt an und bittet um seine Unterstützung bei der Erziehung von drei heranwachsenden Männern. Edith hat das Empfinden, dass ihr Leben mit drei Söhnen anfing leichter zu werden, als sie die Last ihres Lebens auf die Schultern der anderen Verantwortlichen mit verteilen konnte.
Edith hat einen Menschen in ihrer Umgebung gefunden, der sie regelmäßig daran erinnert, dass sie sich auf das ganze Leben, nicht nur auf den Schmerz einlassen muss, wenn sie nicht bitter werden will. Und Edith arbeitet daran und lässt sich immer wieder daran erinnern. Sie sagt, dass es ihr sehr schwer fällt, die ganze Bandbreite des Lebens anzunehmen, zu geübt ist sie in den letzten Jahren gewesen, sich vor dem Leben in acht zu nehmen.

Eine Geschichte zum Nachdenken

Das hässliche Entlein
Es war ein wunderschöner Sommer. Das Korn stand gelb und der Hafer grün. Das Heu war auf den Feldern schon in Schobern aufgesetzt und der Storch stak gemächlich mit seinen langen roten Beinen durch das tiefe Gras. Er plapperte ägyptisch, wie er es von seiner Mutter gelernt hatte. Rings um den Acker waren tiefe Wälder und mitten in den Wäldern lagen tiefe Seen. Es war herrlich dort draußen.
In der Sonne lag dort ein altes Rittergut, von tiefen Kanälen umgeben und von hohen Kletterpflanzen umwuchert. Mitten in diesen Blättern saß eine Ente in ihrem Nest, die ihre Eier ausbrüten musste. Mit der Zeit wurde es ihr immer langweiliger, dort zu sitzen. Zumal sie selten Besuch bekam, denn die anderen Enten schwammen lieber in den Kanälen umher, als dass sie sich zu ihr hin bewegten, um mit ihr zu schnattern.
Endlich brachen die Eierschalen – von einem Ei nach dem anderen. »Piep, piep!«, sagte es und alle Eier waren lebendig geworden, die jungen Entlein steckten die Köpfe aus den Schalen heraus.
»Rapp, rapp!«, sagte die Entenmutter. Und so rappelten sich alle auf und guckten sich nach allen Seiten unter den grünen Blättern um. Die Mutter ließ sie sehen, so viel sie wollten, denn Grün ist gut für die Augen.
Die kleinen Entlein staunten: »Wie groß die Welt ist!«, schnatterten sie. Doch die Mutter antwortet ihnen: »Glaubt ihr, das sei die ganze Welt? Nein, nein, die geht noch weit über die andere Seite des Gartens hinaus, bis in des Pfarrers Feld, doch da bin ich noch nie gewesen!« Und die Mutter schaute, ob jetzt alle ihre kleinen Entenkinder beisammen waren. Da sah sie, dass das größte Ei noch immer da lag, wo sie gesessen und gebrütet hatte. »Wie lange

soll das jetzt noch gehen?«, stöhnte sie. »Jetzt bin ich es bald überdrüssig!« Und so setzte sie sich wieder auf ihren Platz über das Ei.
Eine alte Ente kam vorbei und fragte, wie es geht. »Ach, es dauert mir lange mit diesem einen Ei«, antwortete ihr die Entenmutter. »Es will und will nicht entzweigehen. Jedoch, sind meine anderen Entlein nicht niedlich? Sie gleichen ihrem Vater, dem Bösewicht, der andere Wege geht und hier nicht vorbeikommen will.«
»Lass mich das Ei mal ansehen«, sprach die alte Ente zu ihr. »Ich glaube, das ist ein Kalekutenei. So bin ich auch schon einmal angeführt worden. Die, die da herauskommen, die machen einem große Sorgen. Sie wollen nicht ins Wasser. Ich rappte und rappte, aber es war nichts zu machen. Ja, wenn ich das Ei ansehe, sage ich dir, es ist eines! Lass das Ei liegen und bring lieber den anderen das Schwimmen bei.«
»Ich will lieber noch ein wenig länger sitzen. Habe ich nun schon lange gesessen, so kann ich auch noch länger aushalten!«, antwortete die Entenmutter und die alte Ente zog wieder von dannen.
Und endlich brach auch die Schale von dem großen Ei und das Junge schaute aus der Schale heraus. »Piep, piep!«, machte es, wie die anderen auch. Die Entenmutter betrachtete es und sagte: »Das ist aber ein gewaltig großes Entlein! Es sieht nicht aus wie die anderen. Ob es doch ein kalekutisches Ei war? Aber ins Wasser muss das Junge und wenn ich es selbst hineinstoßen sollte!«
Und am nächsten Tag bei wunderschönem Wetter ging die ganze Familie zum Wasser hinunter. »Rapp, rapp!«, sagte die Entenmutter und ein Entlein nach dem anderen sprang in das Wasser hinab. Das Wasser schlug über ihren Köpfen zusammen, doch sofort tauchten sie wieder auf und schwammen so prächtig, dass es eine Freude war. Und auch das große Entlein schwamm mit.
»Nein!«, sagte die Entenmutter da. »Ein kalekutisches Ei kann es nicht sein. Es ist im Grunde doch ganz hübsch. Es gebraucht die Beine wunderbar. Rapp, rapp! – Kommt nur mit, ich werde euch in die große Welt führen und euch auf dem Entenhof vorstellen. Aber haltet euch nahe bei mir, dass niemand auf euch trete und nehmt euch in acht vor der Katze.«
Auf dem Entenhof jedoch war großer Streit um einen Aalkopf im Gange, den letztendlich doch die Katze bekam. »Seht, so geht es zu in dieser Welt«, sagte die Entenmutter – auch sie wollte den Aalkopf gerne haben. »Und seht dort, die dicke Ente, das ist die Vornehmste von allen. Sie stammt aus spanischem Geblüt. Das erkennt ihr an den roten Lappen, den sie um die Beine hat. Das ist eine besondere Auszeichnung. Seid höflich und benehmt euch anständig. Ein wohlerzogenes Entlein setzt die Füße weit auseinander!«
Und die Entenkinder benahmen sich anständig, wie sie es gelernt hatten. Die anderen Enten auf dem Hof jedoch schnatterten »Sieh' da, jetzt sollen wir noch Anhang haben, als ob wir nicht schon mehr als genug wären! Und pfui,

wie das eine Entlein aussieht, das wollen wir nicht dulden!« Und schon flog eine Ente zu dem kleinen hässlichen Entlein hin und biss es in den Nacken. »Lass es in Ruhe«, sagte die Mutter. »Es tut doch niemandem was.« »Aber es ist groß und ungewöhnlich. Und deshalb muss es gepufft werden«, sagte daraufhin die beißende Ente. »Es sind hübsche Kinder. Nur das eine nicht. Das ist nicht geglückt. Es wäre wünschenswert, wenn es umgearbeitet werden könnte«, sagte die Ente mit dem roten Lappen um das Bein. »Das geht nicht, Ihre Gnaden«, sagte die Entenmutter. »Es hat ein friedliches Gemüt, es schwimmt herrlich und es wird schon noch heranwachsen und etwas kleiner werden.« Und so zupfte sie es im Nacken. »Außerdem ist es ein Enterich, er wird sich schon durchschlagen!« Und damit waren alle Enten auf dem Entenhof zu Hause.

Aber das arme Entlein, das zuletzt aus dem Ei gekrochen war und so hässlich war, wurde gestoßen und zum Besten gehalten – und das sowohl von den Enten, als auch von den Hühnern. »Es ist zu groß«, sagten sie allesamt. Das arme Entlein wusste weder wo es gehen, noch wo es stehen sollte. Es war betrübt, weil es hässlich aussah und vom ganzen Entenhof verspottet wurde.

So ging es am ersten Tag und wurde später schlimmer und schlimmer. Das Entlein wurde von allen gejagt, selbst seine Geschwister waren böse und sagten ihm: »Wenn doch nur die Katze dich fangen würde!« Und die Mutter sprach: »Wenn du doch nur weit weg wärest!« Die Enten bissen es, die Hühner schlugen nach ihm und die Mädchen, die die Tiere fütterten, stießen mit dem Fuß nach ihm.

Da lief und flatterte es über das Gehege, dass die kleinen Vögel in den Büschen erschrocken auffuhren. Das Entlein schloss die Augen und lief immer weiter durch das Moor, dorthin, wo die wilden Enten wohnten. Hier lag es dann die ganze Nacht und war müde und kummervoll.

Am Morgen flogen die wilden Enten auf und betrachteten den Ankömmling. »Was bist du denn für einer? Du bist ausgesprochen hässlich. Aber das kann uns gleichgültig sein, denke nur nicht, dass du in unsere Familien hinein heiraten kannst!« Aber das war dem hässlichen Entlein ein ferner Gedanke. An Heirat dachte es nun wirklich nicht. Wenn es doch nur die Erlaubnis bekäme, im Schilf zu liegen und ein wenig Moorwasser zu trinken. So lag das Entlein dort zwei ganze Tage, da kamen zwei wilde Gänseriche an das Moor. Sie waren vor nicht langer Zeit aus dem Ei gekrochen und deshalb waren sie auch so keck.

»Höre, Kamerad«, sagten sie zu ihm. »Du bist so hässlich, dass wir dich gut leiden können. Willst du nicht mitziehen und Zugvogel sein? Hier gibt es wunderschöne, liebliche wilde Gänse, dort kannst du dein Glück machen, auch wenn du so hässlich bist.«

»Piff, paff!«, ertönte es da und die beiden Gänseriche fielen tot in das Schilf nieder. Das Wasser wurde blutrot. »Piff, paff!«, erscholl es wieder und in ganzen Scharen flogen wilde Gänse aus dem Schilf empor. Und dann knallte

es wieder. Es war große Jagd und einige Jäger saßen oben in den Zweigen des Baumes. Der blaue Dampf zog in Wolken über das Wasser hin. Und dann kamen die Jagdhunde und platschten in das Wasser, dass das Schilf und Rohr sich zur Seite bog.

Das Entlein hatte seinen Kopf vor lauter Schreck unter die Flügel gelegt. Und einmal, als es aufsah, blickte es geradewegs in das offene Maul eine Hundes, der vor ihm stand, es anschaute und dann platsch, platsch, seiner Wege ging, ohne es zu packen. »O, Gott sei Dank!«, seufzte das Entlein. »Ich bin so hässlich, dass nicht einmal der Hund mich packen mag!« So lag es ganz still, während im Bleihagel Schuss auf Schuss knallte.

Erst spät am Tage wurde es wieder ganz still und heftiger Wind und Regen kamen auf. Aber das Entlein wagte nicht, sich zu erheben. Es wartete noch einige Stunden und dann eilte es fort aus dem Moor so schnell es konnte. Es lief über Feld und Wiese und der stärker werdende Sturm, machte es ihm schwer, von der Stelle zu kommen.

Gegen Abend erreichte es eine kleine Bauernhütte. Die war schon so alt und schief, dass sie nicht wusste, zu welcher Seite sie fallen sollte, also blieb sie stehen. Das Entlein bemerkte, dass der Sturm die Tür aus der einen Angel gehoben hatte, sodass es hineinschlüpfen konnte. Und das tat es.

In der Hütte wohnte eine alte Frau mit ihrer Katze, die sie Söhnchen nannte und die Funken schlagen und spinnen konnte und ihrem Huhn, das niedrige Beine hatte und Küchelchen Kurzbein genannt wurde. Das Huhn legte gut Eier und dafür liebte die alte Frau es.

Am anderen Morgen bemerkte die Alte das Entlein sogleich. »Was ist das?«, fragte sie. Sie sah nicht gut und vermutete, dass sich eine fette Ente zu ihr verirrt hatte. »Das ist ein seltsamer Fang«, sagte sie. »Wenn es nur kein Enterich ist! Nun kann ich ja Enteneier bekommen. Das müssen wir erproben.« Und so wurde das Entlein für drei Wochen auf Probe genommen, aber es kamen keine Eier.

Die Tiere hatten ein besonderes Leben in dem Haus der alten Frau. Die Katze war »Herr« im Hause und das Huhn war die »Frau«. Sie sagten immer: »Wir und die Welt!«, denn sie glaubten, sie seien die Hälfte und zwar der bessere Teil. Das Entlein war da anderer Meinung, aber die durfte es nicht sagen. Denn wer keine Eier legen konnte, keine Funken sprühen, nicht spinnen konnte und keinen Buckel machen konnte, durfte seine Meinung nicht sagen.

Da saß dann das Entlein in der Ecke und hatte schlechte Laune. Und es dachte an Sonnenschein und an Wasser und bekam eine sonderbare Lust dazu, im Wasser zu schwimmen. Das sagte es dann auch. »Du hast nichts zu tun und bekommst Grillen!«, sagten die anderen zu ihm. »Leg Eier und spinne, so gehen sie wieder vorüber!« »Aber es ist ein großes Vergnügen im Wasser zu schwimmen und auf den Grund zu tauchen«, sagte das Entlein. »Ja, ein großes Vergnügen! Du bist wohl verrückt geworden! Frag die Katze, frag die alte Frau – und sie ist die Klügste von der ganzen Welt! Glaubst du vielleicht, dass sie Lust hat zu schwimmen und das Wasser über dem Kopf zusammenschlagen zu lassen?«

»Ihr versteht mich nicht«, seufzte dann das Entlein. »Ich glaube, ich gehe hinaus in die Welt.« – »Ja, tue das!«, sagte das Huhn. Und so ging das Entlein.

Es schwamm auf dem Wasser, es tauchte unter, aber überall wurde es von den anderen Tieren wegen seiner Hässlichkeit übersehen. Und langsam wurde es wieder kälter. Die Blätter wurden im Wind von den Bäumen gerissen, die ersten Schneeflocken fielen und selbst der Rabe schrie »Au, au!«, vor lauter Kälte. Das Entlein hatte es wahrlich nicht gut.

Und eines Abends, als es die Sonne untergehen sah, sah es einen großen Schwarm herrlicher großer Vögel. Sie waren ganz blendend weiß mit langen geschmeidigen Hälsen. Es waren Schwäne. Sie stießen einen eigentümlichen Laut aus, breiteten ihre prächtigen Flügel aus und flogen von der kalten Gegend fort in wärmere Länder und offenen Seen. Sie stiegen sehr hoch in den Himmel hinein. Und dem Entlein wurde ganz sonderbar zumute. Es dreht sich im Wasser wie ein Rad herum, steckte den Hals zu den Schwänen empor und stieß einen so lauten und sonderbaren Schrei aus, dass es sich selbst davor fürchtete.

O, es konnte diese herrlichen, wunderschönen und glücklichen Vögel nicht mehr vergessen. Und sobald es sie nicht mehr erblickte, tauchte es tief ins Wasser hinein und als es wieder hoch kam, war es wie außer sich. Das Entlein wusste nicht, wie diese Vögel hießen, es wusste nicht, wohin sie flogen, aber doch war es ihnen zugeneigt, wie es noch niemals vorher jemandem gewesen war. Es beneidete sie durchaus nicht; wie konnte es ihm einfallen, sich eine solche Lieblichkeit zu wünschen! Es wäre doch schon froh gewesen, wenn wenigstens die Enten es unter sich geduldet hätten, das hässliche, arme Tier!

Der Winter wurde immer kälter und das Entlein musste im Wasser herum schwimmen, damit es nicht erfror. Doch das Loch, in dem es saß, wurde immer kleiner und schließlich fror das Entlein im Eise fest.

Eines Morgens kam ein Landmann vorbei, der schlug mit seinem Holzschuh ein Loch in das Eis und trug das Entlein heim zu seiner Frau. Da wurde es wieder belebt. Die Kinder wollten mit ihm spielen, aber das Entlein glaubte, sie wollten ihm etwas zuleide tun und fuhr in seiner Angst geradewegs in den Milchtopf hinein, sodass die Milch aufspritzte. Die Frau schrie auf und dann flog das Entlein zunächst in das Butterfass, dann in die Milchtonne und flog wieder auf.

Wie es da aussah! Die Frau schlug mit einer Feuerzange nach ihm, die Kinder rannten einander über den Haufen um das Entlein zu fangen. Es war gut, dass dort gerade die Tür aufstand und das Entlein hinaus schlüpfen konnte. Da lag es dann draußen ganz ermattet in Schnee und in Reisig.

Aber alle Mühen und Sorgen des Entleins zu erzählen, die es in diesem Winter erlebte, wäre zu trübe. Es lag im Moor, als die Sonne wieder begann wärmer zu werden und der Schnee wieder schmolz.
Da konnte auf einmal das Entlein seine Flügel schwingen. Sie brausten stärker, als es früher der Fall gewesen war und sie trugen es davon. Und es wusste kaum, wie ihm geschah, da befand es sich in einem großen Garten, die Apfelbäume darin standen in heller Blüte und die Zweige neigten sich den mit Wasser gefüllten gekrümmten Kanälen zu. Hier war es schön und frühlingsfrisch!
Und vorn aus dem Dickicht kamen drei prächtige weiße Schwäne. Sie brausten mit den Federn und schwammen leicht auf dem ruhigen Wasser hin.
Das Entlein betrachtete die Vögel und wurde von einer eigentümlichen Traurigkeit erfasst. »Ich will zu ihnen hinfliegen, zu diesen königlichen Vögeln. Und dann werden sie mich totschlagen, weil ich so hässlich bin und mich dennoch zu ihnen hinwage. Aber das ist viel besser. Es ist besser, von diesen prächtigen Tieren totgebissen zu werden, als von Enten gezwackt, von Hühnern geschlagen, herumgestoßen zu werden und im Winter Mangel zu leiden.«
Somit flog das Entlein empor und landete in dem Wasser und schwamm den prächtigen weißen Schwänen entgegen; diese erblickten das Entlein und schossen mit brausenden Federn auf es los. »Tötet mich nur!«, sagte das arme Tier, neigte seinen Kopf dem Wasser entgegen und erwartete den Tod. Und was erblickte es in dem schwarzen Wasser? Es sah sein eigenes Bild unter sich, das kein plumper, schwarzgrauer Vogel mehr war, hässlich und garstig, sondern er sah in seinem Spiegelbild einen leuchtenden, königlichen und prächtigen weißen Schwan.
Es fühlte sich erfreut über alles, was es erlebt hatte: die Not, die Pein, die es erdulden musste, es erkannte jetzt erst sein großes Glück an der Herrlichkeit, die es erblickte.
Die großen Schwäne umschwammen es und streichelten es mit dem Schnabel. Und es kamen einige Kinder, die warfen Brot in das Wasser, den Schwänen entgegen und eines rief: »Da ist ein neuer!« Und die anderen Kinder jubelten. Sie holten Mutter und Vater und alle waren sich einig darin, dass der Neue der prächtigste und schönste sei.
Da fühlte es sich beschämt, steckte den Kopf unter seine Flügel und wusste nicht, was es damit beginnen sollte. Es war allzu glücklich, doch nicht stolz, denn ein gutes Herz wird nicht stolz! Es erinnerte sich, wie es verhöhnt und verspottet worden war und nun hörte es alle sagen, es sei der Schönste von allen! Und die Sonne schien warm und mild. Da brausten seine Federn, es hob seinen schlanken Hals und jubelte: »So viel Glück habe ich mir nicht träumen lassen, als ich noch ein hässliches kleines Entlein war!«
Es schadet nichts, in einem Entenhofe geboren zu werden, Hauptsache, man hat in einem Schwanenei gelegen.

Nacherzählt nach Andersen

Einige begleitende Worte

Der Weg von Trauernden in ein neues Leben hinein, zeigt viele Parallelen zu der Geschichte. Sie haben in dem gemeinschaftlichen Alltag den Platz der Fremden eingenommen. Sie wissen genau, dass sie »anders« sind. Sie haben etwas erlebt, das niemand erleben möchte. Sie tragen »es« in ihrem Alltag immer mit sich. Sie brauchen nicht »daran« erinnert zu werden: morgens wenn sie aufstehen tragen sie ihre Trauer und ihre Erinnerungen bei sich, wie abends, wenn sie ins Bett gehen. Und kein Schlaf, der sie am nächsten Morgen wieder erwachen lässt, gibt ihnen den Trost, dass alles »nur ein Traum« gewesen sein könnte.

Sie werden unter Umständen kräftig gestoßen. Wer will schon am hellen Frühlingsmorgen mit der Frage der Sterblichkeit aller Materie konfrontiert werden? Wer will schon immer wieder über Schmerzen und Sehnsucht sprechen? Und wer will denn schon, dass immer jemand in der eigenen Gesellschaft ist, der uns das wieder und wieder vor Augen führt, was wir gern vergäßen?

Das kann für Trauernde sehr schnell bedeuten, dass sie sich anpassen, wo immer Anpassung erwartet wird. Sie schweigen und erwarten kaum noch eine Frage. Und dann entsteht in ihnen unweigerlich das Gefühl, fremd zu sein: fremd in einer Gemeinschaft, in der scheinbar alle ein wenig gleich aussehen und die gleiche Sprache sprechen. Es dauert oft nur einen kurzen Moment, dann fragt niemand mehr nach dem toten Kind, nach dem verstorbenen Partner, nach der alten Großmutter. Dann bleibt Trauernden gar nichts anderes übrig, als sehr schnell zu lernen, dass sie das, was sie in ihrem Herzen tragen, für sich selbst behalten.

Und wenn sich dann ein Mensch gegen sein »Schicksal« auflehnt und sich möglicherweise in das hinein stürzt, was er als sattes und pralles Erleben ansieht, dann beobachtet unsere moderne Gesellschaft dies mit Unverständnis. Wenn jemand seine Trauer nicht zeigt, ist der Schmerz nur schwer zu erkennen und es scheint so, als seien die Trauernden hartherzig und kalt. Doch das scheint nur so.

Trauer kann auf unterschiedlichste Art und Weise gelebt und gezeigt werden. Möglicherweise sehen wir nur mit unseren Augen, anstatt dass wir ein wenig mit dem Herzen nachempfinden, was dieser oder jener Ausdruck von Trauer bedeuten könnte. Und würden wir die Trauernden fragen, wenn wir nicht verstehen, was sie tun – es könnte sein, dass wir Antworten bekommen *und* erlösen. Doch wir neigen dazu, immer sehr schnell und bereitwillig Erklärungsmuster für andere parat zu haben, anstatt nach Antworten zu suchen.

Für die Betroffenen jedoch entsteht die Situation, dass sie sich immer mehr und mehr in die Isolation gedrängt fühlen. Sie werden, je nach

Grad ihrer eigenen kämpferischen Bereitschaft, die Umgebung mit ihrer Geschichte konfrontieren. Doch auch dann ist es meist nur eine Frage der Zeit, wie lange dieser hoffnungslose Kampf durchgehalten werden kann. Es gibt Menschen, die ihren Schmerz heraus schreien und es gibt Menschen, die sich nur noch still in sich selbst verkriechen möchten.

Die Einsamkeit, in die Trauernde geraten können, bringt Probleme mit sich. Die Gefahr, dass Depressionen entstehen, ist sehr groß. Die Betroffenen ziehen sich unter Umständen immer mehr in sich zurück und erst, wenn sie andere treffen, die in der Lage sind, den Schmerz nachzuempfinden, weil sie ihn selbst in irgendeiner Form erlebt haben, kann ihnen deutlich werden, dass sie durchaus in einer Gesellschaft aufgehoben sind.

Trauernde, die sich in Gemeinschaften begeben, die nicht vor den Fragen zurückschrecken, die angesichts des Themas Tod auftauchen können, haben die Chance, in ihrem jetzigen Leben einen völlig neuen und bislang unbekannten Weg für ihr neues Leben einzuschlagen. Nur dann, wenn wir uns fremd fühlen, werden wir niemals Teil des Ganzen werden können. In Trauergemeinschaften findet statt, was sonst verpönt ist: der Schmerz darf anwesend sein. Niemand erwartet von denen, die sich in eine solche Gruppenarbeit begeben, dass sie »gut drauf« sind.

Die betroffenen Trauernden in diesen Gruppen sind es, die ExpertInnen sind für das Thema Trauer und Tod. Nicht die, die sich einen wissenschaftlichen Namen gemacht haben und auch nicht die, die sehr differenziert Phasen beschreiben und einteilen können, die während einer Trauer entstehen können. Trauernde wissen um diesen herausfordernden Bereich, denn sie erleben das, was anderswo theoretisch beschrieben wird. Keine Erklärung dessen, »was gerade abläuft« wird den Betroffenen irgendeine Unterstützung sein. Meistens müssen sie erst zu der Überzeugung gelangen, dass es notwendig ist, Lösungen zu finden, statt Erklärungsmustern nachzueilen. Ein neues Leben und eine neue Gemeinschaft muss erst erschaffen werden, bevor der Mut zur eigenen Zukunft aufkeimt.

Sehr häufig haben Trauernde, wenn sie eine solche gemeinschaftliche Arbeit beginnen, die Frage, ob es wohl jemals einen anderen Zustand gibt, als den ihrigen, der so hoffnungslos traurig erscheint. Das ist die grundsätzliche Frage nach Heilung überhaupt. Es reicht nicht, den Ausspruch zu tun »die Zeit heilt alle Wunden«. Eine Heilung ist nicht nur, wenn neuer Bewuchs mit Gras stattfindet und frische Wunden allmählich heilen und vernarben. Eine wirkliche Heilung bedeutet immer eine Verwandlung des Schmerzes und der Angst in eine völlig neue Dimension hinein. Und ein wesentlicher Schritt in diese Richtung

kann es sein, wenn überhaupt erst die Möglichkeit wahrgenommen wird, dass es über den Schmerz hinaus immer etwas gibt, was getan werden kann: dass es möglich ist, neue Formen des Zusammenlebens in einer Art »Solidargemeinschaft« mit den Verstorbenen zu schaffen. Und wenn diese Solidargemeinschaft erschaffen wurde, kann am Ende des Weges ein Gefühl von Zuneigung und Vertrauen zu den Verstorbenen bestehen.
Das sind wesentliche Aspekte dazu, diese neue Dimension erfassen zu können. Und diesen Weg gilt es zu beschreiten – über alle Trauerwehen hinaus. Heilung heißt, einverstanden mit dem zu sein, was geschah. Es geht darum, einen neuen Frieden aus den unterschiedlichen Dimensionen heraus zu finden und zu gestalten: die Welt der Lebenden und der Toten muss dazu in Beziehung treten, wie auch die Welt der Lebenden und der Trauernden eine haltbare Verbindung neu finden muss. Die Fähigkeit des Verzeihens und der Ehrlichkeit sind dazu wesentliche Grundlagen, die unter Umständen erst erlernt werden müssen. Doch, was gibt es zu verlieren? Angesichts des Todes, ist es nur die bereitwillige Offenheit und die hemmungslose Ehrlichkeit, die uns neue Wege erkennen und beschreiten lässt.
Und vor allem: eine Heilung findet immer wie im Märchen statt. Heilung ist neben Tod und Sterben ein weiteres Mysterium, dass die Medizin in den Mittelpunkt der Forschung rückt und dabei leider nicht begreifen will, welche elementaren Aspekte – neben einer Substanz – als Heilmittel notwendig sind. Heilung kann unter Umständen bedeuten, dass die Person, die geheilt werden will, erst »bis ans Ende der Welt« wandern muss und die Sonne und den Mond persönlich befragen muss, bevor sie die Antworten erhält, die ihr die Heilung bringen und einen neuen Lebensweg eröffnen. Das ist bei der notwendigen Heilung von einer Krankheit nicht anders als bei der Heilung von Schmerz und Trauer.
Bevor Trauernde sich in eine gemeinschaftliche Trauergruppe begeben, ist vor Beginn der Mitarbeit darauf zu achten, dass die Gruppe einen Ansatz vertritt, der über jedes notwendige und begrüßenswerte Verständnis hinaus, auch Ideen und Lösungen finden will. Sonst kann entstehen, was sehr häufig berichtet wird: die Berichte anderer Trauernder über deren Geschichte und über ihren Schmerz zieht andere immer tiefer in den Sog der Hoffnungslosigkeit. Das geschieht, wenn ein Lösungsansatz nicht elementarer Bestandteil einer solchen Arbeit ist. Wer anders, als Menschen, die durch das tiefe Meer der Trauer selbst wandern mussten, kann dafür prädestiniert sein? Nicht die Methode macht es, einen Weg aus dem Labyrinth der Ungewissheit zu finden, sondern nur der Mut und die Unbeirrbarkeit, die verschlungenen und individuellen Wege für sich selbst und für andere zu erkennen und

den Betroffenen immer wieder den Mut zu machen, neue und unkonventionelle Richtungen einzuschlagen.
Mit diesen Voraussetzungen kann eine gemeinsame Trauerarbeit große Unterstützung für alle Betroffenen mit sich bringen. Die Trauernden erleben, dass es andere Menschen gibt, die Schmerzen erleben, die den eigenen sehr ähnlich sind und sie alle haben die wunderbare Möglichkeit, sich selbst im Angesicht der anderen als prachtvolle Schwäne zu erkennen. Königliche Vögel, die erst durch mühsame Erfahrungen zur Demut gelangten und dennoch (oder deshalb) in großem Strahlen erscheinen.

Ratschläge für die Betroffenen

- Informieren Sie sich über unterschiedliche Möglichkeiten, in einer Trauergemeinschaft mitzuarbeiten. Achten Sie dabei darauf, welchen methodischen Ansatz die Gruppe hat. Suchen Sie sich am Besten eine angeleitete Gruppe, damit angesichts der vielen und schweren Geschichten, die Sie dabei erfahren werden, ein Halt für alle da sein kann. Fragen Sie Anleitende, ob und auf welche Weise Lösungen gesucht werden.
(Ob eine solche Gruppe Ihnen Unterstützung geben kann, ist nicht abhängig davon, welche psychologische Richtung dahinter steht, sondern von der Lebenserfahrung derjenigen, die die Gruppe leiten. Fragen Sie danach, ob die Anleitenden selbst die Tiefe der Trauer erfahren haben.)
Informieren Sie sich genau, welche verschiedenen Möglichkeiten der Trauerarbeit es für Sie gibt. Es gibt, besonders in den Großstädten, verschiedene Gruppen, die für Sie »zugeschnitten« sein können (Verwaiste Eltern: Geschwistergruppen, Gruppen für Eltern nach dem Suizid eines Kindes u.a. Anmerkung: gerade die Mitarbeiter in den Gruppen der Verwaisten Eltern sind selbst Betroffene!).
- Bitten Sie Menschen in Ihrer Umgebung, Ihnen bei der Suche nach einer geeigneten Gruppenarbeit zu helfen. Es kann sein, dass diese froh sind, Ihnen Unterstützung geben zu können.
- Sollten Sie feststellen, dass Ihnen Menschen aus dem Wege gehen, haben Sie Verständnis. Die anderen haben Hemmungen und Angst vor der Frage, die Ihnen selbst rund um die Uhr im Nacken sitzt. Sehen Sie sich um, seien Sie aufmerksam: es kann sein, dass Sie bereitwillige Menschen treffen – dort, wo Sie sie gar nicht vermuten.
- Erinnern Sie sich daran: ganz egal, was Sie momentan empfinden und wie schmerzvoll und einsam Ihnen Ihr Weg erscheinen mag: viele Menschen auf der Erde haben Vergleichbares erlebt. Geben Sie nicht auf, diese Menschen zu finden.

- Achten Sie bei der Suche nach Wegen aus der Isolation auf Ihre Fragestellung. Statt der Frage nach dem »Warum finde ich keinen Menschen…?«, kann es Ihnen den Weg zu neuen Ideen sehr erleichtern, wenn Sie fragen »Wie finde ich geeignete Menschen…?«
- Finden Sie sich nicht damit ab, wenn jemand Ihnen sagt, man könne nichts mehr tun.
- Sehen Sie sich in Ihrem eigenen Spiegelbild an, blicken Sie sich gerade in die Augen und heben Sie Ihren Kopf. Möglicherweise haben weder Sie selbst noch die anderen erkannt, dass in Ihnen ein Stückchen prachtvoller Schwan steckt, der einen Weg aus der Trauer hinaus finden wird.
- Sollte es sich bei der verstorbenen Person um einen Menschen handeln, der sich Ihrer Meinung nach mit dem Tod aus seiner Verantwortung gezogen hat, schreiben Sie einen Brief an die verstorbene Person, in der Sie das deutlich sagen. Sagen Sie dabei, wie Ihre Situation aussieht und vermeiden Sie, den Toten nur Vorwürfe entgegen zu bringen – letztendlich soll eine Situation sich zum Besseren wenden. Bitten Sie stattdessen um tatkräftige Unterstützung.
- Sehen Sie sich den Film »Michael« an. Ein Engel erscheint auf der Erde und will alles, was die Erde zu bieten hat, genießen. Es ist wunderschön, wenn er auf einem weiten Feld steht, die Arme weit ausbreitet und die Welt umarmen möchte. Immer wieder taucht dabei auf, wie sehr der Engel die Vielfältigkeit des menschlichen Lebens aufsaugen und selbstverständlich daran teilhaben will. Er ist dabei viel mehr Teil von allem Lebendigen, als die Menschen um ihn herum.
- Lesen Sie das Buch von Mitch Albom »Dienstags bei Morrie«. Der Autor besucht über viele Wochen seinen ehemaligen Professor und lernt die wesentlichen und wichtigen Dinge des Lebens. Dabei ist sein Professor Morrie, der langsam und allmählich kränker und schwächer wird, der Lehrmeister, der in allem Leben in jeder Form etwas Positives entdeckt.

Ratschläge für die Umgebung Betroffener

- Unterstützen Sie Trauernde dabei, sich anderen Trauernden gegenüber zu öffnen. Es kann sein, dass andere Betroffene die Situation der Trauer ganz einfach deshalb besser einschätzen können, als Sie selbst, weil sie sie kennen.
- Seien Sie aufmerksam, wenn sich ein Mensch in Ihrer Umgebung mehr und mehr in die Isolation begibt. Sprechen Sie diesen darauf an. Suchen Sie gemeinsam mit ihnen nach Lösungsmöglichkeiten.
- Seien Sie vorsichtig, bevor Sie selbst erklären, wie es den Betroffenen geht. Wenn Sie annehmen, es gehe ihnen »schlecht« oder »gut« kann

das eine reine Vermutung sein. Erst wenn wir genau erfragt haben, wie denn dieses vermeintliche »Schlecht gehen« oder das vermutete »Gut gehen« aussieht, können wir auch von außen Unterstützung geben.

- Fragen Sie Betroffene, wie es ihnen geht.
- Sollten Sie Hemmungen haben, die Person zu fragen, schreiben Sie es ihr!
- Zögern Sie nicht, Ihre eigene Hemmung angesichts der möglichen tiefen Lebensfragen von Trauernden mitzuteilen. Es kann sein, dass die Betroffenen Ihnen sehr viel Verständnis entgegenbringen können. Dazu reicht es, Ihnen eine Karte zu schreiben und ganz schlicht und einfach Ihre Hemmung zu benennen.
- Machen Sie mit der betroffenen trauernden Person einen Tag des Monats ab, an dem sie diesen Menschen daran erinnern, dass er oder sie ein wichtiger Teil der Gemeinschaft ist. Sagen oder schreiben sie ihm, woran sie ihn erinnern möchten. Das können die Schönheiten des Lebens ebenso sein, wie die Frage nach der Zukunft; es kann auch die Erinnerung daran sein, dass die betroffene Person sich wieder auf das Leben einlassen soll.

8 Die Schönheiten des Lebens neu entdecken

Unerfüllte Erwartungen und Hoffnungen kennzeichnen den Alltag Trauernder. »Es wäre doch so schön gewesen, wenn…« Der Zeitpunkt des Todes ist oft für alle Beteiligten zu früh. Das ist das Kennzeichen von Abschied. Es wäre doch noch so vieles zu sagen, so vieles zu erleben. Und die verpassten Gelegenheiten und Erinnerungen an das Schöne, was gemeinsam erlebt wurde, machen die Zeit ohne den schmerzlich vermissten verstorbenen Menschen schwer. Und in dieser Zeit werden Unternehmungen, die an gemeinsame Zeiten erinnern könnten, möglicherweise vermieden.

Die runden Tempel der Liebe
Die Türme des Glaubens
Gründe ich neu
Auf dem granitenen Grunde
Der Allnacht

Paula Ludwig, Totenfeier

Ein guter, edler Mensch, der mit uns gelebt, kann uns nicht genommen werden; er lässt eine leuchtende Spur zurück gleich jenen erloschenen Sternen, deren Bild noch nach Jahrhunderten die Erdbewohner sehen.

Thomas Carlyle

Brief an Angelika (45), Lebenspartnerin von Ingo (44)

Die Namen wurden geändert

Angelika und Ingo kannten sich seit 15 Jahren. Seit zwölf Jahren waren sie ein Paar. Beide waren in verschiedenen Gruppen politisch engagiert, die für Gleichberechtigung von Frauen ebenso, wie für verbesserte Umweltbedingungen stritten.
Angelika stammt aus einer Familie mit sechs Geschwistern, Ingo hatte seine einzige Schwester verloren, als diese 13 Jahre alt war. Seine Schwester hielt ihre eigene jugendliche Einsamkeit und die ewigen Streitereien der Eltern nicht aus und nahm sich das Leben, als Ingo gerade 15 war. Ihren Tod hat Ingo nie richtig überwunden, er sehnte sich sein Leben lang nach seiner kleinen Schwester.
Ingo und Angelika wollten keine eigenen Kinder in die Welt setzen. Sie empfanden beide die Verantwortung dafür zu schwer. Ihnen waren die zunehmende Umweltverschmutzung und Naturkatastrophen Grund

genug, sich gegen eigene Kinder zu entscheiden. Allerdings hielten sie regen Kontakt zu allen Kindern und Jugendlichen ihrer Bekannten und Freunde.
Ingo arbeitete als Anwalt, Angelika war als Sozialarbeiterin an dem Aufbau verbesserter Lebensbedingungen für Randgruppen tätig. Sie gingen beide begeistert in ihrer Arbeit auf. Ihre gemeinsame Wohnung mitten in der Großstadt bot ihnen die Möglichkeit, ihre gemeinsamen Theaterbesuche und den Kontakt zu Freunden intensiv zu pflegen.
Im Laufe eines halben Jahres wurde Ingo zunehmend müder. Er erklärte sich dies durch die viele Arbeit, die er zu leisten hatte und beantragte eine Kur, damit er wieder Kraft schöpfen könne. Als er nach mehrwöchigem Aufenthalt wieder in der Stadt anlangte und seine Arbeit aufnahm, stellte er jedoch fest, dass sich an seiner Arbeitsunlust und an seiner Erschöpfung nichts geändert hatte.
Besuche beim Arzt folgten, um die Ursache seiner Müdigkeit herauszufinden. Alle Laborparameter ergaben jedoch, dass es Ingo gut gehen müsse. Somit trug Ingo seine Müdigkeit über mehrere Wochen mit sich, denn niemand kann etwas gegen eine Krankheit tun, die nicht gefunden wird.
An einem hellen Frühlingstag begann Ingo zu husten. Und er stellte erschreckt fest, dass dem Auswurf Blut beigemengt war. Ingo ahnte, dass das nichts Gutes bedeuten könne. Er begab sich sofort zum Arzt. Die folgenden Röntgenuntersuchungen deuteten auf eine kleine Verdichtung in den Bronchien hin, allerdings zeigte sich immer noch keine Entsprechung auf ein bösartiges Geschehen in seinen Laborwerten. Erst später, nachdem der Verdacht durch die röntgenologischen Untersuchungen aufkam, glichen sich die Tumormarker den Tatsachen an.
Letztendlich lautete die Diagnose »bösartiges Bronchialkarzinom«. Ingo konnte sich nun seine Müdigkeit, seine Arbeitsunlust und Erschöpfung erklären. Er erschrak heftig. Und er wollte auf keinen Fall an seiner Krankheit sterben. Er hörte in seiner Umgebung, was über die Krankheit »Krebs« und von ihr Betroffene gesagt wurde. »Es soll sich um Menschen handeln, die nicht kämpferisch seien und die in Gottergebenheit ihr Schicksal annehmen.« Ingo war empört und fassungslos. Er hatte doch gelernt zu sagen, was er will, er hatte gelernt zu streiten. Seit Jahrzehnten stritt er in den politischen Versammlungen, bei seiner Arbeit und in seiner Freizeit für sein Ziel, für verbesserte Lebens- und Arbeitsbedingungen aller Menschen. Und er verstand nicht, weshalb ausgerechnet er Krebs bekommen sollte, er war doch absolut kein »Krebstyp«.
Ingo machte sich auf die Suche nach Heilung und der Möglichkeit zu erforschen, weshalb er in diese Situation gekommen war. Er besuchte

Heilpraktiker/innen, Heiler/innen, Schulmediziner/innen und Wahrsager/innen, um diesem Rätsel auf die Spur zu kommen. Es gibt kaum eine Richtung oder Methode, die Ingo dadurch nicht kennen gelernt hat. Es gab Heiler/innen, die ihm, nachdem sie den Fall ausgependelt hatten, sagten, sein Krebs sei gar nicht bösartig, was Ingo für kurze Zeit zur Beruhigung brachte. Er ahnte jedoch, dass in ihm ein Geschehen lauerte, dass er mit klugen Gedanken und mit Bewusstsein unmöglich erfassen, geschweige denn kontrollieren könne.
Er entschied sich für eine Operation. Gleichzeitig entschied er sich dafür, regelmäßig seine Träume zu durchforsten, um ein vertieftes Verständnis für sich selbst zu entwickeln.
Angelika stand wie erstarrt an seiner Seite. Noch nie war sie so deutlich mit der Endlichkeit allen Lebens konfrontiert worden. Ihre Familie, ihre Geschwister – sie waren allesamt gesund. Krebserkrankungen hatte es bei einer Großmutter wohl mal gegeben, aber da war sie noch ein kleines Kind und hat das nur am Rande mitbekommen. Sie hatte auch keine intensive Beziehung zu ihr gehabt. Angelika verstand nicht so recht, weshalb Ingo plötzlich »so seltsame Gedanken« entwickelte. Sie verstand weder seine Suche nach sich selbst, seine Arbeit mit Träumen, noch seine Hoffnung auf Heilung auf einem völlig anderen Wege als einer ausschließlich klinischen Behandlung.
Angelika liebte Ingo. Und so bemühte sie sich eifrig, ihn trotz ihrer Erstarrung und ihres Unverständnisses mit aller Kraft bei seiner Suche zu unterstützen. Fürsorglich legte sie ihm alle naturheilkundlichen Medikamente und Stärkungsmittel bereit und machte sich auf den Weg, die schönsten (Traum-) Tagebücher und Kugelschreiber aufzutreiben, die die Großstadt zu bieten hatte. Sie stellte den gesamten Ernährungsplan ihrer Gemeinschaft um und arbeitete sich durch sämtliche ernährungsphysiologischen Ratschläge, die zum Thema Krebs existieren. Sie war schließlich in der Lage, über Themengebiete der »Orthomolekularen Medizin« (Substitution von Vitaminen und Mineralstoffen in hohen Dosen) ebenso zu referieren, wie über die Notwendigkeit des Verzehrs der »Sekundären Pflanzenstoffe«(Pflanzenstoffe, deren Wirkungen gesundheitsfördernd sind).
Ingo überstand seine Operation gut. Langsam erholte er sich. Die anschließende Chemotherapie schwächte ihn sehr. Ihm war dauernd übel, er verlor alle Haare und war ständig außer Atem. Die bekannte Begleitsymptomatik zerrte heftig an seinen Hoffnungen. Er bemühte sich, die Chemotherapie unter positiven Gesichtspunkten zu sehen. Bilder, die er in der Zeit malte, zeigten die Waffen der chemotherapeutischen Behandlung, die als rettende Feuerwehr dabei war, ein brennendes Haus zu löschen. So gab er dieser anstrengenden und selbst schädigenden Behandlungsmethode eine für ihn positive Bedeutung.

Er träumte viel in dieser Zeit. Zu Beginn seiner Erkrankung träumte er, er wohne in einem Haus, in das eine Bombe eingeschlagen hätte. Seltsamerweise standen die Außenmauern noch, während der gesamte Innenbereich ein einziger Hohlraum war, der in Schutt und Asche lag. In den folgenden Monaten tauchte dann regelmäßig das Bild auf, wie er langsam und sorgfältig den Innenausbau neu angeht. Ein anderes, ihn sehr beeindruckendes Bild war ein Haus, das vollkommen von Kakerlaken verseucht war, die in allen Ecken waren und sich schnell vermehrten. Und er wusste in seinem Traum, dass jemand ihm diese Kakerlaken ins Haus gebracht hatte. Ingo stellte sich vor, dass die Chemotherapie diese Kakerlaken entsorgen würde. Er stellte sich jedoch auch die bange Frage, was denn wäre, wenn einige Eier überleben würden.

Angelika und Ingo stärkten in diesen schweren Monaten ihr beiderseitiges Vertrauen. Sie waren sehr liebevoll zueinander und unternahmen Urlaubsreisen, von denen sie bislang vornehmlich geträumt hatten. Sie waren ebenso in Südfrankreich, wie auf den Schottischen Inseln – alles Träume, die sie früher für sich wenig in Anspruch genommen hatten.

Seine Glatze trug Ingo mit Stolz. Dennoch freute er sich, als langsam die Haare nachwuchsen, er war neugierig, wie diese zweiten Haare wohl aussehen würden. Zu seinem Erstaunen waren sie erheblich kräftiger, als seine ersten Haare.

Jetzt begann die Zeit, in der Ingo sich fragte, wie er mit seinem Leben und seiner Zukunft weiter vorankommen könne. Ob er seinen Beruf wechseln solle? Er hatte doch nichts anderes gelernt, als Anwalt zu sein. Würde er nicht viel lieber Gesellschaftsspiele erfinden? Oder als Handwerker arbeiten, der die Früchte seiner Arbeit so befriedigend vor Augen hat? Oder sollte er eine Kneipe aufmachen? Umschulen zum Buchhändler? Die Zukunft lag vor ihm wie ein Buch mit tausend leeren Seiten. Die Frage nach dem, wie er sein Leben anpacken wolle, reizte ihn umso mehr, je mehr körperliche Kraft er in sich fühlte.

Von seiner Suche nach sich selbst und dem Sinn des Lebens wich er dabei nie ab. Er fragte sich zunehmend, was es mit dem Tod seiner Schwester auf sich haben könne. Und er lernte neben der Arbeit mit seinen Träumen, seinen Körper und dessen Reaktionen zu verstehen. Eine Zeit des Tages plante er für regelmäßige Übungen ein. Er wurde sehr versiert darin, tägliche Visualisierungen zu machen, die ihn mit seinen Organen kommunizieren ließen. Die Hinweise darauf hatte er aus den neuesten Forschungen der »Psychoneuroimmunologie« (Forschung, die verschiedene wissenschaftliche Gebiete zusammenfasst. Die Psyche eines Menschen spielt bei der Frage nach Heilung ebenso eine Rolle, wie neurologische und immunologische Zusammenhänge.)

bekommen. Diese Übungen ermöglichten es ihm, selbst die Übersicht über einen möglichen Rückfall zu haben.
Nach einigen Monaten fiel Ingo bei seinen regelmäßigen Übungen auf, dass »irgendetwas« nicht in Ordnung war. Er vereinbarte einen zusätzlichen Arzttermin mit gründlicher und umfassender Untersuchung.
Die Diagnose wurde deutlich. Alles deutete auf Metastasen im Bauchraum und in der Leber hin. Während in Angelika langsam die Panik stieg, behielt Ingo eine fast stoische Ruhe. Er war sicher, dass er eine »Wunderheilung« kreieren würde – koste es, was es wolle.
Noch einmal durchforstete er alle zur Verfügung stehenden Methoden. Er injizierte Mistel, er fuhr zu einer Hyperthermiebehandlung (Anregung des Organismus durch Überwärmung) weit von seinem Wohnort entfernt, er suchte Schamanen auf und arbeitete sich in Parasitentheorien ein. Doch nirgendwo hatte er Erfolg.
Er grübelte darüber nach, was seine Schwester damit zu tun haben könne. Und er fragte sich langsam auch, wer bei diesem Kampf um Leben und Tod sein Gegenüber sei. Wer mochte das sein – der Tod? Das Bild des Todes hatte er bislang vermieden. Und er ahnte, dass es doch darauf hinauslaufen könne, dass er sterben könnte. Warum dann nicht mit dem Tod Frieden schließen?
Durch seine konsequente Arbeit in den letzten Monaten war Ingo durchaus in der Lage, jede Technik zu nutzen um den Tod selbst treffen zu können. Und er war sehr erstaunt, als der Tod sich ihm plötzlich in einem langen, schneeweißen Gewand zeigte. Der Tod war freundlich und ruhig und machte ihn darauf aufmerksam, dass Ingo bislang nur den Blick nicht in die Richtung des Todes gelenkt hätte. Er solle doch einmal im Alltag nachsehen, wo er ihn – den Tod – erkennen könne. Überall und an jeder Stelle.
Ingo hatte keine Angst mehr. Er sah fast einen »Verbündeten« in diesem Wesen, das gemeinhin als Monster und als schrecklich angenommen wird.
Ingos körperliche Schmerzen wurden mehr. Er stellte fest, dass er seine Leidenschaft – das Essen – nicht mehr gut vertrug; er konnte die vielen Stufen zu seiner Wohnung nur noch unter größter Anstrengung erklimmen, er spürte, dass ihm mehr und mehr Menschen in seiner Umgebung auf die Nerven gingen. Nachdem er eine heftige fiebrige Lungenentzündung bekam, wurde Ingo ins Krankenhaus eingeliefert.
Langsam wuchs in Ingo die Bereitschaft, seinen Tod als mögliche Zukunft zu akzeptieren. Er gab dabei in seiner Suche nach Vervollkommnung nicht auf.
Langsam keimte ein Gedanke in ihm auf: er wolle noch ein Letztes lernen. Er wusste, er hatte gestritten und gekämpft, er hatte alle Möglichkeiten in seinem Leben genutzt, er war für alles wach und auf-

merksam gewesen, doch eines hatte er nicht gelernt: die Hingabe. Ingo nutzte die letzten Wochen seines Lebens, um der Hingabe immer näher zu kommen. Und wenige Tage vor seinem Tod spielte ein leichtes Lächeln um seine Mundwinkel, denn er war sicher, er hatte Hingabe gelernt.

Angelika brauchte einige Unterstützung in ihrer Umgebung, um ihm seinen letzten Wunsch, zu Hause sterben zu dürfen, zu erfüllen. Sie nahm ihren gesamten Urlaub, organisierte den Transport vom Krankenhaus in ihre gemeinsame Wohnung und ließ sich darauf ein, Ingo in den letzten Tagen in seinem eigenen Bett zu pflegen. Das tat sie mit Unterstützung ambulanter Pflegedienste und einiger naher Freunde. Wie in Trance erlebte Angelika die letzten Tage und Stunden. Sie saß an seinem Bett, hielt seine Hand, während er sich immer mehr zu entfernen schien. Sie trocknete seine schweißnasse Stirn, wusch ihn mit Tränen in den Augen und war bei ihm, wann immer er unruhig wurde. Sie wusste, dass er sterben würde, sie hatte die Hoffnung aufgegeben, doch ihre tiefe Liebe zu ihm und das Wissen um den bevorstehenden Abschied erlaubte es ihr, ihm tatsächlich alle Unterstützung zu geben. »Ich bitte dich, geh deinen Weg!«, flüsterte sie immer wieder.

Als Ingo starb, waren ein paar wenige Freunde anwesend. Von allen, die ihm wichtig waren hat Ingo vor seinem Tod Abschied genommen, ihnen gedankt oder um Verzeihung gebeten. Alle waren in völliger Aufmerksamkeit bei ihm und bei Angelika. Wortlos wurde ihr Tee gereicht, wortlos wurde ihr eine Decke übergehängt, wortlos wurden ihr die Tränen abgewischt.

Nach seinem Tod blieb Ingo noch für die Dauer von drei Tagen in seinem ehemaligen zuhause. Alle Freunde organisierten eine Totenwache und sie erlebten, wie Ingo sich mehr und mehr veränderte. Sein vom Sterben angestrengtes Gesicht verzog sich mehr und mehr zu einem Lächeln, seine Haut wurde zunehmend wächserner und sein Körper wurde steif und kalt. Mehr und mehr wurde allen klar, dass Ingo immer weniger er selbst wurde. Er wirkte auf die Lebenden zunehmend wie ein bloßes Abbild des Menschen, der er einmal war. Das, was ihn ausgemacht hatte, sein Lächeln, sein Humor, seine bedingungslose Suche: sie waren fort. Die Anwesenden waren beruhigt, sie hatten den Eindruck, als dürften sie begleiten, wie Ingo sich langsam und stetig von seinem Körper loslösen konnte.

Sie saßen um sein Bett, tranken Tee, sie erzählten Geschichten aus seinem Leben, lachten und wünschten ihm alle eine gute Reise.

Und dieses gemeinsame Sitzen am Bett des Toten war für alle Anwesenden völlig normal.

Liebe Angelika,
ich sah dich in diesen schweren Tagen einmal an dem Bett von Ingo sitzen, du suchtest sein Gesicht nach Veränderungen ab und sagtest zu ihm: »Wenn du dann unbedingt gehen willst, dann tu es. Geh dahin, wohin es dich zieht; aber sieh' zu, dass es dort wunderschön hell ist. Ich weiß nicht, wie ich ohne dich weiterleben kann, aber ich werde es tun, ich werde es lernen. Und ich bitte dich, hab keine Angst. Geh' jetzt los!«
Von außen ehrfurchtsvoll betrachtet erscheint das als Zeichen außergewöhnlicher Größe. Und ich verneige mich vor dieser Größe, auch wenn du das alles als selbstverständlich betrachten solltest. Du bist wie in Trance durch diese Zeit gegangen und du weißt, dass da ganz plötzlich keine Angst mehr da war. Sie hatte keinen Platz mehr bei dir, denn du wusstest genau, dass du mit allem, was du tust, vor dir selbst gerade stehen kannst. Du hast Ingo so liebevoll den Boden bereitet, damit er gehen konnte, dass es so aussieht, als hättest du dich selbst aufgegeben. Gibt es eigentlich so etwas wie Selbstlosigkeit?
Das ist keine Selbstlosigkeit. Das alles hast du getan, weil du wusstest, dass es richtig so ist. Du hast es getan, damit du dir ins Gesicht sehen und mit dir selbst einverstanden sein kannst. Das ist etwas sehr Schweres und etwas sehr Leichtes gleichzeitig.
Und natürlich wird es jetzt nie wieder, wie es vorher war. Ihr werdet nicht gemeinsam alt werden, wie ihr es erträumt hattet. Ihr werdet nie wieder eure wunderbaren und aufregenden Reisen machen können. Und ihr werdet auch nie wieder gemeinsam am Tisch sitzen und ein Festmahl – nur für euch – zelebrieren. Und es wird schwer sein für dich, die Hoffnungen, die du getragen hast, unerfüllt zu sehen. Eine neue Zeit ist angebrochen. Das gilt für eure Beziehung und das gilt auch für dein Leben. Eure neue Beziehung muss erst noch erschaffen werden.
Wie solltest du weitermachen wie vorher? Du bist nicht mehr die, die du gewesen bist, genauso wenig, wie Ingo es ist. Und du hast genau verstanden, dass keine Ernährungsrichtlinie, keine Mistelinjektion, kein homöopathisches Mittel und keine schamanische Trommelreise den Tod austricksen kann. Du weißt jetzt also, an welchen Platz die Methoden gehören. Sie können das unterstützen, was ein mögliches Ziel ist, aber heilen, wirklich heilen, das können sie nicht und das sollen sie nicht. Sie sind Werkzeuge für Heilung, nicht die Heilung selbst.
Du weißt, dass Ingos Sehnsucht größer war, als sein Wille weiter hier zu leben. Er liebte dich und liebt dich ja möglicherweise immer

noch, doch er sah sich auch außerstande, dieser Welt die Hingabe, die er selbst gelernt hatte, beizubringen. Er hat keine Chance gesehen, diese gerade erst neu entdeckte Kostbarkeit in seinem Alltag wachsen zu lassen. Sein Alltag war geprägt von dem, was normal ist. Anwälte erstreiten Recht, politische Vereinigungen streiten um Recht – nicht um Hingabe.

Und ich vermute, dass Ingo das sicher erkannt hatte.

Niemand bekommt eine lebensbedrohliche Diagnose, wenn er nicht insgeheim damit lieb äugelt, diese Welt zu verlassen. Die »Insel der Lebenden« ist gekennzeichnet von Spiel und Spaß, von Aktivitäten und von Fortschritten. Und jeder Mensch, der sich eine solche Diagnose einhandelt, erscheint wie einer, der traumwandelnd auf dieser Insel herumläuft, plötzlich ein Reisebüro betritt, und sich ein Ticket kauft, das ihn von dieser Insel fortbringt. Die, die solche Diagnosen tragen, hält das bunte Treiben auf der Insel nicht.

Und wenn dann einer ahnt, dass so vieles von dem, was wir auf der Erde als wichtig ansehen, eigentlich völlig unwichtig ist, dann kann einem schon ganz schön mulmig werden. Es ist, als hätte ihn das Wissen um die Hingabefähigkeit später mit tiefer Befriedigung erfüllt und seinem Leben einen einzigartigen Sinn gegeben. Es schaute ihm aus seinen Augen heraus, als teile er ein unendlich wichtiges Geheimnis mit sich selbst. Das ist sehr schön.

Wer immer mit der Diagnose Krebs leben muss, steht vor einer ständigen, tagtäglichen Auseinandersetzung mit der Frage nach dem Sinn. Diese Frage ergibt sich angesichts eines möglichen Todes. Doch wann lernen wir mehr über das Leben, als wenn wir uns mit dem Tod beschäftigen? Wann lernen wir mehr über den Tod, als wenn wir uns mit dem Leben beschäftigen? Eltern, die fassungslos vor der Diagnose ihrer Kinder stehen, haben diese Fragen 24 Stunden täglich um sich; genauso Erwachsene selbst Betroffene und ihre Nahestehenden. Darin läge eine unendlich große Chance für uns alle.

Diese Frage nach dem Sinn kann nicht mit dem beantwortet werden, was landläufig als »richtige Ernährung« bezeichnet wird. Und diese Frage wird kein Mittel der Welt beantworten können. Eine Lösung zeichnet sich dann für uns ab, wenn wir gerne die beste Nahrung, das beste Heilmittel und die beste Kleidung nutzen, um Wertschätzung für uns selbst und unser Leben zu finden und zu gestalten. Und diese tiefe Zuneigung zu der Welt, die sich daraus entwickeln kann, ist erheblich mehr, als eine moderne Spaßgesellschaft alltäglich zulassen kann.

Das Loch, in das viele Menschen fallen, wenn sie einer lebensbe-

Für eine Hoffnung und Heilung heißt es, kraftvoll die Segel zu setzen, um die Fahrt in die eigene Zukunft anzutreten.

drohlichen Diagnose gegenüberstehen, ist tückisch. Das Leben ist ganz konkret endlich geworden – aus scheinbar heiterem Himmel. Alle Untersuchungen, alle Blutkontrollen, Röntgenuntersuchungen, Knochenmarkspunktionen geben dabei den Zeiger an, der mal mehr zum Leben zeigt, mal mehr zum Tod. Ingo wusste das genau. Schien es ihm doch bei jedem weiteren Gang zu einer Nachuntersuchung, als sei er auf einer gigantischen Gerichtsverhandlung vorgeladen, in der über sein Leben oder seinen Tod entschieden wird.

»Krebs« ist keine individuelle Krankheit. Denn diese Krankheit bedeutet, dass jemand sich vielleicht auf eine Reise in eine andere Welt begeben möchte. Wir können dann fragen: »Hast du genug dafür getan, damit es dir hier gefällt?« Diese Frage ist berechtigt. Doch auf der anderen Seite haben wir alle mit daran gestrickt. Denn wir müssen dann auch fragen, was wir getan haben, dass es einem Menschen auf unserer Insel des Lebens nicht mehr gefällt. Im Grunde steht die Frage nach einer möglichen Heilung dann als Aufgabe für alle im Raum – für die Betroffenen selbst und auch für die Gemeinschaft. Die ganze Gemeinschaft ist zuständig für das, was auf der Insel der Lebenden vorhanden ist.

Die Erkrankung, die auch Ingo hatte, kommt nicht aus heiterem Himmel. Sie kommt, wenn ein Mensch müde ist von seinem Leben, wenn ein Mensch keine Hoffnung auf eine Besserung erkennen kann, wenn er resigniert hat.

Ein Leben aber ist wie eine aufregende große Schiffsreise, die wir antreten, um die sieben Weltmeere zu erkunden. Wir wollen Abenteuer erleben, wir wollen Schätze entdecken. Doch irgendwann, wenn wir immer nur Wasser um uns herum gesehen haben und mitten in einer Flaute gelandet sind, in der nur rhythmisch die Seile der Segel vor sich hinknarren, kann es sein, dass wir vor uns hindösen und alles vergessen, was wir vorhatten. Es ist nicht gut, wenn Kapitäne schlafen. Sie werden weder hören, wenn es aus dem Ausguck schreit: »Land in Sicht!«, noch werden sie wahrnehmen und registrieren, wenn sich Unmut unter der Mannschaft regt oder sogar Piraten im Anzug sind.

So ähnlich sieht es aus, wenn eine Krebserkrankung entsteht. Die Entartung von ehemals körpereigenem Gewebe ist mit einer Meuterei der Schiffsmannschaft gegen ihren eigenen Kapitän vergleichbar, wie auch – als häufig diskutierter viraler Auslöser – mit einem Überfall durch Piraten oder Terroristen.

Und wenn jetzt der Kapitän (oder die Kapitänin) des Schiffes nicht aufwacht und mit aller Macht das Ruder – ihr Leben – wieder an sich reißt, dann kann es sein, dass das Schiff mit Mann und Maus versinkt.

Dieses Aufwachen benötigt unendlich viel Kraft und Lebenswillen. Den Willen, der das Unmögliche möglich machen will, auch wenn alle behaupten sollten, es gäbe keine Chance. Angesichts dieser Diagnose gibt es ein paar Feinheiten, die wichtig sind: die Zellen selbst, die sich bereitmachen, sich vom gesamten Gefüge des Organismus unabhängig zu machen, wissen nicht, dass der Organismus sterben wird, wenn sie es geschafft haben. Der Mensch – als Kapitän – wird sein Schiff verlassen und alle Zellen, die gesamte Mannschaft also, werden im Meer zerfließen.

Ingo wusste erst sehr spät, für was er aufwachen sollte. Nicht für Kämpfertum, nicht für intellektuelle Wachheit, sondern für die Hingabe, die ihm so sehr das Gesicht erhellt hat. Das war die Schatzkarte seines Lebens, die er tief unten im Schiffsbauch vergessen hatte. Das ist verständlich, denn Flauten können unendlich lang sein. Und wir leben und überleben nicht deshalb, weil wir so ein gutes Konzept gefunden haben, sondern wir leben aus Begeisterung – nicht mehr.

Angelika, du hast durch deine mitfühlende und ehrliche Begleitung für dich selbst die Tür zu einer neuen Weltsicht geöffnet. Du bist anders, du hast etwas entdeckt.

Doch deine Entdeckung wird unter Umständen von deiner Umgebung schwer zu verstehen sein. Es kann sein, dass du anderen Menschen als sehr anstrengend erscheinen wirst. Du solltest wissen, dass es nicht so viele Menschen geben wird, die in jedem Stehcafé, bei jedem Kinobesuch oder im Supermarkt den Sinn des Lebens erfassen wollen. Das käme dem stetigen Bewusstsein des Todes gleich. Und da dies vielen Menschen Angst macht, anstatt sie zu beruhigen, möchten sie nicht an die Endlichkeit allen Lebens erinnert werden – immer und immer wieder. Du wirst feststellen, dass du plötzlich ganz anders bist als die anderen und immer wieder wirst du dich dabei ertappen, dass du dich fragst, ob es irgendjemanden geben kann, der dich versteht. Es ist, als seist du mutterseelenallein als Außerirdische auf einem fremden Planeten gelandet. Und du wirst kaum verstehen, mit was sich andere Menschen beschäftigen, um sich abzulenken.

Du wirst mit Glück einige Menschen um dich haben, die dich auf deinem neuen Weg begleiten werden. Es gibt sie. Doch unter Umständen sind sie vorsichtig geworden, ihre Weisheit und ihre Erkenntnisse laut zu erzählen. Sie haben die Erfahrung hinter sich, dass niemand sie so gern hören will. Sei also aufmerksam, wenn du Menschen triffst.

Du bist auf dem besten Wege, Frieden zu schließen und dein Einverständnis mit Ingos Tod zu finden. Was gibt es Schöneres? Da-

mit ist der Boden bereit für eine völlig neue Ebene eurer Beziehung.
Ich wünsche dir alles Gute und hoffe sehr, dass dein Schiff kraftvoll dem Horizont entgegen steuert!

Wie es Angelika heute geht

Angelika ist zwei Jahre nach Ingos Tod aus der gemeinsamen Wohnung ausgezogen. Sie hat eine neue Wohn- und Lebenssituation am Rande der Großstadt gefunden. Mühsam hat sie sich von den Gegenständen, die Ingo gehörten, getrennt. Sie hat ihr und ihm wichtige Gegenstände an Menschen verschenkt, denen sie nützlich sein können. Seine Tagebücher bewahrt sie bei sich auf. Es hat drei Jahre gedauert, bis sie sie gelesen hat.
Der Tod von Ingo ist Angelika noch immer sehr präsent. Sie wundert sich darüber, wie es angehen kann, dass ein toter Mensch vor einem liegt, der gleichzeitig fort und sehr, sehr nahe sein kann. Dieses Gefühl begleitet sie, seit den Tagen der Totenwache für ihren Freund.
Angelika hat die Isolation erlebt, in der Trauernde sich schon bald nach der Beerdigung befinden. Sie begann nachdenklicher durch ihr Leben zu gehen. Nachdem Ingo knapp ein Jahr tot war, hat sie sich von ihrem gesamten Bekanntenkreis verabschiedet; sie hat nur noch zu ganz wenigen Menschen aus dieser Zeit Kontakt. Andere haben diese Lücke gefüllt. Das sind Menschen, die bereit sind, mit ihr die Fragen nach den Tiefen des Lebens und des Todes zu durchsuchen.
Ein paar Monate nach Ingos Tod traf sie einen jungen Mann in einem Supermarkt, der eine Glatze hatte. Im ersten Moment war sie schmerzlich erschrocken, sah sie doch sofort, dass auch dieser mitten in einer Chemotherapie steckte. Dann erinnerte sie sich an das, was Ingo ihr von seiner Begegnung mit dem Tod erzählt hatte. Sie erkannte Leben und Tod als parallel – auch im Alltag.
Angelikas Arbeit als Sozialarbeiterin führte sie immer mehr zu der Arbeit mit alten und sterbenden Menschen. Sie spürt, dass der Gedanke an den Tod ein Stück seines Schreckens verloren hat. Sie berät die Angehörigen von Sterbenden ebenso, wie das Pflegepersonal, das sehr häufig ebenso fassungslos vor den Toten steht, wie alle anderen Menschen auch.
Einige Jahre nach Ingos Tod lernte sie einen Arzt kennen und lieben. Sie erzählt ihm von dem, was angesichts des Todes getan werden könnte. Sie berichtet von den Möglichkeiten des Abschieds, gerade, wenn man vor der Leiche steht. Dem Arzt ist diese praktisch gelebte Chance völlig neu. Angelika zeigt ihm neue und hoffnungsvolle Wege in seiner, von ihm selbst als »automatisiert« empfundenen Klinikwelt.

Sie ist aufmerksam geworden für das, was sie bei den Sterbenden erlebt. Als eines Tages ein alter Mann, der als Alkoholiker galt, auf seinem Sterbebett von Liebe und Hingabe erzählte, erinnerte sie sich wieder an Ingos erfüllte Suche. Der alte Mann erzählte vieles von dem, was sie in den Monaten vor Ingos Tod schon gehört hatte. Es scheint ihr, als hätte Ingo ihr ein Erbe hinterlassen, das er sich nicht getraut hat, in seinen Alltag einzuflechten. Sie ist bereit, das Erbe anzutreten und in ihrem Leben die Hingabe zu leben. Angelika hat immer häufiger den Gedanken im Kopf, ob es denn nicht sein könne, dass der Tod auch Heilung sein könne.
Angelika hat den Eindruck, als sei Ingo ihr wichtigster Verbündeter – für ihre Arbeit und auch für die Fragen, die ihr seit seinem Tod als wesentlich erscheinen.

Eine Geschichte zum Nachdenken

Hans im Glück

Sieben Jahre schon hatte Hans bei einem Herrn Dienst getan. Dann wollte er gern wieder nach Haus zu seiner Mutter ziehen und so bat er den Herrn, ihm seinen verdienten Lohn zu geben. Dieser sagte, Hans habe ihm treu und fleißig gedient und ebenso solle auch sein Lohn sein. Er gab Hans einen Goldklumpen, der war grad' so groß wie Hansens Kopf. Hans dankte ihm, zog sein Tüchlein heraus, wickelte das Gold darin ein, lud sich den Batzen auf die Schulter und machte sich auf den Weg heim zu seiner Mutter.
Wie er dann so dahinging, immer brav einen Fuß vor den anderen setzte, kam ihm ein Reiter entgegen, der auf einem munteren Pferd einhertrabte. »Ach, das muss ein gutes Ding sein!«, sagte Hans laut. »Reiten ist eine feine Sache. Da sitzt dann einer wie auf einem Stuhl, kein Stein hindert ihm den Weg, er braucht keine Schuh und kommt ohne Sorgen von der Stelle!«. Der Reiter hielt an und fragte Hans, warum er denn auch zu Fuß laufe. Hans antwortete: »Das muss ich doch wohl. Ich habe einen schweren Klumpen nach Haus' zu tragen. Und wenn er auch aus Gold ist, drückt er mir die Schulter ein und ich kann den Kopf nicht gerade halten.« Da sagte der Reiter zu ihm: »Weißt du was, Hans? Gib mir den Klumpen, du bekommst mein Pferd dafür, dann tauschen wir.« Das freute Hans sehr. Er war einverstanden, warnte den Reiter aber, dass der Klumpen ein schweres Gewicht habe. Der Reiter aber nahm Hans den Klumpen ab, half ihm aufs Pferd, gab ihm die Zügel fest in die Hand und riet ihm: »Wenn es nur recht schnell gehen soll, dann musst du mit der Zunge schnalzen und ›hopp hopp‹ rufen!«.
Wie war Hans erleichtert und seelenfroh, als er so munter auf dem Pferde saß, seiner schweren Last entbunden war und frank und frei dahinritt. Nach einer ganzen Weile wollte er es gern ein wenig schneller haben und so

schnalzte er mit der Zunge und rief: »Hopp, hopp!« Daraufhin setzte sich das Pferd in einen kräftigen Trab und ehe er sich's versah, lag Hans in einem Graben am Straßenrand. Das Pferd wäre wohl durchgegangen, wenn nicht ein Bauer es aufgehalten hätte, der des Weges kam und eine Kuh vor sich hertrieb. Hans suchte seine schmerzenden Glieder zusammen und stand wieder aus dem Graben auf. Er war verdrießlich und meinte zu dem Bauern: »Das ist ein schlechter Spaß, das Reiten. Und das ganz besonders, wenn man es mit so einer Mähre zu tun hat, wie mit der meinen. Da lob' ich mir eure Kuh! Da kann einer gemächlich hinter ihr herziehn und obendrein gibt's noch Milch und Käse, so viel man will. Da gäb' ich was drum, wenn ich so eine Kuh hätte!« – »Ach«, antwortete ihm der Bauer. »Das soll das Problem nicht sein. Wenn es für Euch ein so großer Gefallen wäre, dann will ich gern die Kuh gegen das Pferd mit euch tauschen.« Und Hans war voller Freude. Er tauschte das Pferd gegen die Kuh. Der Bauer schwang sich aufs Pferd und ritt schnell davon.

Hans trieb seine Kuh jetzt langsam und gemächlich, wie er es erträumt hatte, vor sich hin und bedachte seinen glücklichen Handel. »Wenn ich nur ein Stückchen Brot habe – und daran wird es mir wohl kaum mangeln – dann kann ich, wenn ich nur will, Butter und Käse dazu essen und wenn ich Durst habe, kann ich Milch trinken, so viel ich nur will. Ich bin von Glück gesegnet!«.

Als er auf seinem Wege an einem Wirtshaus vorbeikam, trat er ein, aß sein gesamtes Mittag- und Abendessen auf und setzte seine letzten Heller für ein Gläschen Bier um. Zufrieden und satt machte er sich dann wieder auf den Weg, immer dem Dorfe seiner Mutter entgegen.

Die Hitze des Mittags wurde drückender und vor Hans lag ein noch.gutes Stück Weg. Schließlich wurde es Hans so heiß, dass ihm schier die Zunge im Schlund festklebte. Hans wischte sich den Schweiß und hatte eine gute Idee. »Jetzt ist die Zeit richtig«, dachte er. »Jetzt will ich meine Kuh melken und mich mit an der Milch laben und frisch wieder auf den Weg machen.«

Er band die Kuh an einen Baum und da er keinen Eimer hatte, stellte er seine Ledermütze unter sie. Aber wie er sich auch mühte, es kam kein Tropfen Milch hervor. Und weil er zusätzlich so ungeschickt mit ihr war, gab ihm das Tier endlich mit dem Hinterfuß einen solch' kräftigen Schlag vor den Kopf, dass Hans zu Boden taumelte und sich eine ganze Zeit gar nicht besinnen konnte, wo er war.

Glücklicherweise kam ein Metzger des Weges, der ein kleines Schwein mit sich führte. Der Mann half Hans wieder auf die Beine und fragte ihn, was los sei. Und Hans erzählte ihm, was vorgefallen war. Der Metzger holte seine Flasche heraus, gab Hans zu trinken. »Das ist wohl keine Kuh für Milch,« sagte der Metzger. »Vielleicht ist sie grad' gut zum Ziehen oder aber zum Schlachten.« Hans strich sich über den Kopf und sprach: »Für ein Haus mag es gut sein, sie zu schlachten, das gibt eine Menge Fleisch. Aber ich mache mir nicht viel aus Kuhfleisch. Ein Schwein müsste es sein. Das ist viel saftiger und auch die Würste schmecken viel besser!«. Das gefiel dem Metzger wohl und er sagte zu Hans: »Um dir einen Gefallen zu tun, will ich den Tausch gern mit dir machen!«. Hans war froh und dankte dem Metzger sehr für seine Freundschaft. Er gab dem Metzger die Kuh und mit dem Strick in der Hand ging Hans mit seinem Schweinchen seiner Wege.

Als Hans so ging, überdachte er, wie doch alles nach einem guten Wunsch gelänge. Wann immer eine Verdrießlichkeit auftauchte, so dauerte es nicht lang, und alles kam wieder in eine Ordnung. Hans war mit sich und seinem Gelingen wohl zufrieden.

Nach einer Zeit gesellte sich ein Bursche zu ihm, der trug unter seinem Arm eine schneeweiße Gans. Hans berichtete dem Gesellen von seinem Glück. Und der Geselle erzählte, dass er die gemästete Gans zu einer Kindstaufe bringe. »Wer in den Braten beißt, muss sich das Fett von beiden Seiten abwischen,« setzte er hinzu. »Ach«, sagte Hans. »Aber ein Schwein ist auch nicht schlecht!« Da sah sich der Geselle nach allen Seiten um und sprach bedenklich zu Hans: »Das ist schon richtig. Aber im Dorf, durch das ich eben gezogen bin, haben sie dem Schulzen ein Schwein gestohlen. Und ich fürchte, das ist das Schwein, das Ihr da am Band habt. Das wäre schlimm, wenn sie Euch da mit dem Schwein fänden. Das Wenigste ist, dass Ihr ins finstere Loch gesteckt werdet!«.

Da wurde dem Hans Angst und Bange. »O, bitte, helft mir aus meiner Not!«, bat er den Gesellen. »Ihr kennt euch hier besser aus, als ich. Bitte nehmt mein Schwein, gebt mir dafür eure Gans und rettet mich.« Der Bursche überlegte kurz und sagte dann: »Ich will doch nicht Schuld sein an Eurem Unglück. Zwar muss ich etwas aufs Spiel setzen, aber ich tu's!«. Er nahm also das Seil in die Hand, drückte Hans die Gans in den Arm und machte sich auf einem Seitenwege schnell davon.

Und Hans war seiner Sorgen entledigt und machte sich frohen Mutes weiter auf den Weg. »Der Tausch war vielleicht sogar sehr gut,« dachte er sich. »Die Gans ist so fett, dass das Schmalz für ein Vierteljahr reichen wird und von den Gänsefedern kann ich sogar noch ein feines Kopfkissen bekommen, darauf will ich dann schlafen.«

Als Hans kurz vor seinem Dorf war begegnete ihm ein Scherenschleifer, der sang: »Ich schleife die Schere und drehe geschwind und hänge mein Mäntelchen nach dem Wind!« – »Euch muss es gut gehen,« sprach Hans zu dem Mann. »Wenn Sie so froh bei Ihrer Arbeit singen!« – »Ja,« sagte der Schleifer. »Das Handwerk hat eine gute Zukunft. Wer ein guter Schleifer ist, hat immer Geld in der Tasche. Doch sagt, wo habt Ihr die Gans unter Eurem Arm gekauft?«. Hans sagte, die habe er nicht gekauft, sondern gegen ein Schwein eingetauscht. Der Schleifer fragte ihn weiter: »Und wo habt Ihr das Schwein her gehabt?«. Hans sagte, dass er das Schein gegen die Kuh getauscht habe. Und Stück für Stück fragte der Schleifer und Hans erzählte: Die Kuh gegen das Pferd, das Pferd gegen sein Gold und das Gold für sieben Jahre Dienst. »Da habt Ihr Euch ja immer zu helfen gewusst,« sagte der Schleifer. »Wenn Ihr nun noch das Geld in der Tasche springen habt, dann habt Ihr Euer Glück gemacht.« Und Hans fragte ihn, wie er das machen solle. »Werdet Schleifer, wie ich,« sagte der Mann zu ihm. »Dazu braucht Ihr nur einen Wetzstein, alles andere findet sich von selbst. Hier habe ich einen, der ist zwar etwas schadhaft, aber ich will ihn euch gern für eure Gans eintauschen.« Hans machte vor Freude einen Sprung, er sagte, er sei der glücklichste Mensch auf Erden. Er tauschte die Gans gegen den Stein ein und zog mit vergnügtem Herzen weiter.

Seine Augen leuchteten vor Freude, er war sicher, dass er in einer Glückshaut geboren sei und alles hätte, was ein Sonntagskind auch hätte.

Doch allmählich wurde er müde. Er war den ganzen Tag gewandert, hatte sein Essen bereits mittags aufgezehrt und begann sehr müde zu werden. Alle Augenblicke musste er Halt machen und der Stein drückte ihn erbärmlich. Er stöhnte unter seiner Last und dachte, wie gut es wäre, wenn er sie nicht zu tragen brauchte.

Mit schweren Schritten gelangte er zu einem Brunnen, wollte dort rasten und ein wenig Wasser trinken, um sich zu erfrischen. Bedächtig legte er seinen Stein neben sich auf den Brunnenrand, wollte sich zum trinken bücken, stieß den Stein ein klein wenig an und der plumpste in den Brunnen hinab.

Hans sprang vor Freude auf, kniete nieder und dankte Gott mit Tränen in den Augen für seine unendliche Gnade, dass er ihn auf eine so wunderbare Weise von seiner schweren Last befreit habe. »Ich bin so glücklich, wie kein Mensch unter Gottes Sonne,« rief er aus. Er war leichten Herzens und frei von aller Last und sprang fort, bis er daheim bei seiner Mutter war.

Nacherzählt nach Grimm

Einige begleitende Worte

Zum Glück scheint zu gehören, dass wir immer leichter und leichter werden und unsere Sorgen und Lasten, die wir mit uns tragen, ablegen. Sterben heißt auch, alles abzulegen, was als Hindernis im Wege liegen kann. Klärende Worte für die, die uns im Leben begleitet haben, Schulden, auch in Form von unerfüllten Versprechungen oder ausgeliehenen CD's oder Büchern, behindern diese Leichtigkeit. Das sind unerfüllte und unerledigte Konsequenzen, die wir täglich mit uns schleppen und die uns auf den Schultern lasten. Bei dem schweren Gewicht mag es egal sein, ob das nun aus Gold oder aus Granit besteht. Diese materiellen Werte gelten für Menschen, nicht für Verstorbene.

Den Weg des Sterbens zu erleichtern, bedeutet für die Sterbenden und ihre Nahestehenden, diese Lasten loszuwerden. Erst dann können alle frohen Mutes und auch frohen Herzens »nach Hause springen« (siehe Kapitel 4, »Das Haus des Lebens«).

Dass dieser Weg schweißtreibend sein kann, und uns möglicherweise ab und zu die Schamesröte, angesichts der Erkenntnis unserer eigenen Unzulänglichkeiten, ins Gesicht steigen kann, ist vorstellbar. Auch die Erkenntnis, dass möglicherweise jede Unwahrheit am Ende ebenso sichtbar ist, wie das, was wir so gern versteckt hätten, ist schwer.
Dieser anstrengende Weg begleitet die Sterbenden und die ihnen Nahestehenden in den verschiedenen Phasen des Sterbens. Dieser Weg ist sehr anstrengend, bis letztlich – in vielen Fällen von den Anwesenden deutlich wahrnehmbar – diese Leichtigkeit in Form eines inneren Friedens und Einverständnisses erreicht ist. Es scheint manchmal, als werden auf diesem Wege die engsten Beziehungen dermaßen geläutert, dass zum Schluss das Wichtigste, was Menschen verbinden kann, spürbar wird: »Verzeihen und Liebe«. Dies sind die Bänder, die Leben und Tod überdauern. Sie überleben Frostperioden, Feuersbrünste und schmerzvolle Trauerjahre in ihrer Unzerstörbarkeit.
Wer immer die Chance hatte, diese Kostbarkeiten des Lebens zu entdecken, hat auch die Gelegenheit, darauf einen neuen und haltbaren Weg zu beschreiten. Unabhängig von allen schmerzlichen Trauerphasen reicht die Erinnerung an diese ewige Wahrheit durchaus, um Trost zu finden.
Wann immer Menschen eine Zeit gemeinsam leben, wachsen Gedanken und Pläne für die Zukunft, die es zu gestalten gilt. Ob es die Hoffnung auf ein gemeinsames Altern ist oder die Erwartung auf eine lang ersehnte Urlaubsreise: wenn ein Mensch gestorben ist, sind all diese Ideen nichtig geworden. Und plötzlich werden so selbstverständlich gemeinsame Unternehmungen, wie ein wiederkehrendes Erntedankfest oder die gemeinsam organisierte Faschingsparty, einsam und leer.
Dann tauchen Gedanken an all die verpassten Gelegenheiten auf, die die zerplatzten Hoffnungen deutlich aufsteigen lassen. Gedanken und Sehnsüchte, die den oder die Verstorbenen zurückwünschen, werden voller Wehmut ertragen. »Es wäre doch so schön gewesen, wenn wir noch einmal gemeinsam …«. Der Alltag wird die Erinnerung an alle gefassten Pläne deutlich werden lassen.
Frieden und Einverständnis, wie in der vorgestellten Geschichte entstanden, ist eine besondere Unterstützung dafür, diese Sehnsüchte besänftigen zu können. Denn dann steht das tiefe Einverständnis über die Richtigkeit dessen, was geschehen ist, den unerfüllten Erwartungen machtvoll gegenüber.
Plötzliche Tode jedoch und auch Todesfälle, die, wie so häufig, nicht in einem gemeinsamen Frieden enden, lassen Trauernde ihren Schmerz besonders leidvoll erleben. Kein Trost ist für die unerfüllte Erwartung erkennbar. Der Zeitpunkt des Todes war zu früh; viel zu früh, um aus

der Gemeinsamkeit die Befriedigung der Erfüllung zu schöpfen. Und zu vieles wurde nicht ausgesprochen, zu vieles nicht erlebt, zu viel Geplantes nicht umgesetzt.
In dieser Zeit kann es sein, dass die Trauernden vermeiden, an diesen Schmerz und diese Wehmut erinnert zu werden. Gemeinsame Unternehmungen, das gemeinsame Stammlokal oder der regelmäßige Einkauf am Sonnabendvormittag werden dann umgangen, damit die Erinnerung an die zerstörten Hoffnungen auf Gemeinsamkeit die Trauernden nicht lähmt.
Mit einem erweiterten Blickwinkel, der die Besonderheiten und Schönheiten der ehemals gemeinsamen Unternehmungen in den Mittelpunkt stellt, kann dann in dieser Wehmut die Erkenntnis des Neuen erkennbar werden. Der neue Weg, der vor den Menschen wie auch vor den Verstorbenen liegt, wird scheinbar in grenzenloser Einsamkeit gegangen. Es mag aber sein, dass diese Wege für beide Seiten völlig neu sind.
Beide benötigen den großen Mut, in eine ungewisse Zukunft zu schauen. Die Erinnerung daran, dass die Lebenden, wie auch die Toten einen neuen Anfang vor sich haben kann hilfreich sein, den Mut in dem Schmerz und der Wehmut zu finden, um diesen neuen Weg kraftvoll zu gehen und zu gestalten – immer im Wissen, dass die Verstorbenen ebenso wehmütig oder mutig sein mögen, wie die Lebenden selbst.

Ratschläge für die Betroffenen

- Öffnen Sie Ihre Augen für unterstützende Angebote und Unternehmungen aus Ihrer Umgebung.
- Überprüfen Sie, ob Sie Ihrem Leben neue Richtungen (ein neuer Beruf, eine veränderte Wohnlage, von der Sie immer schon heimlich träumten, das Lernen einer neuen Sprache…) geben könnten.
- Seien Sie mutig in allen Situationen, in denen Sie Veränderungen gestalten können.
- Gestalten Sie Ihre Wohnung um. Stellen Sie Möbel um, räumen Sie Regale aus und entscheiden Sie, welche Besitztümer davon sie gern mögen, welche Ihnen wichtig sind, welche nicht so wichtig. Sortieren Sie aus!
- Seien Sie ohne schlechtes Gewissen, wenn Sie Ihren Freundeskreis verändern wollen. Schreiben Sie der betreffenden Person einen liebevollen Abschiedsbrief, übergeben Sie ihr ein kleines Geschenk als Dankeschön und danken Sie für die Unterstützung, die Sie erfahren haben.
- Erforschen Sie, was das Vermächtnis an Sie sein kann, das Ihnen der oder die Verstorbene hinterlassen hat. Worin mag der Sinn des Lebens für sie gelegen haben?

- Halten Sie täglich einen kleinen Moment inne und betrachten Sie bewusst Ihre Umgebung. Was ist in Ihren Blick geraten, was schön ist? Nutzen Sie diese Übung um die schönen Seiten im Leben zu entdecken. Was ist schön in Ihrem Zimmer, in Ihrer Umgebung, in einem Supermarkt? Wenn Sie möchten, führen Sie darüber Buch, notieren Sie die schönen Dinge, damit Ihre Aufmerksamkeit auf sie gerichtet werden kann. Sie wissen, neben dem Tod, neben der Sorge und der Angst, steht etwas, das auf die andere Waagschale gehört. Es existiert immer beides parallel.
- Werden Sie wachsam, wenn Sie sich in einer Umgebung befinden, in der Sie nichts schön finden. Dann sehen Sie bitte sehr genau hin, es wird etwas Schönes zu entdecken sein – auch auf einem asphaltierten Parkplatz im Novemberregen.
- Planen Sie einen Kinobesuch, einen Theaterbesuch. Kleiden Sie sich bewusst sehr schön an dem Abend. Achten Sie darauf, dass Sie sich selbst gut gefallen.
- Sorgen Sie dafür, dass Sie sich den Platz, an dem Sie essen, schön gestalten. Entscheiden Sie, ob Ihnen das Geschirr, das Sie gedeckt haben, tatsächlich gefällt. Sollten Sie dabei entdecken, dass Sie es eigentlich gar nicht mögen, sollten Sie anders decken oder sich eine neue Tasse oder einen Teller kaufen!
- Atmen Sie jeden Tag einmal draußen an der Luft tief durch – unabhängig vom Wetter. Stellen Sie sich vor, wie die pure Lebenskraft bei jedem Einatmen in Ihren Körper eingesogen wird.
- Richten Sie einen Platz in Ihrer Wohnung ein, auf den Sie einen, in Ihren Augen sehr schönen Gegenstand stellen, den Sie sorgsam ausgewählt haben. Auch hier gilt: neben allem Luxus, den die Erde zu bieten hat, kann schon ein ausgeschnittenes Bild aus der Zeitung schön sein. Ebenso dienlich kann eine Postkarte sein, ein farbiges Herbstblatt oder ein selbst gefundener Kieselstein. Tauschen Sie diese Gegenstände aus, wenn Sie sie nur noch mit dem »Gewohnheitsblick« betrachten.
- Machen Sie einen Spaziergang im Wald. Bringen Sie drei Gegenstände mit, die Sie selbst gefunden haben und die ihre Aufmerksamkeit auf sich gezogen haben.
- Bitten Sie Menschen in Ihrer Umgebung, etwas gemeinsam mit Ihnen zu unternehmen, wenn Sie feststellen, dass Sie trübselig werden. Bitten Sie sie, Sie auf die Schönheiten der Welt aufmerksam zu machen, damit Sie Ihren Blick erweitern können.
- Lesen Sie das Buch »Mut und Gnade« von Ken Wilber. Sie werden entdecken, dass es Menschen gibt, wie Sie selbst, die den Mut hatten, mit offenen Augen und bewusst den Tod und die Sterbenden zu begleiten.

- Lesen Sie das Buch »Der Prophet« von Kahlil Gibran. In der Geschichte fährt ein weiser Mann von seiner Insel davon. Er hinterlässt den Menschen auf ihre Fragen kluge und weisheitsvolle Antworten.
- Lesen Sie das Buch »Prognose Hoffnung« von Bernie Siegel. Der Arzt aus den USA hat in erster Linie mit Krebspatienten gearbeitet. Dieses Buch ist für alle, die mit dieser Diagnose konfrontiert wurden und für alle gesunden Menschen ein sehr hoffnungsvolles und lebensbejahendes Buch.
- Sehen Sie sich den Film »Ritter aus Leidenschaft« an. Der humorvolle Film trägt eine wichtige Botschaft in sich. Diese besagt, dass man die Sterne neu ordnen könne. Dazu müsse man nur stetig einen Fuß vor den anderen setzen!

Ratschläge für die Umgebung Betroffener

- Machen Sie Trauernde in dieser Zeit auf die schönen Seiten des Lebens aufmerksam.
- Laden Sie Betroffene ein – erkunden Sie, was die Betroffenen gern haben und schön finden.
- Unterstützen Sie Betroffene, wenn diese ihre Aufmerksamkeit auf kleine, scheinbar unscheinbare Dinge und Gegenstände richten.
- Packen Sie tatkräftig mit an, wenn Betroffene ihren Wohnbereich umgestalten wollen. Unterstützen Sie sie mit Ideen dazu.
- Laden Sie Betroffene zu einer Unternehmung ein, wenn Sie feststellen, dass sie trübselig werden.
- Machen Sie Betroffene auf die Schönheiten der Welt aufmerksam, damit sie ihren Blick erweitern können.
- Bringen Sie Betroffenen kleine Gegenstände mit (Blätter, Steine, Blumen, Postkarten usw.), die Sie selbst schön finden. Lassen Sie Betroffene an Ihrer eigenen Wahrnehmung für Schönheit teilhaben.
- Begleiten Sie Trauernde, wenn sie voller Wehmut von der Erkenntnis sind, dass sie alle Unternehmungen ohne den lieben und nahen verstorbenen Menschen machen müssen. Gehen Sie gemeinsam mit ihnen, nehmen Sie die Erinnerung an die Toten mit, sprechen Sie sie an, doch machen Sie die Trauernden gleichzeitig auf die kleinen Besonderheiten und möglichen Beobachtungen aufmerksam.

9 Über Vergangenes, Gegenwart und Zukunft

Die Verdrängung von Trauer nach einem schweren Abschied kann schwere gesundheitliche Folgen nach sich ziehen. Eine heilsame Trauer muss dabei von einer zerstörerischen Verzweiflung unterschieden werden und die Vergangenheit muss sauber von der Gegenwart getrennt werden.

O du weinendes Herz der Welt!
Auch du wirst auffahren
Wenn die Zeit erfüllt ist.
Denn nicht häuslich darf die Sehnsucht bleiben
Die brückenbauende
Von Stern zu Stern!

Nelly Sachs

Und solang du das nicht hast,
Dieses: stirb und werde!
Bist du nur ein trüber Gast
Auf der dunklen Erde

Johann Wolfgang v. Goethe, Selige Sehnsucht

Brief an Susanne (27), Ehefrau von Hannes (34)

Die Namen wurden geändert

Sie waren erst seit ein paar Jahren zusammen. Und Susanne bewunderte Hannes sehr. Er war ein lebensoffener und neugieriger Mann.
Hannes schöpfte das Leben mit beiden Händen und er hatte eine Menge erlebt. Er war dunkelhaarig und trug einen Schnurrbart, den er liebevoll mit seinen Händen zwirbelte, bis er fast waagerecht in seinem Gesicht stand. Hannes liebte die Kunst. Und er wollte mit der Kunst bekannt werden und Geld verdienen. Er schwärmte für die großen Maler, die die Welt hervorgebracht hatte und arbeitete daran, als Kunstexperte ernst genommen zu werden.
Das stellte sich jedoch als schwierig heraus. Hannes war gelernter Maler. Er hatte auf dem zweiten Bildungsweg in Abendkursen seinen Schulabschluss aufgebessert und hatte sich als Gasthörer in Kunstgeschichte eingeschrieben.
Hannes hatte mit der ihm eigenen Energie ein altes Bauernhaus etwas außerhalb der Großstadt erstanden und setzte jede Minute seiner Frei-

zeit daran, es liebevoll aufzubauen und zu gestalten. Freunde und Bekannte, die er in großer Menge hatte, packten dabei tatkräftig mit an und genossen die gemeinsamen abendlichen Feiern, die der schweren körperlichen Arbeit regelmäßig folgten. Hannes hatte viele Ideen. Und er konnte seinen Freunden und Bekannten diese Ideen wunderbar vermitteln, bis diese zum Schluss seine Vorschläge begeistert annahmen und als einzige Lösung verteidigten. Mit sich selbst war Hannes ausgesprochen unordentlich. Briefe, die er nicht ansehen wollte, ließ er ungeöffnet liegen bis aus den unbearbeiteten Kleinigkeiten oft große Schwierigkeiten auf ihn zukamen.
Dann endlich fand Hannes einen Galeristen, der ihm anbot, als Kunstexperte in seiner Galerie zu arbeiten. Hannes war begeistert, denn jetzt gehörte er endlich zu dem Kreis, in den er immer wollte. Er arbeitete viel. Wann immer Reisen unternommen werden sollten, um Bilder anzusehen und möglicherweise zu kaufen, war Hannes bereit, ganze Nächte dafür herzugeben, um dafür mit dem Auto quer durch Deutschland zu fahren. Das wirkte sich natürlich auf seine Gesundheit aus, denn Hannes fuhr schnell und benötigte häufig Aufputschtabletten, damit er die nächtlichen Fahrten überstand.
Doch eines Tages, schloss die Galerie für immer. Es waren nicht mehr genügend Menschen vorhanden, die sich teure Gemälde kaufen wollten. Hannes hatte seinen Traum ausgeträumt. Alle Versuche, irgendwo in Deutschland in einer anderen Galerie und möglicherweise einer anderen Szene Fuß zu fassen, misslangen.
Hannes stand vor den Scherben dessen, was er in seinem Leben auf unkonventionelle Art erschaffen wollte und hatte plötzlich nicht selten Schwierigkeiten, die anfallenden Kosten für sein Haus zu bezahlen. Seine Freunde unterstützten ihn, wann immer sie konnten, sie brachten ihm sogar Essen vorbei, wenn Hannes keinen Pfennig mehr bei sich hatte.
In dieser Zeit traf er Susanne. Susanne war Verwaltungsangestellte in einer Behördenstelle in einer Kleinstadt nahe Hannes Wohnort. Und Susanne verliebte sich in diesen Mann, der die große Welt zu kennen schien und unendlich viele Ideen hatte, die sie für sich selbst nie zu entdecken glaubte. Susanne brachte Ordnung in das wilde und brausende Leben von Hannes. Sie schaffte es, dass Hannes plötzlich wieder einen Überblick darüber bekam, was eine ganz alltägliche Organisation war. Seine Rechnungen waren bezahlt, sein Haus glänzte, seine Wäsche war ganz plötzlich gewaschen. Und Hannes hatte das Gefühl, dass wenigstens dort ein sicherer Platz für ihn war.
Hannes hoffte noch immer darauf, dass er einen Beruf annehmen könnte, der seine Sehnsucht erfüllen würde. Doch als Susanne nach einem gemeinsamen Jahr schwanger wurde, stand Hannes vor dem

Problem, dass er, der bereits die Dreißig überschritten hatte, nun als Familienvater für die Versorgung von ein paar Menschen aufzukommen hatte. Und das tat er.
Sein neues Arbeitsfeld unterschied sich allerdings von allem, was er jemals erhofft hatte. Er fand eine Stelle als Abteilungsleiter für Farben und künstlerischen Bedarf in einem großen Baumarkt. Hannes zeigte seine Enttäuschung über diesen vermeintlichen Abstieg nicht. Er verteidigte seinen neuen Beruf mit der gleichen Vehemenz, wie er früher als Kunstexperte für unverstandene Künstler eingetreten war.
Von nun an wurde sein Leben regelmäßig. Er stand morgens früh auf, arbeitete und abends verblieben ihm ein paar Stunden um an seinem Haus zu arbeiten. Er legte sich einen Bauerngarten an und zog sei eigenes Gemüse. Diese Arbeit nach dem langen Tag im Baumarkt entspannte ihn.
Als der gemeinsame kleine Sohn gerade ein Jahr alt war, wurde Susanne wieder schwanger und sie und Hannes heirateten. Hannes fand zu seinem kleinen Sohn nicht so recht Zugang. Und manchmal dachte Hannes daran, wie wunderbar es sein könne, wenn der Kleine erst jugendlich wäre. Dann könne Hannes ihm alles zeigen und beibringen, was er wusste.
Susanne war hochschwanger, als sie abends einen Telefonanruf bekam. Hannes war auf regennasser Straße und mit stark überhöhter Geschwindigkeit gegen einen Baum gerast und war sofort tot. Eine Nachbarin blieb bei dem kleinen Sohn und Susanne fuhr sofort los, um Hannes noch einmal zu sehen. Als sie im Krankenhaus ankam, wurde ihr strikt davon abgeraten, sich dieses »schreckliche Bild« als Erinnerung zu behalten. Also fuhr Susanne wieder nach Hause zurück.
Halb in Trance, rief Susanne die Freunde und Bekannten an, die sie hatten und von denen sie aus der Zeit vor ihrer Ehe gehört hatte, um ihnen die Nachricht mitzuteilen. Viele von ihnen kamen sofort zu ihr und niemand wusste, was er sagen sollte.
Gemeinsam organisierten sie eine Trauerfeier. Sie wussten, Hannes wollte mit der Kirche niemals Kontakt haben. Das ganze Dorf nahm Anteil an der Feier. Hannes war dort mit seiner offenen, humorvollen und großzügigen Art immer sehr beliebt gewesen.
Und als Hannes begraben war, lebte Susanne weiter in dem Bauernhaus auf dem Land. Drei Monate nach Hannes Tod brachte sie eine gesunde Tochter zur Welt. Hannes hatte in den Jahren seiner beruflichen Anerkennung in keiner Weise für eine finanzielle Absicherung gesorgt. Nur die letzten wenigen Jahre als Angestellter brachten für Susanne eine kleine Rente, die allerdings nicht für den Lebensunterhalt von drei Menschen ausreichte. Susanne suchte jemanden, der zur Untermiete mit in das Häuschen einziehen konnte, damit die festen Kosten

bezahlt werden konnten. Susanne bekam zusätzlich Unterstützung von der Sozialhilfe. Verwandte oder Eltern, an die sie sich hätte wenden können, gab es für sie und ihre kleine Familie nicht.

Liebe Susanne,
du bist kaum selbst erwachsen geworden und stehst schon mit großen Sorgen und mitten im Schock in einem Alltag, der dich sehr fordern wird.
Das sind die Scherben deiner Hoffnung auf ein sicheres Leben, vor denen du stehst. Und alles, alles sieht jetzt anders aus, als du es dir gedacht hast. Wie gern wolltest du Hausfrau und Mutter sein, angelehnt an den Mann, den du bewunderst und der – anders als du – in der Lage ist, die großen Kontakte nach außen zu halten. Alles ist jetzt wie ein Kartenhaus bei einem Windstoß in sich zusammengefallen.
Und es ist niemand da, der dir Zuversicht gibt: niemand, der dir sagen könnte, wie es jetzt weitergehen könnte und der dir sagt, wie du dir ein neues Leben aufbauen kannst. Und alle Menschen in deiner Umgebung sind ebenso schockiert von dem Schicksalsschlag wie du. Doch sie wissen nicht, was sie dir jetzt an Trost und Hoffnung geben könnten. Zu schrecklich ist die Vorstellung davon, wie deine Lebensplanung zerbrochen ist. Und zu entsetzlich die Vorstellung des zerfetzten blutenden Hannes nach dem Unfall. Die Vorstellung ist für alle schrecklich, nicht nur für dich – glaube mir.
Deine Kinder werden gemeinsam mit dir aufwachsen und dich immer wieder nach ihrem Vater fragen. Sie werden ihn ihr Leben lang suchen. Und möglicherweise werden sie ihn auch anklagen. Denn er hat dir und ihnen den Halt genommen.
Und bei allem wird es noch mehr Schwierigkeiten geben – bereite dich darauf vor. Die Menschen in deiner Umgebung werden relativ schnell in ihrem eigenen Alltag weitermachen. Natürlich werden sie an Hannes oft denken, aber sie werden nicht wissen, wie dein Alltag aussehen wird. Denn der unterscheidet sich ab jetzt nicht von dem Alltag einer jeden allein erziehenden Mutter mit kleinen Kindern. Sie werden nicht daran denken, dass du Abend für Abend bei deinen Kindern sein wirst, anstatt einen Kinofilm anzusehen oder einen Stammtisch zu besuchen. Du wirst noch nicht einmal kegeln gehen können, ohne dir dazu einen Babysitter suchen zu müssen. Und das Problem dabei ist, dass du diesen nicht bezahlen kannst.
Als junge Frau, die du bist, wirst du eine potentielle Konkurrentin für jede andere Frau darstellen. Und deshalb werden die gemeinsa-

men Unternehmungen mit anderen Paaren still und leise von der Bildfläche verschwinden. Schon bald wirst du in dem kleinen Dorf, in dem du lebst, nicht einmal mehr zum Grillfest eingeladen werden. Und das wird nicht von den Männern ausgehen, sondern von den Frauen. Denn es könnte ja sein, dass du so dringend einen Mann brauchst, dass du ihn einer anderen wegnimmst. Und du wirst selbst sehen, wie schwer es ist, als »fünftes Rad am Wagen«, als »Anhängsel« mit anderen unterwegs zu sein. Du wirst möglicherweise die ausgesprochenen Einladungen als mildtätige Almosen ahnen und dann wirst du sehr schnell freiwillig die Feiertage allein verbringen.

Die anderen Frauen wissen ja nicht, dass du noch so schockiert bist, dass ein anderer Mann als Hannes so schnell überhaupt nicht in deinen Gedanken Platz finden wird.

Mit all diesen Schwierigkeiten hättest du es leichter, wenn du in einer Großstadt leben würdest. Da gibt es viele, die in einer ähnlichen Situation sind. In einer Großstadt könntest du Menschen finden, die, wie du, allein ihren Alltag mit Kindern leben – auch wenn sie nicht den Schrecken des Todes mit sich tragen. Da wäre es möglich, einen Alltag zu organisieren, der dir wenigstens ein bisschen Freiheit verschafft und dir Menschen an die Seite stellt, die wie du selbst ihre Freizeit gestalten müssen, ganz einfach, weil dort auch keine Gemeinschaft ihnen den Rücken stärkt.

Es gibt in deiner Situation jedoch einen großen Unterschied zu allein erziehenden Müttern, die ebenso allein sind wie du: du hast den Schmerz und den Schrecken des Todes zu verwandeln. Und dazu gibt es ebenso wenig Patentrezepte, wie für das Leben allein erziehender Mütter.

In deinem Alltag wird dich die Sehnsucht nach Hannes mit aller Wucht treffen, wenn du die kleinen Momente Ruhe hast, wenn deine Kinder schlafen und du trotz allem, was du zu arbeiten und zu organisieren hast, dich mutterseelenallein in deinem Wohnzimmer befindest. Und du wirst eine Ahnung davon bekommen, wie die Sehnsucht dir körperliche Schmerzen bereiten kann.

Die Sehnsucht wächst langsam. Sie ist in den ersten Tagen nicht da, denn da ist Hannes doch noch ganz präsent und dicht neben dir. Die Sehnsucht wird dir unweigerlich und langsam begegnen. Du kannst ihr nicht ausweichen. Sie baut sich auf. Langsam und stetig, je weiter Hannes Tod zurück liegt, wird sie größer und größer werden. Sehnen kann man sich nur, wenn immer deutlicher wird, was wir verloren haben, das geht nicht so schnell.

Dieser Schmerz der Sehnsucht tut sehr weh, denn kein Mittel der Welt wird das ungeschehen machen, was geschah. Du kannst sie

auch nicht abdämpfen, sei es durch Alkohol oder durch Beruhigungsmittel, denn sobald du wieder einen wachen Zustand erreicht hast, steht sie neben dir, und beginnt genau da wieder von vorn, wo sie aufgehört hat.
Und es kann sein, dass das Bild seines zerschmetterten Körpers dich verfolgen wird. Dann wirst du große Mühe haben, alle Kraft aufzuwenden um deinen Gedanken wieder eine Richtung zu geben. Das ist, als ob du eine wilde Herde durchgehender Pferde vor dir hast, die du lenken musst. Sie schnauben und bäumen sich auf und du hast sie zu zügeln. Das funktioniert durchaus, aber es erfordert viel Kraft von dir.
Es kann sein, dass du wilde Vorstellungen davon entwickelst, ob sein Kopf möglicherweise abgerissen war, ob seine Hände, die so sanft streicheln konnten, noch alle Finger hatten, ob sein Gehirn sich in seinem Kopf befand oder nicht. Möglichkeiten von Horrorvorstellungen sind unendlich weiter auszumalen. Diese Vorstellungen hören auch nicht auf, wenn du sicher sein kannst, dass sein Körper komplett war, denn auch der Gedanke an ein angstverzerrtes Gesicht, sein Erkennen, dass sein Leben gleich zu Ende sein wird oder der Gedanke daran, dass sein Körper, den du ebenso geliebt hast, wie ihn selbst, von Maden zerfressen in der Erde modert, kann sich einstellen.
Solche Gedanken sind normal, das sei dir versichert. Und nicht nur du hast sie, sondern auch alle anderen Menschen, denen ein lieber Mensch gestorben ist. Ganz besonders schwer sind solche Gedanken für die, deren Liebste durch eine Gewalttat verstorben sind.
Beruhige dich, denn es ist schon vorbei. Hannes ist nur einmal gegen den Baum gefahren. Auch wenn du täglich viele Male an den letzten Moment denkst und dir vorstellst, was er gedacht haben mag oder ob er Angst gehabt hat, bedenke bitte: es war nur einmal, nicht tausende Male. Das mag nicht viel Trost sein, aber das kann deine aufwühlenden Vorstellungen beruhigen.
Hannes hat euch verlassen. Und es kann sein, dass sich dann in diese Horrorvorstellungen von einem zerfetzten Körper auch starke Wut mischen kann. Denn er hat euren gemeinsamen Traum von einer heilen Welt mit Kindern und einem Häuschen, in dem ihr glücklich seid, zerplatzen lassen. Er hat euch allein gelassen und hat dich vor eine Alltagssituation gestellt, die du nie wolltest. Du bist in eine Mutter und Vaterrolle hineingezerrt worden, die du kaum zu erfüllen vermagst. Wie auch? Ein Vater, der fehlt kann nicht durch die Mutter ersetzt werden. Auch das teilst du mit allein erziehenden Müttern.
Es ist sehr schwer, dir einen haltbaren Trost zu geben, denn deine Lebensumstände sind kompliziert verstrickt.

Wie mag es Hannes damit gehen, dass er tot ist? Ob er verzweifelt ist? Oder ob er den Schrecken über seinen schnellen Tod im Nacken sitzen hat? Oder ist er vielleicht sogar ein wenig erleichtert? Du weißt, dass er dich und euch liebte und sich in die Vaterrolle begeben hat, die er für sich eigentlich nicht geplant hatte. Doch du weißt auch, dass er seine Enttäuschung über sich selbst, die Resignation darüber, dass er nicht in einem angesehenen und spektakulären Beruf anerkannt wird, immer mit sich trug. Für ihn war es ein deutlicher gesellschaftlicher Abstieg, letztendlich in einem Baumarkt zu landen. Du sagst, dass er in seiner ihm eigenen Art diese Arbeit heftig verteidigte. Das musste er wohl auch, denn du hast geahnt, dass mit dem Beginn dieses Berufes seine Würde sehr angeschlagen sein wird.
Und dann, wenn Hannes klar wird, was geschehen ist, was mag dann für ihn sein? Ich halte es für vorstellbar, dass er sich zunächst seiner Sorgen entledigt glaubt, mit einem Blick in eine Zukunft, die jedem Glamour enthoben ist. Den wünschte er sich doch so sehr. Ob in diesem jähen Ende Resignation über sein eigenes Leben steckte, das sich nicht als so großartig und wunderbar herausgestellt hatte, wie er es sich erträumt hatte? Er, der nie ein Spießer mit einer heilen Familie in einer heilen Puppenstubenwelt sein wollte. Dann ist ein Autounfall, der allem ein schnelles und abruptes Ende bereitet, nicht die schlechteste Wahl.
Und wenn das so sein sollte, hat er euch tatsächlich im Stich gelassen – obwohl er euch liebte. Das sah jeder, der beobachtete, wie seine Augen weich wurden, wenn er dich ansah.
Es ist möglich, dass er sich zwischen dem, was von ihm erwartet wurde und dem, was er für sich selbst wollte, hin- und her gezerrt fühlte. Das muss für ihn hart gewesen sein. Nur: du musst hier und jetzt die Folgen seiner verpatzten Träume ausbaden. Allerdings ist davon auszugehen, dass er genau das auch erkennen wird, wenn die Erleichterung über seine errungene Freiheit etwas blasser geworden ist.
Ihr hattet durch Hannes plötzlichen und unerwarteten Tod keine Möglichkeit, euch zu verabschieden und das werdet ihr sehr vermissen. Und ich vermute, dass die Konsequenzen, die letztlich daraus entstehen von allen getragen werden müssen, so schwer sie auch sein mögen.
Du weißt, was auf dich wartet. Und irgendwann wirst du feststellen, dass du durch Hannes Tod in eine neue Richtung gelenkt wurdest, die du nie für dich in Anspruch nehmen wolltest. Und du wirst auch feststellen, dass sich Stolz über das, was du geschafft hast, in die Schwere mischen wird.

Alles das, was jetzt als undurchdringbar und kaum lösbar erscheint, wird eine Lösung finden können. Jetzt musst du das Kämpfen lernen, für dich und für deine Kinder – unabhängig von allem, was eine unsensible Gemeinschaft um dich herum für Beurteilungen dafür parat hält.
Ich wünsche dir, dass du die Kraft findest, dich stark zu machen und dich aufzurichten. Und ich wünsche dir, dass du die Möglichkeit findest, deinen Blick von dem Schock und von dem Schweren, was auf dich wartet, zu lösen und ihn in eine ganz andere Richtung zu lenken. Erst dann kannst du andere Menschen finden, die in einer ähnlichen Situation stehen, wie du selbst. Gemeinsam lernen und gemeinsam einen Weg durch den Dschungel zu finden, ist immer leichter, als allein zu sein.
Alles Gute für dich!

Wie es Susanne heute geht

Die ersten Jahre waren für Susanne sehr schwer. Sie merkte, wie sie bitter wurde, angesichts des Zorns über Hannes Tod und angesichts der ausbleibenden Unterstützung der Gemeinschaft. Susanne fühlte sich von allen im Stich gelassen. Sie hatte vollauf mit ihren beiden Kindern zu tun und musste sich täglich mindestens einmal überwinden, um das Leben ihrer zerstörten Familie zu regeln. Ob es darum ging, einen Kindergartenplatz zu finden, ob es um Krankheiten der Kinder ging oder um einen kaputten Vergaser an ihrem Auto – sie dachte manchmal, es gäbe für sie nie wieder eine Zeit, in der es nur um sie selbst gehen könnte. Sie weiß selbst, dass sie vor lauter Sorge, ob sie auch alles schaffen würde, manchmal ihren Alltag und ihre Kinder zu stringent regierte.
Etwa zwei Jahre nach Hannes Tod merkte Susanne, wie sie nervöser wurde. Ihr Alltag überforderte sie, zumal sie ihre Trauer und ihre Wut nicht lösen konnte. Sie entwickelte nervöse Herzbeschwerden und dachte jedes Mal, wenn diese auftraten: »jetzt muss ich sterben«. Die Ärzte, die sie aufsuchte, verschrieben ihr das Beruhigungsmittel Valium. Obwohl Susanne diese Mittel nicht gerne nehmen wollte, versuchte sie sie. Dadurch war sie lange Zeit abgedämpft und fühlte sich »wie in einer Welt aus Watte«. Susanne verträgt seit der Zeit keinen Kaffee mehr. Es hat Jahre gedauert, bis sie ihre Beruhigungsmittel langsam absetzen konnte und ihr Herzklopfen weniger wurde. Sie bekommt heute in Situationen, in denen eine Aufregung auf sie wartet immer noch unrhythmisches Herzklopfen.
Susanne hatte eine ganze Zeit lang Sorge, dass sie verrückt würde mit ihrem dauernden Herzklopfen, das sie in Todesangst versetzte, und den

Sorgen, die besonders nachts immer größer wurden. Dann, wenn alles draußen dunkel und still war, sah Susanne Hannes Unfall vor sich. In den ersten Jahren spielte sich in jeder Nacht diese Szene vor ihr ab. Sie sah sein schmerz- und angstvoll verzerrtes Gesicht vor sich und unweigerlich stellten sich die Vorstellungsbilder bei ihr ein, wie und wo er Verletzungen hatte, wie viel Blut geflossen war usw. Als Susanne zusätzlich Schlafstörungen entwickelte, wurden zu den täglichen Beruhigungstabletten noch Schlafmittel verabreicht.
Manchmal kam ihr der Gedanke, es sei doch vielleicht besser, wenn Sie in einer Psychiatrie landen würde. Dann wären ihr mit einem Mal alle Sorgen abgenommen und sie bräuchte sich endlich um nichts mehr zu kümmern. Allein der Gedanke an ihre beiden Kinder hielt sie in ihrem Alltag fest. Als sie das merkte, klammerte sie sich sehr an die Beiden.
Susanne haderte heftig mit ihrem Schicksal. Und sie hatte verächtliche Bemerkungen auf der Zunge, wann immer ihr jemand sagte, dass »Gott das wahrscheinlich so wollte«. Susanne hatte keinen Gott. Denn kein Gott der Welt kann so grausam sein, ihr das bisschen Leben, das sie wollte, so erbarmungslos zu zerstören. Und Susanne glaubte auch nicht daran, dass es Hannes leid tun könnte, dass er sie alle so allein gelassen hatte. Sie hatte keinen Gedanken an eine mögliche weitere Existenz. Für sie war Hannes immer noch genau der, der an dem Morgen, bevor er seinen Unfall hatte, ironisch grinsend »bis später« gesagt hatte, als er das Haus verließ. Und plötzlich, ganz plötzlich war Hannes zu einem Nichts geworden und alles war aus.
Als ihre Kinder etwas größer wurden und sie bei Freunden bleiben konnten, orientierte Susanne sich in Richtung der nächsten Großstadt. Sie liebäugelte mit dem Gedanken, dort hinzuziehen, um wieder andere Kontakte eingehen zu können. Das Bauernhaus ihres verstorbenen Mannes hielt sie letztlich davon ab. Susanne richtete sich darauf ein, lange Fahrten mit dem Auto auf sich zu nehmen, damit sie selbst und irgendwann ihre Kinder außerhalb ihres kleinen Dorfes mehr Leben um sich haben könnten.
Irgendwann nahm sie ihre Arbeit in einer Behörde wieder auf. Auch dafür nahm sie weite Wegstrecken gelassen auf sich. Sie wünschte sich, dass ihr Menschen begegnen, die nicht sofort ihre gesamte Lebensgeschichte wissen. Den Kontakt zu Menschen, den sie durch ihren Beruf wieder eingehen musste, genoss sie sehr. Sie stellte fest, dass sie zu lange nicht mit anderen gesprochen hatte. Es war eine weitere Überwindung für sie, das jetzt wieder zu lernen.
Susanne überwand ihre Hemmungen und meldete sich bei einem regelmäßigen Chorsingen an. Dort traf sie ein paar Menschen, die, ebenso wie sie selbst, Kontakt zu anderen Menschen benötigten. Noch immer fährt Susanne gern zum Singen.

Von Hannes spricht sie nicht mehr. Und es fragt sie auch niemand nach ihm. Susanne hat vor zwei Jahren sehr zögerlich eine Beziehung mit einem Mann begonnen, der von seiner Frau geschieden wurde. Sie mag sich jedoch nicht richtig auf die Beziehung einlassen, zu schwer wäre es, wenn auch die zerstört würde. Auch ihr neuer Freund glaubt nicht an Gott. Er bemüht sich, Susanne abzulenken. Sie singen gemeinsam im Chor und treffen sich regelmäßig, um ins Kino zu gehen.
Heute sind ihre Kinder Jugendliche. Beide wohnen noch immer gemeinsam mit in dem Bauernhaus.

Eine Geschichte zum Nachdenken

Dornröschen

Es waren einmal ein König und eine Königin, die wollten so gerne ein Kind haben. Aber sie bekamen keines. Und als nach Jahren die Königin einmal im Bade saß, da sprang plötzlich ein Frosch aus dem Wasser zu ihr und sprach: »Dein sehnlicher Wunsch soll dir erfüllt werden. Noch ehe ein Jahr vergeht, wirst du eine Tochter zur Welt bringen!«. Er sprach's und verschwand wieder. Die Königin freute sich sehr, auch wenn sie nach dieser langen Zeit noch leise Zweifel in sich spürte.
Doch als kaum ein Jahr vergangen war, erfüllte sich die Sehnsucht und die Königin gebar eine gesunde und wunderschöne Tochter. Der König war außer sich vor lauter Freude und da er sich gar nicht zu fassen wusste, setzte er ein großes Fest an, um die Geburt der Prinzessin zu feiern.
Er lud zu diesem Fest alle Freunde und Bekannten ein und auch alle weisen Frauen des Landes, damit sie seiner Tochter gewogen seien. In seinem Reich lebten dreizehn weise Frauen. Da er aber nur zwölf goldene Gedecke auflegen konnte, von denen sie an dem Fest essen sollten, so musste eine von ihnen daheim bleiben.
Das Fest wurde mit großer Pracht gefeiert. Und auf diesem Fest beschenkten die eingeladenen weisen Frauen die Königstochter mit allen Wundergaben, die sie hatten: die eine schenkte ihr Schönheit, die nächste Reichtum, die dritte Tugend und so wurde die Prinzessin mit allem beschenkt, was auf der weiten Welt zu wünschen möglich war.
Doch als elf weise Frauen ihren Spruch getan hatten, öffnete sich die Tür, die dreizehnte Frau betrat den Saal und alle Stimmen verstummten. Die dreizehnte Frau wollte sich dafür rächen, dass sie nicht mit eingeladen wurde und rief mit lauter Stimme: »Die Königstochter soll sich, wenn sie 15 Jahre alt ist, an einer Spindel stechen und tot umfallen!«. Ohne ein weiteres Wort zu sprechen drehte die Frau sich um und verließ den Saal.
Alle Menschen waren sprachlos und verharrten auf der Stelle, da trat die zwölfte weise Frau hervor, die ihren Wunsch für die Prinzessin noch übrig

hatte und sagte, da sie den Spruch der anderen nicht aufheben, sondern nur mildern konnte: »Die Prinzessin soll jedoch nicht an dem Stich der Spindel sterben, sondern sie wird in einen tiefen und langen hundertjährigen Schlaf fallen.«
Der König wollte seine Tochter und sein Reich gern vor diesem großen Unglück bewahren und ließ im ganzen Land den Befehl ausgeben, dass alle Spindeln verbrannt werden sollen. Und das geschah.
An dem Mädchen wurden alle Wünsche der Frauen wahr. Es war tugendhaft, es war wunderschön und es war reich und voller Freundlichkeit und klug. Jeder, der das Mädchen ansah, musste es lieb haben. Und als das Mädchen 15 Jahre alt wurde, waren an dem Tag der König und die Königin nicht zu Hause und das Mädchen blieb allein im Schloss zurück. Da ging es durch das ganze Schloss, besah sich Stuben und Kammern, wie es Lust hatte und gelangte endlich an einen alten Turm. Dort stieg das Mädchen die lange und enge Wendeltreppe hinauf und gelangte zu einer kleinen Tür. In dem Schloss von der Tür steckte ein Schlüssel und als es den umdrehte, sprang die Tür auf. Da saß in einem kleinen Stübchen eine kleine alte Frau und drehte die Spindel und spann Flachs. »Guten Tag, altes Mütterchen«, sagte das Mädchen zu der alten Frau, »was machst du da?« – »Ich spinne«, antwortete ihr das Weiblein und nickte ihr freundlich mit dem Kopf zu. »Und was springt da so lustig in euren Fingern herum?«, fragte die Prinzessin weiter und berührte die Spindel mit der Hand.
Da jedoch erfüllte sich der Zauber der zwölften weisen Frau an jenem Fest: Das Mädchen hatte kaum die Spindel berührt, da stach es sich in den Finger. Und in dem Moment, als sie den Stich verspürte, fiel sie in einen tiefen Schlaf. Sie fiel auf das Bett nieder, das dort stand. Und der Schlaf verbreitete sich im ganzen Schloss. Der König und die Königin, die gerade eintrafen schliefen sofort ein. Der ganze Hofstaat schlief ein. Alle Tiere im Schloss fielen in Schlaf, die Pferde im Stall, wie auch die Hunde im Hof, ja, sogar die Fliegen an der Wand schliefen mit der Prinzessin gemeinsam ein. Die Tauben auf dem Dach legten ihre Köpfchen unter die Flügel und der Koch, der gerade dem Küchenjungen eine Ohrfeige geben wollte, schlief ein, so wie der Küchenjunge auch. Und sogar das Feuer, das unter den Töpfen flackerte, verglomm und schlief. Der Wind, der eben noch wehte, legte sich, es regte sich kein Blättchen mehr an den Bäumen, als der Schlaf über das Schloss kam.
Um das Schloss herum begann eine Dornenhecke zu wachsen. Diese Hecke wurde jedes Jahr höher und höher und schließlich sah kein Mensch mehr, dass dort einmal ein prächtiges Schloss gestanden hatte, denn alles wurde durch die Dornenhecke verdeckt.
Durch das Land aber ging die Sage, dass hinter der Dornenhecke eine Prinzessin, das wunderschöne Dornröschen, in tiefem Schlaf läge. So kamen von Zeit zu Zeit Prinzen in das Land gezogen, die das Mädchen aus ihrem tiefen Schlaf befreien wollten. Sie versuchten die dichte Dornenhecke zu durchdrin-

gen, aber es war ihnen unmöglich. Die Dornen hielten fest zusammen und umklammerten die Königssöhne in sich so fest, dass sie eines jämmerlichen Todes starben.
Nach langen, langen Jahren kam wieder einmal ein Königssohn durch das Land gefahren und er hörte, wie ein alter Mann von der Sage erzählte, dass hinter der Dornenhecke ein prachtvolles Schloss sei mit dem schlafenden Dornröschen darin. Und mit ihr schliefe dort der ganze Hofstaat, der König und die Königin selber und selbst die Tiere würden dort in dem verwunschenen Schloss in tiefem Schlaf liegen. Der alte Mann erzählte auch, dass schon viele Königssöhne ihr junges Leben lassen mussten, weil sie in der Dornenhecke hängengeblieben waren und die Dornen sie nicht mehr freigegeben hatten. Der Königssohn wollte jedoch sein Glück versuchen, die Hecke zu durchdringen. »Ich fürchte mich nicht«, sagte er. »Ich will doch das schlafende Dornröschen sehen!«. Und der Königssohn hörte nicht auf die warnenden Worte des alten Mannes, der alles tat, um ihm davon abzuraten.
Nun waren aber gerade die hundert Jahre vergangen, die Dornröschen in ihrem Schlaf lag und auf den Tag genau sollte das Mädchen wieder erwachen. Und als der Königssohn sich der Dornenhecke näherte, waren es lauter wunderschöne Rosenblüten, die sich vor ihm auftaten, wenn er ihnen näher kam. Sie ließen ihn unbeschädigt hindurch und taten sich hinter ihm wieder zusammen. So gelangte er zu dem Schloss. Und er sah die schlafenden Hunde auf dem Hof, die Pferde im Stall, die über ihren Futtersäcken eingeschlafen waren und er sah die Tauben auf dem Dach, wie sie schliefen. Und als er in das Haus kam, sah er den König und die Königin und den ganzen Hofstaat, wie sie im Saale lagen. Er entdeckte in der Küche die Fliegen an der Wand, den Koch, wie er noch die Hand ausgestreckt hatte, um den Küchenjungen zu packen und er sah, dass selbst das Feuer unter dem Braten in tiefen Schlaf gefallen war. Da ging er weiter und alles war so still; kein Windchen und kein Lüftchen regte sich. Und endlich gelangte er zu dem Turm und stieg die enge Treppe hinauf. Als er zu der kleinen Stube gelangte und die Tür öffnete, sah er dort auf dem Bett das schlafende Dornröschen vor sich liegen. Und er dachte sie so wunderschön, dass er sich niederbeugte und ihr einen Kuss gab.
Wie er sie aber mit dem Kuss berührt hatte, da schlug Dornröschen die Augen auf und sah ihn an. Sie gingen gemeinsam die Treppe wieder hinab und der König und die Königin erwachten und mit ihnen der ganze Hofstaat. Die Tauben auf dem Dach schlugen ihre Flügel aneinander, die Pferde im Stall rüttelten sich und fraßen weiter, die Hunde schüttelten sich und sprangen im Hofe umher und die Fliegen an der Wand in der Schlossküche krabbelten weiter. Der Koch gab dem Küchenjungen die Ohrfeige und das Feuer auf dem Herd entfachte neu und loderte hell auf.
Das war eine große Freude! Und der Königssohn und Dornröschen feierten ein prachtvolles Hochzeitsfest und lebten vergnügt bis an ihr Ende.

Nacherzählt nach Grimm

Einige begleitende Worte

Ein plötzlicher Tod, der Menschen völlig unvorbereitet trifft, nimmt ihnen jede Möglichkeit, einen Abschied von den Toten zu haben. Dieser fehlende Abschied verhindert, dass das, was wir so gerne noch sagen wollten oder das, was wir hätten sagen sollen, ausgesprochen wird. Und dieser Abschied wird dann gesucht. In diesen Fällen steht die Frage nach dem »Warum?« den Trauernden oft lange Zeit präsent im Raum.

Einen Abschied kann man jedoch nachholen, so unmöglich dies zunächst erscheinen mag. Sollte es so sein, dass Verstorbene auf irgendeiner Ebene existieren, muss ein Austausch über das bislang Ungesagte stattfinden können. Wer sagt denn, dass das nicht auf einer alltagspragmatischen Ebene möglich sein kann? Ein Versuch ist es wert, das quälend im Raum Stehende zu wandeln. Dann ist es wichtig, mit den Toten zu sprechen, wie wir es auch mit jedem Lebenden tun würden. Eine Haltung dazu, die sie deutlich auffordert zuzuhören, ist dazu ebenso ratsam, wie die Annahme, dass das überhaupt machbar sein kann. Jeder Gedanke daran, ›dass das ja sowieso nicht gehört wird‹ oder ›dass es da nichts mehr zu tun gäbe‹ wird die Wandlung verzögern.

Man kann Toten Briefe schreiben, alles, was unterblieben ist, kann nachgeholt werden und auch Anklagen können vorgebracht werden. Hier gilt es, wie schon vorher beschrieben, das, was gesagt werden soll, mit Geduld und Ausdauer für die Dauer eines Zyklus von einem Monat zu tun. Schmerzliche Einsamkeit mit den eigenen Gedanken und Empfindungen hat nach Ablauf dieser Zeit eine Umwandlung erfahren.

Diejenigen, die nichts von einer möglichen Existenz nach einem eingetretenen Tod wissen, können dabei dennoch den Verstorbenen, mit denen sie etwas zu klären haben, im Ablauf dieser Zeit, das bislang Vermiedene und Ungesagte mitteilen. Das Anliegen derer, die nicht an ein Weiterleben nach dem Tod glauben, ist in die Vergangenheit gerichtet. Sie können jedoch ihr Bedauern darüber, dass es nach dem Tod vielleicht zu spät ist, etwas zu sagen oder zu klären, ebenso ehrlich kundtun. Jedes ausgesprochene Wort, das wir – vielleicht aus Angst – vermieden haben, findet Erlösung, wenn es ausgesprochen ist. Allein die Vorstellung, dass ›ja sowieso alles nichts bringt‹, wird jede mögliche Handlung und jede mögliche Wandlung verhindern.

Ein besonderes Problem nimmt die dauernd wiederkehrende, bittere und bildhafte Vorstellung des Todesmomentes ein. Diese immer wieder abspulenden Bilder von Angst und Schrecken belasten Trauernde aufs Äußerste und können sie über viele Jahre verfolgen. Das gilt neben Unfällen und Suiziden besonders für Menschen, die durch Gewalttaten verstorben sind. Dann gerät ein trauernder Mensch in die Situation, dass er sich tagtäglich mit Horrorvorstellungen konfrontiert sieht, aus denen es kaum einen Ausweg gibt. Es ist, als säße ein Mensch in einem Kino, in dem ein 24-Stundenprogramm von Horrorvideos gezeigt wird. Der Blick kann nicht abgewendet werden von dem schrecklichen Geschehen auf der Leinwand. Angstverzerrt und in sich selbst verkrochen starrt der Mensch auf die laufenden Bilder ohne jemals Abstand zu bekommen. Das Leben wird dann zum leibhaftigen Horror!

Ähnlich wie bei den täglichen Schreckensbildern im nachrichtlichen Fernsehen, ist es auch bei den Bildern, die Trauernde verfolgen können: das Furchtbare, das geschah, ist nur ein einziges Mal passiert, nicht, wie spektakuläre Filmaufnahmen uns weismachen wollen, in jeder Minute noch einmal und noch einmal. Filmaufnahmen ziehen dabei, genau wie die unfassbaren und grausamen selbst produzierten Szenarien in der Vorstellung, den Blick aus allen verfügbaren Blickwinkeln mit heran, damit ein nahezu umfassendes Miterleben für die Zuschauer erzeugt wird. So ergeht es Trauernden in ihrer Sehnsucht und mit den unverarbeiteten Bildern und Vorstellungen und so ergeht es auch Fernsehzuschauern.

Es ist schwer, Menschen aus diesem Kino zu befreien. Und sehr häufig haben die Betroffenen den Eindruck, als würden sie sich von den Verstorbenen selbst, die sie doch geliebt haben, abwenden, wenn sie den Blick von der Todesstunde wenden. Ein Video wird ebenso oft reproduzierbar abgespielt, wie die Bildfolgen einer tatsächlich passierten Schreckensszene. Man kann es tatsächlich als »Ausschalten eines Horrorvideos« bezeichnen, wenn der Blick eines Trauernden vom Schrecken weg gelenkt werden kann.

Dazu müssen Trauernde immer wieder daran erinnert werden, dass der Moment bereits vorbei ist – dass das, was geschah, der Vergangenheit angehört. Lebende und auch Tote werden durch diese bildhaften Vorstellungen an einen bestimmten Zeitpunkt in der Vergangenheit festgebunden und sie haben keine Chance, den Blick in die Zukunft zu richten. Damit erstarrt jede Möglichkeit, gestaltend das Leben zu ergreifen. Ohnmacht, wie in einem hundertjährigen Schlaf ist die unbewegliche Folge dieses beißenden Schmerzes.

Das eigene Leben kann den betreffenden Menschen dabei so sinnlos und schreckerstarrt erscheinen, dass sie es vorziehen würden, selbst tot zu sein, damit dieser unendlich grausame Film auch zu Ende ist.

Es ist notwendig, Vergangenheit und Zukunft sauber voneinander zu trennen. Und es ist ebenso notwendig, dass eine Gemeinschaft, die Trauernde in ihrer Mitte weiß, sie immer wieder an diesen Punkt erinnert und sie beruhigt. Aus der Erstarrung und aus dem hundertjährigen Schlaf kann erwachen, wer den Blick über das Geschehen hinaus erhebt. Erst damit ist ein Mensch wieder handlungsfähig. Dazu kann die

betreffende trauernde Person auch um eine Unterstützung für andere gebeten werden. Wann immer diese dann in einem Kreis eingebunden sind, können sie auch wieder handeln, wie alle anderen auch.
Wenn bei den Trauernden der Eindruck entsteht, dass sie die Verstorbenen in dem Horror allein ließen, wenn sie ihren Blick von dem Geschehen abwenden, ist es wichtig, dass ihnen vermittelt wird, dass für die, die tot sind der Tod schon eingetreten ist und damit der Vergangenheit angehört.
Trauer und Gemeinschaft können nur dann heilsam sein, wenn sie eine Zukunft in sich tragen und eine Richtung bekommen dürfen. Es ist nicht so, dass jeder Tag, der vergeht, ein Schritt von dem Toten weg ist. Jeder Tag, jede Minute, die vergehen, bringen uns diesen lieben Menschen doch wieder ein Stück entgegen. Niemand weiß, wann das sein wird, doch unweigerlich wandern wir ihnen mit unserer eigenen Sterblichkeit ein Stück entgegen. Das ist wahrhaftig ein beruhigender Gedanke, wenn Sehnsucht die Trauernden zermürbt.
Trauer, ob sie individuell oder kollektiv stattfindet, benötigt immer eine Intention, damit ein Weiterdenken überhaupt möglich ist. Erst wenn Gedenkminuten eine Richtung bekommen, können sie auch heilsam sein. Trauer und Gedenken, die dabei erstarren, daran zu denken, wie »schrecklich traurig« und »unendlich furchtbar« das Geschehene war, verharren in einem nicht enden wollenden Jammer. Hier ist jede Weiterentwicklung unmöglich. Zielgerichtet ist es dann, wenn wir wissen, dass der Schrecken bereits vorbei ist und auch, wenn wir mit Liebe und Hoffnung an eine Zukunft für die Lebenden und die Toten denken.
Viele Menschen sind angesichts ihres bevorstehenden Todes bei ihrem letzten und wichtigsten Gedanken gelandet. Der beschäftigte sich nicht damit, jetzt nebensächliche Kleinigkeiten wahrzunehmen, wie »ob das Auto nicht stark überhöhte Geschwindigkeit hat« oder »es doch auch sehr dunkel draußen sei«, sondern der letzte Gedanke ist überraschend eindeutig und sicher die Liebe zu den nahesten Menschen. Auch wenn die Verstorbenen ihnen das nicht unbedingt mitteilen konnten, reichen die Berichte der knapp dem Tode Entronnenen und aktuelle Tode der modernen Zeit: Sterbende riefen ihre Angehörigen noch schnell mit einem Handy an, um ihnen zu sagen, dass das Heiligste viel wichtiger war, als alles andere. Und das Heiligste ist die Liebe.
Gedanken, die kreisen, und Gefühle, die aufwallen, bergen die Schwierigkeit in sich, dass sie sich quasi verselbständigen können, wenn sie nicht gebändigt werden. Es ist nicht entscheidend, wer denn nun wichtiger sei, der ›Kopf oder der Bauch‹ oder der ›Verstand oder das Gefühl‹. Denn beide wirken, wie Zwillinge, die, wo sie auch gehen und stehen, gemeinsam und in Folge handeln. Jede Angst, die als Bild in

Menschen auftaucht und jede peinigende Panikattacke sind in sich vollkommen logisch aufgebaut! Da hat der Verstand seinen folgenschweren Beitrag dazu geliefert. Damit treten Verstand und Gefühl immer im Paar auf.
Dieses unzertrennbare Miteinander gilt es zu bändigen. Das kann nur, wer sich im Klaren darüber ist, dass ein Mensch erheblich mehr ist, als allein der Verstand *oder* das Gefühl. Jede Fähigkeit, jede Eigenart und jedes mögliche Gefühl oder ein kluger Gedanke ist in der Gemeinsamkeit das, was Menschen einzigartig macht. Doch der Mensch selbst hat die Aufgabe, in diesem wild durcheinander quirlenden Haufen den Überblick zu halten. Jeder Mensch hat nur eine einzige Instanz in sich, die diesen Überblick halten kann: sich selbst!
Es gilt, sich in Schreckensmomenten daran zu erinnern, um dann beruhigend auf beide wild gewordenen, notwendigen Anteile eines Menschen einwirken zu können. Die Erinnerung daran, dass wir selbst größer sind, als unser Verstand und unser Gefühl, ist dabei der machtvolle Moment, der diese Erlösung möglich macht. Ein von Herzen ehrliches Gefühl und ein zündender, kluger Gedanke sind wunderbare Werkzeuge für uns Menschen, um unser Leben eigenverantwortlich und klug führen zu können. Geraten sie jedoch außer Kontrolle, wird unweigerlich unser Leben auch außer Kontrolle geraten.
Die Vorstellung, dass die Angst vielleicht nicht mehr ist, als eine kleine verschreckte Gestalt, kann sehr hilfreich dazu sein, wieder den Überblick über die bestehende Situation zu erlangen. Wenn dem Verstand und dem Gefühl von einem Menschen mit Überblick wieder eine Richtung gegeben wird, ist das Denken und das Fühlen zielgerichtet. Dann können Ideen gefunden werden und mit aller Empathie und Weisheit Handlungen vorbereitet werden. Gelingt das nicht, drehen wir uns im Strudel der Empfindungen oder kreisen, wie in einem Hamsterrad mit unseren Gedanken ohne wirklich einen klaren Gedanken für uns schaffen zu können. Jedes überwallende Gefühl, dass Handlungen hervorruft, landet in einer Kurzschlusshandlung und jeder Gedanke, der nicht zielgerichtet ist, verläuft im Treibsand einer öden Wüste.
Wachheit erst verschafft Überblick. Auch darüber, dass ein Mensch mehr ist, als seine Einzelteile und dass ein Problem und eine Sorge kleiner sind, als das Ganze. Dornröschen hat an dem Platz, an dem sie geschlafen hat, nur das kleine Turmzimmer erlebt. Sie hat die vorbeilaufende Zeit nicht mitbekommen, nicht den Wechsel der Jahreszeiten und auch nicht das aufkeimende neue Leben und Abschied nehmende Sterben allen Lebens. Es ist heilsam, wenn wir aus dem Schlaf erwachen, egal ob es riesengroßer Daueralptraum ist oder ob der Schlaf dämmerig-wabernd war. Wenn wir aus dieser Ruhe wieder erwachen ist die Zeit für einen neuen Tag mit neuen Handlungen gekommen.

Ratschläge für die Betroffenen

- Wann immer Sie feststellen, dass Sie sich mit ihren Gedanken um die Geschehnisse bei einem plötzlichen Tod drehen, und ihre Horrorvorstellungen sich ausweiten, sagen Sie zu sich selbst, dass alles schon vorbei ist. Es ist nur ein einziges Mal geschehen!
- Bedenken Sie, dass Sie sich in der Gegenwart befinden. Führen Sie sich den Tag über immer wieder vor Augen, dass Sie sich im Hier und Jetzt befinden. Machen Sie sich bewusst, wo Sie sind und was gerade anliegt. Umherschweifende Gedanken an den Horror und die Sehnsucht nach der Vergangenheit können so gebremst werden.
- Hören Sie sich das Lied »From a distance« von Whitney Houston an. Ein Lied, das Sie darin erinnern kann, dass das grausame Geschehen mit genügendem Abstand auch in Ruhe und sehr friedlich betrachtet werden kann. Lassen Sie sich – wenn nötig – den Text dazu übersetzen.
- Wenden Sie ihre Aufmerksamkeit auf Ihre Umgebung. Ob in einem kleinen Dorf oder in einer Großstadt, es wird immer und in jedem Moment Menschen geben, die Unterstützung benötigen. Gehen Sie auf einen betroffenen Menschen zu und bieten Sie ihm Unterstützung an.
- Backen Sie einen Kuchen für einen Menschen, der Unterstützung benötigt.
- Planen Sie ein Fest oder eine Einladung für einen Freund oder eine Freundin, der Sie Danke sagen möchten.
- Wenn Sie morgens im Bett liegen, fragen Sie sich, worauf Sie sich heute freuen. Wenn Sie nichts finden und Ihnen alles trübe erscheint, dann steht für Sie die Aufgabe an, etwas so zu gestalten, dass Sie sich darüber freuen!
- Stellen Sie sich abends einen kleinen Moment vor den Spiegel. Schauen Sie sich an und fragen Sie sich, was heute schön war. Ziehen Sie damit eine abendliche Bilanz. Wenn Sie nichts an diesem Tag schön fanden, gestalten Sie am nächsten Tag etwas, damit Sie am nächsten Abend etwas schön finden.
- Schreiben Sie der verstorbenen Person einen Abschiedsbrief und sagen Sie ihr das, was Sie bei einem möglichen Abschied gesagt hätten. Diesen Brief sollten Sie an einem Tag, der für Sie beide wichtig war, entweder verbrennen, in ein fließendes Gewässer werfen oder an einem Platz, der für Sie eine Bedeutung hat (möglicherweise am Friedhof), vergraben.
- Wenn Sie Zorn über den Tod empfinden, sich von der verstorbenen Person im Stich gelassen fühlen und ihr das sagen möchten, schreiben Sie einen Brief, in dem Sie ihr das in klaren und deutlichen Worten, auch in Beschimpfungen, mitteilen. Fühlen Sie dabei nach, ob es Ihnen möglich ist, der Person zu verzeihen und schreiben Sie das dann auch hinein.

Auch diesen Brief sollten Sie zu einem Platz bringen, an dem er wieder zu Erde werden kann. Sollten Sie der Person ihren Fortgang bereitwillig verzeihen und im nächsten Moment entdecken, dass Sie immer noch wütend sind, verzeihen Sie noch einmal, wenn nötig täglich.

- Sollten Sie denken, Sie dürften solche Gedanken von Zorn und Wut nicht haben, bedenken Sie, dass Sie durchaus einen Grund dazu haben. Sie dürfen! Jedes Gefühl, das existiert und scheinbar nicht existieren darf, wird unermesslich groß und mächtig, wenn es nicht verwandelt wird.
- Suchen Sie sich eine Möglichkeit, Ihre Wut zu lösen. Es kann hilfreich sein, Holz zu hacken oder mit den Fäusten und aller Kraft auf einen Sandsack, notfalls auch ein Kissen, einzuschlagen. Wann immer sich die Wut dabei in Tränen lösen kann, ist das eine Erlösung!
- Wenn Sie Beruhigungs- und /oder Schafmittel verordnet bekommen, erkundigen Sie sich, ob es eine »sanftere« Methode als Unterstützung gibt. In der Naturheilkunde stehen Ihnen dabei viele verschiedene Möglichkeiten zur Verfügung.
- Bedenken Sie bei allen Situationen, in denen Sie ein Präparat (ob schulmedizinisch oder naturheilkundlich) zu Ihrer Unterstützung einnehmen wollen, dass dieses Ihnen die Trauer und deren Verwandlung in keiner Weise abnehmen wird. Jedes Präparat und jede Methode kann nur als Werkzeug dienen, um einen Prozess zu einem Ziel zu bringen.
- Lassen Sie den Gedanken zu, dass Verstorbene auf einer anderen und unbekannten Ebene weiter existieren. Spielen Sie den Gedanken durch, auch wenn Sie nicht daran glauben mögen. Alle Vorstellungen der Welt von dem, wie es nach dem Tode aussehen mag, sind gleichwertige Bilder und Anschauungen. Zweifeln Sie durchaus weiter daran, nur lassen Sie andere Gedanken zu.
- Lesen Sie das Buch »Licht von drüben« von Raymond Moody. Der amerikanische Arzt hat Nahtoderlebnisse von Menschen gesammelt und in einigen Büchern zusammengetragen. Der Autor hat weitere Bücher zum Thema veröffentlicht (»Leben nach dem Tod«, »Nachgedanken über das Leben nach dem Tod«, »Leben vor dem Leben« u.a.). Auch diese können Ihren Blick erweitern.
- Das Buch »Sterben ist doch ganz anders« von Christoph Hampe beschreibt ebenfalls Nahtoderfahrungen von Menschen.
- Melvin Morse und Paul Perry haben mit ihrem Buch »Zum Licht« einen weiteren Beitrag zum Thema Nahtoderlebnisse – diesmal von Kindern – geliefert.
- Sehen Sie sich den Film »Und täglich grüßt das Murmeltier« an. In diesem humorvollen Film erlebt ein Mann immer wieder denselben Tag

von neuem. Die Lösung in eine neue Zukunft hinein geht über viele Verwicklungen und das Sterben sämtlicher Tode, bis er für sich den Weg in eine wunderbare Zukunft findet.

Ratschläge für die Umgebung Betroffener

- Versichern Sie Betroffenen, dass der Schrecken vorbei ist!
- Erinnern Sie Trauernde an die Gegenwart, erinnern Sie sie an den Moment, der gerade eben jetzt abläuft. Werden Sie gemeinsam mit den Trauernden wach!
- Erinnern Sie Betroffene daran, dass sie in einem Alltag stehen und den Blick auf die Gegenwart richten sollen.
- Unterstützen Sie Trauernde, wenn sie der verstorbenen Person ehrliche Worte sagen möchten. Begleiten Sie sie, wenn sie sich auf den Weg machen wollen, einen Brief oder Ähnliches an die Verstorbenen zu schicken.
- Wenn Betroffene aus ihrer Trauer heraus körperliche Symptome entwickeln, suchen Sie mit ihnen gemeinsam nach unschädlichen alternativen Lösungsmöglichkeiten.
- Halten Sie Ihre eigenen Probleme nicht fern von den Betroffenen. Fragen Sie sie um Rat oder um Unterstützung. Trauernde können lachen. Sie können denken. Und sie werden auf diese Art möglicherweise aus ihren beklemmenden Vorstellungen gelöst. Das kann die Betroffenen besser in eine Gemeinschaft einbinden, anstatt sie als dauernd »Bedürftige« erscheinen zu lassen.
- Achten Sie darauf, dass Sie Menschen, die allein leben und vielleicht auch mit Kindern allein leben, auch weiterhin zu gemeinsamen Festen und Unternehmungen einladen. Vielleicht gibt es in Ihrer Umgebung mehr als nur eine einzelne Person? Laden Sie doch mehrere davon ein.
- Sollten Sie den Gedanken haben, dass es sein könne, dass mit einer Einladung der trauernden Person nur noch mehr Schmerzen bereitet werden, wenn sie Sonntags am Tisch einer heilen Familie sitzt, bedenken Sie: es ist schlimmer für diesen Menschen, wenn er ganz allein sitzt!
- Organisieren Sie einen regelmäßigen Babysitterdienst, damit junge Eltern oder Alleinstehende mit Kindern die Möglichkeit finden, aus der Einsamkeit herauszukommen.
- Wenn es sich bei den Trauernden um noch junge Menschen handelt, nehmen Sie wahr, dass diese unter einem heftigen Schock leiden, von dem Sie noch keine Erlösung gefunden haben und sich möglicherweise noch lange Zeit darin befinden können.

10 Wie nach einem langen Winter neue Saat ausgesät wird

Wenn die Zukunft unmöglich erscheint, ist es besonders wichtig, Pläne zu schmieden. Wie kann aus Trauer eine Perspektive werden? Wenn vertraute alte Menschen sterben, ist es, als ließen wir einen wichtigen Teil unserer eigenen Geschichte mit ins Grab. Die Vergangenheit ist vorbei und die Zukunft muss aktiv gestaltet werden.

Ahnen sind für den nur Nullen,
der als Null zu ihnen tritt.
Steh als Zahl an ihrer Spitze,
und die Nullen zählen mit.

W. Müller

Die alten Menschen. Wohl sind sie lange Schatten, und ihre Abendsonne liegt kalt in der Erde; aber sie zeigen alle nach Morgen.

Jean Paul

Brief an Irmgard (24), Enkeltochter von Elli (90)

Die Namen wurden nicht geändert

Elli war die Tochter eines Gutsbesitzers. Sie lernte nähen und sticken und Klavierspielen, alles Dinge, die sie nicht mochte, die aber ihrer Erziehung als »höhere Tochter« entsprachen. Als ihr Vater starb, wurde der Besitz verkauft und jede der Töchter hatte eine ansehnliche Geldsumme als Mitgift zur Verfügung. Elli bekam ihren ersten Kuss mit 23 Jahren, in ihrer Hochzeitsnacht. Sie wurde Mutter von zwei Söhnen. Ihr Mann machte sich mit ihrem Geld selbständig, verlor jedoch innerhalb weniger Jahre alles, was sie hatten. Er verließ Frau und Kinder.

Da Elli nie wirklich einen Beruf gelernt hatte, bestickte sie Kleider für eine bekannte Kinderkleidungsfabrik, um Geld für sich und ihre Kinder zu verdienen. Sie arbeitete viel in den Nächten. Sie machte sich immer mehr Sorgen um den zweiten Sohn, denn er kränkelte leicht. Als er 22 Jahre alt war, starb er. Seinen Tod hat sie nie verwunden.

Ihr anderer Sohn wurde Vater von drei Töchtern. Er holte Elli zu sich in die Gegend, in der er wohnte. Sie wohnte von da ab in einem kleinen Dorf, nahe der Großstadt, in der ihr Sohn mit seiner Familie lebte. Sie hatte zwei kleine Zimmer und eine Küche, die für die nächsten zwanzig Jahre ihr Lebensbereich waren. Mit ihrer Schwiegertochter

verstand sie sich nicht wirklich, einzig die Leidenschaft für Skatspiele verband die beiden.
Sie rauchte viel und gern Zigaretten, löste jede Menge Kreuzworträtsel und las Kriminalromane. Sie spielte Würfelspiele mit sich selbst, legte Patiencen und liebte es, an Geldautomaten zu spielen. Elli war durch ihr Leben genügsam geworden. Sie hatte keine großen Pläne mehr und war dankbar für das, was sie bekam. Weder große Urlaubsreisen, noch Schmuck bedeuteten ihr wirklich etwas. Eine ihrer wenigen Eitelkeiten, die sie pflegte, betrafen ihre Sommersprossen, die sie mit allen auf dem Markt befindlichen Cremes vergeblich abzudecken versuchte.
Sie war gefürchtet wegen ihrer klaren und wenigen Worte, die sie sagte, ob es passte oder nicht. Sie machte keinen Hehl aus dem, was sie dachte. Sie präsentierte in pragmatischer Einfachheit das, was sie wollte und was sie meinte. Für ihre Umgebung war es nicht immer ganz leicht, diese Deutlichkeit zu ertragen.
Sie genoss die Besuche ihrer Kinder und Enkelkinder sehr. Besonders hingezogen fühlte sie sich zu der jüngsten Enkeltochter Irmgard. Diese verbrachte die Wochenenden und ihre Ferien immer bei ihrer Großmutter.
Als Elli 75 Jahre alt war, wurde sie bei einem Einkauf in der nächstgelegenen Stadt von einem Auto angefahren. Sie verbrachte Monate im Krankenhaus; zunächst glaubte niemand so recht daran, dass sie jemals wieder genesen würde. Den entscheidenden Schritt zur Gesundung machte sie selbst: sie bat täglich um eine kleine Flasche Sekt. Das weckte ihre Lebensgeister und regte sie an, wieder auf die Beine zu kommen. Allerdings waren durch den Unfall so starke körperliche Behinderungen aufgetreten, dass Elli nach ihrer Entlassung aus dem Krankenhaus in ein Pflegeheim gebracht wurde.
Sie war darauf angewiesen, im Rollstuhl gefahren zu werden, nur wenige Schritte konnte sie ohne fremde Hilfe gehen. Das jedoch hinderte sie nicht daran, den Leidenschaften, die sie hatte, weiter nachzugehen. Sie genoss eine warmherzige Freundschaft mit zwei Männern, die auch in dem Pflegeheim wohnten und die Elli gerade wegen ihrer klaren und deutlichen Worte sehr mochten. Elli bekam regelmäßig Besuch von ihrem Sohn und von ihren Enkeltöchtern.
Sie brachten ihr das, was sie gern aß: Nusstorte und Pfefferminzplätzchen. Als Irmgard älter wurde, holte sie ihre Großmutter gelegentlich ab. Elli freute sich immer, wenn der Besuch kam und da sie diese Besuche auch in aller Freiheit bekommen wollte, erinnerte sie alle, die kamen schon nach der ersten halben Stunde daran, dass es völlig in Ordnung wäre, wenn sie wieder gehen müssten. Es mag sein, dass diese Freigabe es ihren Angehörigen sehr erleichterte, zu ihr zu kommen.
Elli wurde älter und kleiner, sie verbrachte allmählich längere Zeiten in

ihrem Bett. Einige Male schien es so, als würde sie schon bald sterben. Nur drei Jahre vor ihrem Tod starb ihre Schwester, zu einem Zeitpunkt, als in dem Pflegeheim vermutet wurde, dass sie selbst die Nacht nicht mehr überstehen würde. Ihre Enkeltochter Irmgard saß bei ihr und überbrachte ihr die Nachricht vom Tod der Schwester. Sehr zum Erstaunen aller richtete Elli sich plötzlich auf und sagte ein klares und deutliches »Nein!« in den Raum. Am nächsten Tag saß sie wieder an ihrem gewohnten Platz am Fenster.

In den nächsten Jahren wurde sie langsam und allmählich schwächer. Sie aß weniger Nusstorte und auch die Pfefferminzplätzchen waren weniger wichtig geworden. Schließlich verzehrte sie davon nur noch ein kleines Stückchen pro Tag.

Sie erzählte Irmgard bei einem ihrer Besuche auf die Frage, ob sie sich nicht allein fühlte: »Ach, nein. Weißt du, ich bin hier gar nicht allein. Manchmal sind ganz viele Menschen, die ich schon so lange kenne, neben mir und reden mit mir. Und dann ist da ein Boot, in dem sie alle sitzen, mit dem werden sie mich abholen.«

Elli klagte nicht und sichtlich litt sie nicht. Sie sprach nicht von Angst oder von Hoffnung auf einen baldigen Tod. Nur ab und zu bat sie, dass doch jemand bitte eine Zigarette rauchen solle, sie möge doch den Geruch so gern.

Als Elli 90 Jahre alt war, lag sie eines Morgens tot in ihrem Bett. Ihr Gesicht war schmal geworden, es war ganz ruhig und entspannt. Irmgard streichelte ihr den Kopf, küsste sie ein letztes Mal und war in Tränen aufgelöst. Sie war 24 Jahre alt und hatte vier Monate zuvor ihre erste Tochter zur Welt gebracht.

Ellis sterblichen Reste wurden in dem Familiengrab beigesetzt. Es waren nicht viele Menschen zu der Feier gekommen. Ihre Enkeltochter Irmgard erschrak bei der Vorstellung, dass dieser nahe Mensch jetzt in der Erde vergraben wird.

Liebe Irmgard,

deine Großmutter war eine beeindruckende Frau. Und du bist unendlich traurig, dass sie gestorben ist. Dabei war dir schon über Jahre klar, dass dir dieser Abschied bevorstehen würde. Du hast gesehen, wie sie kleiner und wie sie schwächer wurde. Und du hast einige Male mit Tränen in den Augen, an ihrem Bett gewacht, weil du dachtest, dass sie stirbt.

Damit ist ein wichtiger Abschnitt in deinem Leben zu Ende. Auf deine Oma konntest du dich verlassen und seit du die Welt erblickt hattest, war sie ein Teil deines Lebens. Sie war dir sicher. Und sie war für dich da, wann immer du sie brauchtest.

Großmütter machen das oft auf eine ganz andere Weise, als Mütter. Sie sind so wunderbar gelassen. Was kann sie denn schon aufregen, wo sie so vieles schon erlebt haben? Und sie sind es, die ihre Enkelkinder annehmen können. Sie können den Teil der Erziehung oft in der abgeklärten und bedächtigen Form übernehmen, die Mütter noch nicht gelernt haben. Mütter sind unsicher in der Erziehung der Kinder. Großmütter dagegen erinnern noch zu gut die Fehler, die sie selbst gemacht haben. Sie haben gelernt, was Möglichkeiten und Grenzen in der Erziehung sind. Und oftmals sind diese Großmütter dann durch dieses Wissen geeignet, den Enkeln tiefes Vertrauen und Wissen entgegenzubringen. Das ist die Beruhigung, die aus diesen Beziehungen strömen kann.
Und das hat deine Großmutter gekonnt! Sie hat sich auf dich eingestellt, wenn du in den Ferien bei ihr warst und sie hat zugehört, wenn du erzähltest und geantwortet, wenn du Fragen hattest. Denn sie hatte zweierlei, was dazu wichtig ist: sie hatte Zeit und Lebenserfahrung.
Staunend hast du vor Gegenständen aus der Vergangenheit gestanden, Geschichten gehört und damit eine Zeit ertastet, die vor dir da war. Deine Großmutter kam dir schon so uralt vor. Nur Kinder können in dieser Weise ein Alter bemessen; im Kindesalter stellen zehn Jahre eine unüberschaubare Zeit dar. Und du hast deiner Großmutter geglaubt, was immer sie dir zu erzählen hatte.
Sie hat dich nicht bedrängt. Sie hat erzählt, wenn du mit großen Augen vor ihr gesessen hast. Sie hat dich bekocht und beschützt.
Du wusstest, das es passieren wird. Du wusstest schon lange, dass deine Großmutter sterben wird, aber du wusstest nicht, wie weh es tut, wenn so ein geliebter und vertrauter Mensch nicht mehr da ist. Mit jeder Frage konntest du sie besuchen. Das ist vorbei. Die Fragen, die du hast, haben das Gegenüber verloren.
Vielleicht mag die Vorstellung davon, dass sich deine Großmutter auf den Weg gemacht hat, einen anderen Platz irgendwo einzunehmen, trösten. Als sei ihr der alt und langsam gewordene Körper zu schwer geworden. Sie hat ihn abgelegt und ist nur einfach ein paar Stockwerke höher gezogen. Ein riesengroßes Mietshaus, in dem auf verschiedenen Ebenen unterschiedliche Lebensformen wohnen. Und während du vielleicht denkst, du seiest im Erdgeschoss, wohnt sie jetzt unter dem Dach. Dort ist sie dem Himmel näher.
Deine Kindheit ist jetzt zuende. Mit diesem Tod wird dir das offenbar. Du bist erwachsen, du bist selbst Mutter. Und jetzt gibt es keinen Rückzug mehr, jetzt musst du alle Entscheidungen selbst treffen und dich auf den Weg begeben, irgendwann einmal all die Fragen zu beantworten, die an dich gestellt werden. Und das Wissen um

Die Zukunft muss immer wieder selbst gesponnen werden.

dieses Neue, was jetzt auf dich allein wartet, macht dich einsam, denn du hast kein Versteck mehr bei der alten, erfahrenen Frau.
Du weißt schon, dass du das letztendlich schaffen wirst. Und du bist auch einverstanden damit, dass sie gestorben ist. Du hast gesehen, wie sie immer weniger Kraft hatte und du hast beobachtet, dass sie voller Frieden gegangen ist. Die Wehmut in deinem Herzen schmerzt und ist dennoch ganz warm. Es ist ein großer Trost, wenn das Gefühl der Trauer gewärmt ist, anstatt, dass es zerrissen wird von Schuldgefühlen oder Zorn. Ein solcher Tod ist nicht wirklich schrecklich. Er ist rein und er ist ohne jede Form der verfehlten und vergeblichen Erwartungen Ausdruck von tiefem Vertrauen.
Das, was jetzt kommt, wird geprägt sein, von dem, was sie dir beigebracht hat. Sie wird dir fehlen und das Wunderbare an der Erinnerung an sie wird sein, dass dein Herz bei dem Gedanken an sie immer warm werden wird. Und kein Schrecken und kein Zweifel wird entstehen, denn du weißt, dass sie dich in Frieden und in Liebe verlassen hat.
Damit wird sie einen wichtigen Platz bei dir einnehmen können und sie wird ihn auch immer behalten.
Sie ist gestorben in dem Wissen, dass du zu den Menschen gehörst, die immer mit Liebe und Dankbarkeit an sie denken werden. Das ist es, was das Herz im Leben füllt. Und das ist es, weshalb sie dir immer dankbar sein wird. Denn mit dem Gedanken an dich kann sie mit sich und mit ihrem Leben einverstanden sein. Das ist eine schöne und reiche Ernte am Ende eines Lebens. Und das ist es auch, was sie mit Dankbarkeit dir gegenüber erfüllen kann. Sie ist dir dankbar für das Vertrauen und für die unendliche Liebe, die du ihr entgegengebracht hast. Wenn am Ende eines Lebens eine tief empfundene und liebevolle Beziehung bestand, wiegt das vieles auf, was in einem langen Leben an Fehlern und Irrtümern entstanden ist. Und für diese reiche Ernte, die sie mit sich trägt, bist du die wesentliche Ergänzung und Erfüllung gewesen.
Für euch beide ist das ein Abschied in einen neuen Abschnitt hinein und euer beider Empfindungen sind geprägt von Dankbarkeit.
Ihre Kenntnis des Lebens wird dich begleiten, wie deine Dankbarkeit ihr gegenüber. Und ihre Weitsicht wird dir zur Verfügung stehen, wann immer du sie benötigen magst. Erinnere dich an sie, wenn die Wellen des Lebens hochschlagen. Ich bin sicher, dass deine Großmutter deine Lebenswege dankbar und liebevoll betrachten und begleiten wird.
Ich wünsche dir, dass du mit dem, was deine Großmutter dir vorgelebt hat, in eine kraftvolle Zukunft starten kannst.

Wie es Irmgard heute geht

Irmgards Kinder sind nahezu erwachsen. Sie selbst ist berufstätig und plant ihr Leben. Eines ihrer Kinder ist gestorben. Nach dem Tod ihres Kindes ist ihr die Geschichte ihrer eigenen Großmutter deutlich vor die Augen gekommen. Sie hat plötzlich verstanden, weshalb Elli mit ihr nicht gern über den toten Sohn sprach, obwohl sie als Kind so vieles darüber wissen wollte. Und sie hat dadurch eine Vorstellung davon bekommen, wie schwer es für ihre Großmutter war, noch einmal neu ins Leben einzusteigen, als ihr Sohn als junger Erwachsener starb.

Und sie hat jetzt Verständnis dafür, dass Elli sagte, was ihr auf der Zunge lag, und sie versteht, wie unangenehm andere davon berührt sein konnten. Und sie bewundert diese Eigenart ihrer Großmutter noch heute.

Sie erinnert sich gern an Elli. Und noch immer sitzt ihr das warme Gefühl im Herzen, wenn sie an sie denkt.

Sie ist dankbar, dass sie durch diese alte Frau eine kraftvolle und gelassene Unterstützung bekommen hat. Die Dankbarkeit ist mittlerweile im Vordergrund. Der Schmerz und die Trauer, die sie gefühlt hat, als Elli starb, sind blass geworden.

Elli hat ihr die schönste, verantwortliche Seite einer Großmutter vorgelebt. Und sie freut sich heute schon auf die Zeit, wenn sie selbst Enkelkinder haben kann und sammelt Geschichten, die sie ihnen erzählen will.

Eine Geschichte zum Nachdenken

Die Bremer Stadtmusikanten

Ein Esel hatte schon lange Jahre unverdrossen die Säcke zur Mühle getragen. Nun gingen ihm langsam die Kräfte zu Ende und er wurde zur Arbeit immer untauglicher. Der Herr dachte daran, ihn aus dem Weg zu schaffen. Der Esel merkte, was sein Herr vorhatte, lief fort und machte sich auf den Weg nach Bremen. Er wollte dort Stadtmusikant werden. Als er ein Weilchen gelaufen war, fand er einen Jagdhund auf dem Wege liegen. Der japste vor sich hin und der Esel sah, dass der Hund müde gelaufen war. »Was japst du denn so, Packan?«, fragte ihn der Esel. »Ach, je«, antwortete ihm der Hund, »weil ich alt bin und auch nicht mehr richtig jagen kann, will mein Herr mich totschlagen. Da habe ich Reißaus genommen. Doch ich weiß nicht, womit ich jetzt Geld verdienen soll, um etwas zu beißen zu haben.«

Der Esel antwortete ihm: »Weißt du was? Komm doch mit mir nach Bremen. Dort werden wir Stadtmusikanten und werden unser Auskommen haben. Ich spiele Laute und du kannst die Pauke schlagen!« Der Hund war zufrieden und gemeinsam gingen sie weiter in Richtung Bremen.

Es dauerte aber nicht lange, da saß am Wegesrand eine Katze, der ihre schlechte Stimmung anzusehen war. »Na, was beißt dich denn, du alter Bartputzer?«, fragte der Esel. Die Katze miaute und klagte: »Wie bitte soll ich lustig sein? Es wird mir an den Kragen gehen. Ich bin jetzt alt und liege lieber hinter dem Ofen und spinne, als dass ich Mäuse jage. Meine Zähne sind auch schon ganz stumpf geworden. Doch nun will mich meine Alte ersäufen. Und deshalb bin ich fortgelaufen. Aber, was soll ich denn nur tun jetzt und wo soll ich hin?« Die beiden anderen schlugen ihr vor, dass auch sie mit nach Bremen ziehen solle, damit sie alle gemeinsam Stadtmusikanten werden. Das gefiel der Katze und sie kam mit in Richtung Bremen. Doch sie waren noch nicht weit gegangen, da saß auf einem Tor ein großer Hahn und der schrie aus Leibeskräften. »Du schreist einem durch Mark und Bein!«, sprach der Esel ihn an. »Was ist denn nur los?« Da klagte ihnen der Hahn sein Leid: »Ich habe immer aus vollem Hals geschrien, habe gut Wetter prophezeit und geackert. Doch weil morgen am Sonntag Besuch ist, will mir die Hausfrau noch heute Abend den Kopf abhauen lassen. Sie hat der Köchin gesagt, sie will mich morgen im Suppentopf haben. Und jetzt schreie ich, solange ich es noch kann!«. »Ja, weißt du was? Komm' du doch auch mit uns gemeinsam nach Bremen. Etwas Besseres als den Tod findest du überall! Du hast doch eine kräftige Stimme. Wir wollen Stadtmusikanten werden und wenn wir alle vier gemeinsam musizieren, wird das eine Art haben!«

Das gefiel auch dem Hahn gut und so zogen sie alle gemeinsam nach Bremen. Da sie Bremen aber nicht in einem Tag erreichen konnten, waren sie noch unterwegs, als die Nacht hereinbrach. Sie gelangten an einen dichten Wald, in dem sie übernachten wollten. Der Esel und der Hund legten sich unter einen Baum, die Katze verkroch sich in den Ästen und der Hahn flog ganz in die oberste Spitze des Baumes.

Ehe der Hahn einschlief blickte er noch einmal in alle vier Richtungen und entdeckte in der ferne ein kleines helles Fünkchen. Er rief seine Gesellen und schlug vor, dass sie sich zu dem Licht aufmachen, denn er glaubte dort ein Haus. »Das ist eine gute Idee!«, sprach der Esel, dem die Herberge unter dem Baum nicht gefiel. Auch der Hund stimmte ein, denn er könne gut noch ein Stück Fleisch gebrauchen. Die Katze reckte und streckte sich, sie war zufrieden mit dem Plan, denn ihr war kalt. So zogen sie gemeinsam los und gingen dem Licht entgegen. Das Licht wurde immer größer und schließlich standen sie vor einem hell erleuchteten Räuberhaus.

Der Esel schaute durch das Fenster hinein und erblickte in dem Haus die Räuber an einem gedeckten Tische sitzen und ein großes und schönes Essen verspeisen. »Das wäre gut für uns«, meinte der Hahn. Also beratschlagten die Tiere, wie sie es anfangen könnten, dort anstelle der Räuber zu sitzen. Schließlich fanden sie eine Idee. Der Esel setzte seine Vorderhufe auf das Fensterbrett, der Hund sprang auf seinen Rücken, dann kam die Katze auf den Rücken des Hundes und zuletzt flatterte der Hahn auf den Rücken der

Katze. Und als sie so aufgebaut waren, fingen sie an, ihre Musik zu spielen: der Esel brüllte, der Hund bellte, die Katze miaute und der Hahn schrie aus Leibeskräften. Dann stürzten sie alle durch das Fenster in das Haus hinein. Als die Scheiben klirrten, sprangen die Räuber erschreckt auf und dachten nichts anderes, als das ein furchtbares Gespenst sie überfiele. Sie rannten Hals über Kopf aus dem Haus hinaus.
Nun setzten sich die vier Tiere an den Tisch und hielten Mahl, als hätten sie über lange Wochen nichts mehr zu beißen gehabt. Als sie endlich satt waren, suchten sie sich eine Schlafstelle nach ihrer Art. Der Esel legte sich draußen im Hof auf den Mist, der Hund kroch hinter die Tür, die Katze verzog sich auf den Herd in die noch warme Asche und der Hahn setzte sich auf den Hahnenbalken. Dann schliefen sie endlich satt und zufrieden ein.
Weit nach Mitternacht, als kein Licht mehr im Haus brannte und alles ruhig schien bedauerten die Räuber bereits, dass sie sich so schnell hatten fortjagen lassen. Sie schickten einen von ihnen los, das Haus zu untersuchen. Der Mann fand alles ganz ruhig und still, als er das Haus betrat. Doch da es ganz dunkel war, wollte er ein Zündhölzchen anstecken, damit er etwas sehen könne. Da er aber die glühenden und feurigen Augen der Katze für brennende Kohlen hielt, hielt er ihr ein Hölzchen genau vor ihre Augen. Die Katze verstand keinen Spaß, sie sprang ihm ins Gesicht und kratzte und spie. Der Mann erschrak gewaltig und wollte schnell zur Hintertür hinaus. Dort aber lag der Hund und der biss ihn kräftig ins Bein. Und der Mann rannte, so schnell er konnte aus dem Haus hinaus. Als er an dem Misthaufen vorbei kam, gab ihm der Esel noch einen tüchtigen Tritt. Von dem Lärm geweckt, reckte sich der Hahn hoch auf und schrie: »Kikeriki!«
Da rannte der Räuber, so schnell ihn die Füße trugen, fort, zu den anderen Räubern zurück. Und er keuchte: »Dort in dem Haus ist eine furchtbare Hexe, die hat mich angefaucht und mein Gesicht zerkratzt. Vor der Tür ist ein Mann, der hat mir ein langes Messer ins Bein gestochen und draußen vor dem Haus ist ein scheußliches Ungetüm, das mich mit einer Holzkeule geschlagen hat. Doch als ich lief, da rief vom Dache noch der Richter hinunter: ›Fangt ihn, den Dieb!‹ Ich bin gelaufen, so schnell ich konnte!«
Die Räuber getrauten sich nun nicht mehr, dem Haus zu nahe zu kommen. Den vier Bremer Stadtmusikanten aber gefiel es so sehr in dem Haus, dass sie gar nicht wieder weiterziehen wollten. So blieben sie für immer in dem Haus.

Nacherzählt nach Grimm

Einige begleitende Worte

Traurigkeit über den Verlust eines lebenslang vertrauten Menschen kann sehr tief sein. In diesen Fällen ist es eher unwahrscheinlich, dass Zorn sich in die Trauer mischen wird – zu liebevoll war die Beziehung und zu absehbar war der Abschied. Doch da mit dem Fortgang eines

solchen Menschen auch gleichzeitig ein unendlich wichtiger Lebensabschnitt ein Ende gefunden hat, ist es manchmal schwer, in die Zukunft zu schauen.
Diese Zukunft wird auf den Handlungen und Entscheidungen der betroffenen Trauernden aufgebaut. In diesem Moment wird klar: die Kindheit ist vorbei und der gewohnte Schutz und Rahmen ist vorbei. Diese Erkenntnis zeigt die beiden Abschiede, den einen von dem vertrauten Menschen, der andere Abschied von der eigenen Geschichte.
Großeltern sind diejenigen, die unsere und unserer Eltern Geschichte und unser Leben maßgeblich mit vorbereitet haben. Sie haben die Basis geschaffen, die Gesellschaft in ihrer Generation geprägt und sie haben das mit dem Können getan, was sie selbst hatten. Mit ihren Gedanken und Träumen haben sie ihre Zeit gefüllt. Das ist der Boden für die nächste Generation.
Sie sind die Ältesten, die ihre Fehler ebenso gemacht haben, wie sie ihre Talente umgesetzt haben. Und sie sind die, die wir kennen gelernt haben. Viele waren vor ihnen und viele werden nach ihnen kommen. Sie sind das Bindeglied, das uns sehr konkret in die Geschichte mit einbaut. Durch diese Verbindung, die wir mit ihnen haben, ist es, als werden einzelne Kettenglieder dieser langen Reihe stark und haltbar. Dieses Wissen kann uns nach dem Tod ein tröstlicher Gedanke sein.
Ein Neuanfang steht bevor. Und der wird unter Umständen nur zaghaft angegangen.
In diesen Momenten ist es wichtig, Zukunftsvisionen zu entwickeln, denn das eigene Leben liegt noch wie ein neues, unbekanntes und zu bebauendes Land vor den Betroffenen. Und das Land sieht wenig verlockend aus, noch sind möglicherweise keine Träume entwickelt, die es schillernd werden lassen. Und vor allem denken die Betroffenen, die es betreten sollen, dass ihnen dabei der Schutz der Älteren verloren gegangen ist. Es ist wichtig, dass der Blick auf dieses Land gerichtet wird, trotz der Trauer. Die Betroffenen, wie auch die Menschen in deren Umgebung sind diejenigen, die dieses Land betreten werden. Die Zukunft der Erde ist das Land für die Lebenden, die es gestalten und erschaffen.
Alle können aber einen Rückblick auf das Land halten, das von den Verstorbenen fruchtbar gemacht wurde. Deren Kraft, die darin zu erkennen ist, mag unterstützend sein, wenn die Zukunft zunächst wenig reizvoll aussehen mag.
Zukunft muss entwickelt und gestaltet werden. Dazu gehört in erster Linie die Idee, denn kein Haus, kein Urlaub, kein Bild wäre jemals tatsächlich entstanden, wenn nicht irgend jemand einmal die Idee dazu gehabt hätte. Diese Ideen lassen sich finden, sie sind gesponnen, wie im Dämmerschlaf der Katze hinter dem Ofen.

Ähnlich, wie Kinder ihre Spiele entwickeln und ihre Geschichten erfinden, werden Pläne geschmiedet, große und kleine. Große Ideen benötigen einen »roten Faden«, damit sie tatsächliche Realität werden können. Ein diffuser Berg Wolle, unversponnen, der vor den Füßen liegt, bietet keinen erkennbaren Weg dazu. Erst der Faden, der gesponnen wird, weist in die Richtung, in die wir letztlich denken und handeln müssen.
Den hoffnungsvollen Weg des kreativen Spinnens haben Erwachsene zu oft verlernt. Das müssen sie erst mühsam wieder erlernen. Zu schnell sind ihre Beurteilungen und Sachzwänge genau die Hindernisse und Schwierigkeiten, die jede Idee schnell wieder verdunsten lassen, denn die Idee wird nicht weitergesponnen. Erwachsene sind eingespannt in die Arrangements ihres eigenen Alltags. Das sind die Verstrickungen, die jedem Traum und jeder Vision schnell ein Ende machen. Und ergänzend muss erwähnt werden, dass dieses Spinnen von Visionen sich sehr von den alltäglichen Horrorszenarien unterscheidet, die uns Erwachsenen allzu gut bekannt sind. Erwachsene wissen nur allzu gut, dass viele Gefahren die Schönheit des Lebens zerstören können. Jeder amerikanische Actionfilm und die abendlichen Nachrichten im Fernsehen geben eine anschauliche Darstellung dessen, welche Bedrohungen im Leben warten. Gleichzeitig wird jede Einstellung zum Leben und zur eigenen Person, die von Misstrauen und Versagensvorstellungen geprägt ist, mit großer Wahrscheinlichkeit letztlich genau im Misstrauen und Versagen landen – jeder nur halbwegs geisteswissenschaftlich orientierte Quantenphysiker wird das bestätigen. Die Form des Spinnens, die Leben schafft, sucht nach Auswegen und Lösungen, an die niemand vorher dachte; diese Form enthält weder Schicksalsschläge noch Bombenexplosionen. Sie ist in der Lage, zukunftsträchtige, innovative und kreative Lösungsvorschläge für ein persönliches und für ein gemeinschaftliches Leben zu entwickeln und damit den Weg zu bereiten, auf dem diese Ideen in die Tat umgesetzt werden können.
Die Beziehungen, die Großeltern mit ihren Enkelkindern führen, zeigen oftmals einen ganz besonderen Charakter. Die Gelassenheit und die Welterfahrung der Alten bieten einen ergänzenden Part zu der Hitzigkeit und der so häufig ohne große Weitsicht geplanten Unternehmungen junger Menschen. Großeltern haben die Zeit der alten Katze, Gedanken zu spinnen und damit haltbare Web- und Strickmuster zu erschaffen. Großeltern sind im besten Fall so gelassen, dass sie die Jugend nicht mehr erziehen müssen, dass sie sie genau so sein lassen können, wie sie sind. Das unterscheidet die gelassenen Beziehungen der Alten von denen der Eltern und Kinder. Und vor allem wissen Großeltern nur allzu gut, dass es nur eine Frage der Zeit ist, bis die jungen Menschen mehr Weitsicht erworben haben.

Imaginieren, spinnen, Pläne schmieden, entwickeln und erfinden jedoch sind die Handlungen, aus denen Zukunft letztlich gestrickt wird.
Ein berühmter Forscher hat eine gute Möglichkeit gefunden, seine Ideen immer weiter zu entwickeln. Wann immer es ihm an Ideen mangelte, setzte er sich aufrecht auf einen Stuhl, nahm eine Holzkugel in die Hand und schloss seine Augen, um einzuschlafen. Sobald er eingenickt war, entglitt die Kugel seiner Hand, fiel auf den Boden und er wachte durch den Lärm wieder auf. In diesem Moment hatte er neue Ideen gefunden, seine Forschung weiter zu bringen. Seine gedanklichen Inspirationen hat er in seinem dösenden und dämmernden Halbwachzustand eingesammelt.
Das ist ein gutes Mittel, in die Entwicklung von Ideen zu gelangen. Dabei kann es sehr hilfreich sein, wenn eine Frage mit in diesen »kleinen Schlaf« mitgenommen wird. Beispiel dafür kann sein: »Was wäre, wenn ich…?« »Wie könnte es aussehen, wenn…?«
Mit der unverdrossenen Zuversicht der alten Tiere in dem Märchen der Gebrüder Grimm ist es möglich, das neue Land der Zukunft zu betreten. Dazu kann die Erinnerung an die Alten, die vor uns wieder gegangen sind, nützlich und hilfreich sein. Ihr Wissen ist es, auf dem das unsere aufbauen kann und mit dem wir bereits einen Boden finden, auf dem wir unsere eigene Zukunft gestalten können.
Schwierigkeiten gab es auch bei den Bremer Stadtmusikanten genügend. Und nur mit dem festen Glauben an ihre eigene Zukunft, mit dem hemmungslosen Blick nach vorn, haben sie scheinbar Unmögliches möglich gemacht. Wenn der Weg zurück nur den Tod bietet, ist es gut, diese neue und unbekannte Bahn einzuschlagen. Getrost und mutig ist es möglich, Unbekanntes zu entdecken und zu erschaffen.
Wie heißt es in dem Märchen?: »Etwas Besseres als den Tod finden wir überall!«

Ratschläge für die Betroffenen

- Legen Sie sich einen Zehnjahreskalender an. Der Schreibwarenhandel kann diese Kalender für Sie besorgen. Tragen Sie Geburtstage, Todestage, für alle nächsten Jahre dort ein.
- Planen Sie ein Fest für das nächste Jahr. Und lassen Sie ihre Gedanken schon jetzt um die Festgestaltung kreisen.
- Spinnen Sie, wie Sie in fünf Jahren leben wollen. Malen Sie sich die Vorstellung dazu möglichst konkret aus. Dazu gehört, was oder wie Sie arbeiten möchten ebenso, wie Sie wohnen möchten oder welche Menschen Sie um sich haben möchten.

- Stellen Sie sich vor, wie Sie selbst sein wollen, wenn Sie ein alter Mensch geworden sind. Welchen Eindruck wollen Sie dann auf Ihre Umgebung machen? Was wollen Sie erlebt haben, wenn Sie alt sind? Welche Träume und Vorstellungen sollten Sie dazu bald umsetzen?
- Besorgen Sie sich ein wenig Watte oder Märchenwolle (Bastelbedarf). Nehmen Sie diese und spinnen sie einen Faden zwischen ihren Fingern, indem sie den Faden zwischen Ihren Fingern zwirbeln. Tragen Sie diesen Faden (eventuell am Schlüsselbund) bei sich, damit er sie an Ihre selbst gesponnene Zukunft erinnert.
- Wenn Sie stricken können, stricken Sie einen Pullover. Stricken sie dort Ihre Wünsche für die Zukunft hinein.
- Wenn Sie spinnen können, spinnen Sie sich ein Knäuel Wolle aus roter Farbe. Legen Sie dies Knäuel an einen Platz, an dem sie es häufig erblicken können. Dadurch werden Sie daran erinnert, den »roten Faden« zu halten, Ihre Zukunft zu gestalten. Oder stricken Sie sich einen Pullover, Strümpfe, Schal oder Ähnliches daraus.
- Sehen Sie sich den Film »Buena Vista Social Club« an. Eine Gruppe von sehr alten Menschen macht gemeinsam Musik. Strahlende und lebensbegeisterte Augen werden Ihnen positive Visionen eines reichen Alters ermöglichen.
- Lesen Sie das Buch von Rita Levi Montalcini »Ich bin ein Baum mit vielen Ästen«. Die Autorin beschreibt die Chancen, die im Alter liegen.
- Lesen Sie das Buch von Marcel Reich-Ranicki »Mein Leben«. In das Leben dieses Mannes eintauchen zu können, wie in einen lebendigen Film ist nicht nur das Miterleben eines wichtigen Abschnitts der Geschichte, sondern kann Ihnen Hoffnung machen auf ein Alter in innerem Reichtum.
- Bitten Sie um einen Gegenstand aus dem Nachlass der Verstorbenen. Dieser wird Sie mit der Person verbinden. Auch ganz alltägliche Arbeitsgegenstände sind dazu sehr nützlich. Es ist dabei nicht notwendig, dass das Familiensilber oder der Familienschmuck diesen Dienst leistet.
- Schreiben Sie die Lebensgeschichte der Person, die verstorben ist, auf. Dies kann für Sie und auch für Ihre eigenen Kinder/Enkel ein Stück der Familiengeschichte bedeuten.
- Erinnern Sie sich an die Dankbarkeit, die Sie für die gestorbene Person empfinden. Tun Sie das auch in einem Moment, wenn die Traurigkeit Sie überfällt.
- Denken Sie daran, dass es möglich ist, dass Ihr/e Großmutter/Großvater auch Ihnen gegenüber voller Dankbarkeit gegangen sind.

- Erinnern Sie sich in schweren Momenten an einen Verstorbenen. Was würde er oder sie Ihnen raten? Wie würden sie auf Ihr Problem reagieren?
- Finden Sie eine Möglichkeit, in Kirchenbücher einzusehen. Lesen Sie die Daten der Geburtstage und Todestage und stellen Sie sich vor, welche Mühen und Freuden in den Lebensgeschichten der Menschen vor Ihrer Zeit stattgefunden haben.
- Sehen Sie sich den Disney-Film »Mulan« an. Auf sehr humorvolle Art wird gezeigt, dass ein lebendiges und verantwortliches Zusammenleben von Ahnen und Lebenden durchaus möglich und sinnvoll ist. Diese Form des Kontaktes ist nicht auf exotische Religionen begrenzt: finden Sie Ihre eigene Vorstellung in Ihrer eigenen Kultur. Was wäre, wenn die Toten auch weiterhin für uns verantwortlich sind? Was, wenn sie auch weiterhin unsere Wege begleiten?
- Gestalten Sie eine Ahnengalerie. Suchen Sie Fotos Ihrer Anverwandten. Bringen Sie die an einem Platz zusammen. Stellen Sie Blumen dazu, möglicherweise auch eine Kerze.
- Setzen Sie für jeden Ihnen bekannten Ahnen einen Stein in die Natur.

Ratschläge für die Umgebung Trauernder

- Fühlen Sie nach, was der Abschied von einer wichtigen und prägsamen Kindheit bedeutet.
- Erinnern Sie die Trauernden an die Dankbarkeit, die bei diesem Tod auch vorhanden ist.
- Bitten Sie die Trauernden, Ihnen die Lebensgeschichte des/der Verstorbenen zu erzählen.
- Planen und spinnen Sie mit den Betroffenen deren und ihre Zukunftsideen.
- Suchen Sie gemeinsam mit den Trauernden nach Ideen für ein Fest, das sie für das nächste Jahr planen.

11 Die Kostbarkeit des Lebens erkennen und gestalten

Geburt und Tod sind die großen Mysterien des Lebens. Wir haben nicht die Möglichkeit, uns davon abzuwenden. Besonders für ältere Menschen rückt ein möglicher Abschied und die eigene Sterblichkeit immer mehr in den Vordergrund. Jüngere Menschen können dabei von heftigen Ängsten gepackt werden. Der immer konkreter werdende Gedanke bietet die Möglichkeit, angesichts der eigenen Sterblichkeit das Leben neu zu begreifen und zu ergreifen.

So spricht das Leben.
Die Welt ist mein,
Ein jedes Grab muss ein Acker sein,
Mein ewiger Samen fällt hinein.

Unbek. Dichter, Streitlied zwischen Leben und Tod

Du willst, dass ich jetzt das Fest verlasse; gut, ich gehe und sage dir von ganzem Herzen Dank, dass du mich gewürdigt hast, an deinem Feste teilzunehmen, deine Werke zu erschauen und deiner Regierung im Geiste zu folgen. Möge der Tod mich treffen, während ich dies denke, schreibe oder lese.

Epiktet

Brief an Ursula (63), Ehefrau von Karl (71)

Die Namen wurden geändert

Seit vierzig Jahren waren Ursula und Karl ein Ehepaar. Sie trafen sich, als sie beide ihr Studium in einer Großstadt aufnahmen. Deutschland schien nach den Wirren des zweiten Weltkrieges halbwegs geordnet, die Zeit des wirtschaftlichen Aufschwunges brach an.
Ursula hatte die Zeit des Krieges relativ geschützt bei Verwandten auf dem Land verbracht. Karl war als Jugendlicher einer Großstadt daran gewöhnt, bei jedem Sirenenheulen, gemeinsam mit seiner Mutter in den Luftschutzkeller zu fliehen. Er hatte erlebt, wie nach einem Bombenangriff das ganze Haus zerstört war. Und er hatte auch erlebt, dass in einem Nebenkeller eine Gruppe Menschen für einige Tage verschüttet war. Diese Erlebnisse haben ihn sehr geprägt und verfolgten ihn noch lange Zeit.
Karl studierte Maschinenbau und mochte seine Arbeit als Betriebsleiter in einer Firma, die Industriemaschinen produzierte. Ursula wurde

Grundschullehrerin in einer kleinen Schule am Rande der Großstadt, in die sie mit Karl gezogen war. Ihre Tätigkeit unterbrach sie für einige wenige Jahre, in denen ihre beiden Kinder geboren wurden und noch klein waren. Sobald sie dann das Schulalter erreicht hatten, nahm sie ihre Arbeit wieder auf.

Sie arbeitete sehr gern mit den kleinen Kindern. Das änderte sich auch nicht, als ihre eigenen beiden Kinder bereits weit über das Jugendalter hinaus waren.

Karl liebte es, neben seiner Arbeit Akkordeon zu spielen. Er besuchte regelmäßig eine Gruppe von Hobbymusikern, die ihre gemeinsamen Abende mit ihren Lieblingsmusikstücken gestalteten und genossen. Er trank gern Whisky, interessierte sich für Pflanzenheilkunde und genoss die gemeinsame Arbeit mit seiner Frau in ihrem Schrebergarten. Hier baute er Heilpflanzen an, die seine Nachbarn bislang noch nie erblickt hatten. Mit Staunen und leichtem Amüsement hörten sie seinen Vorträgen über die Pflanzen zu.

Ursula sammelte Märchen und buk zur Freude ihrer Familie Obstkuchen jeder Art. Sie sammelte ihre Rezepte dafür ebenso leidenschaftlich, wie Märchenthemen, die sie bislang nicht gehört hatte.

Noch immer empfanden Ursula und Karl Zuneigung füreinander. Natürlich hatten sie die Schwierigkeiten, die sich in jedem langjährigen Zusammenleben einstellen. Karl war pedantisch und neigte zur Rechthaberei, Ursula ertrug es nicht, wenn offensichtliche Schwierigkeiten auftraten. Das brachte ihr gesamtes Weltbild dermaßen durcheinander, dass sie sich ängstlich in sich selbst zurückzog und betete, dass alles »gut« werden möge.

Als ihre beiden Kinder erwachsen waren und in die nächst gelegene Großstadt zogen, konzentrierten sich beide mehr und mehr auf ihre privaten Spezialgebiete. An vielen Wochenenden kamen ihre Kinder zu Besuchen zu ihnen und nach ein paar Jahren brachten sie die Enkelkinder auch mit.

Da beide ihre Leidenschaften pflegten, war es kein Problem, als Karl endlich ins verdiente Rentenalter kam. Er pflegte den Garten allein, er räumte die Wohnung auf und erwartete seine Frau, wenn sie nach Hause kam. Ursula und Karl waren zufrieden mit ihrem gemeinsamen Leben. Sie dachten, sie seien endlich sicher und könnten einem friedlichen Alltag in ihrem kommenden Alter entgegensehen.

Eines Tages jedoch erhielten sie die furchtbare Nachricht, dass eines ihrer Enkelkinder, ein zehnjähriger Junge, einem Verkehrsunfall zum Opfer gefallen war. Ganz plötzlich und aus scheinbar heiterem Himmel war die Gartenidylle zerstört. Die Eltern und Großeltern des Jungen waren zerschmettert angesichts der unbeantwortbaren Frage, wieso das ihnen passieren musste.

Und die Familien fanden keine gemeinsamen Worte um einen Ausweg aus dem Schrecken in ein neues Leben hinein zu finden. Die Eltern des Jungen klammerten sich an ihre beiden älteren Kinder, die Großeltern standen vor den Scherben ihrer eigenen vergebens aufgebauten Hoffnung. Alle wussten, dass sie sich nicht wirklich gegenseitig trösten konnten. Zu sehr waren sie in ihren eigenen persönlichen Schmerz eingebunden.
Die Kinder besuchten ihre Eltern weiterhin, doch unausgesprochen war allen klar, dass es nie wieder so sein würde, wie es einmal war, nie wieder unbeschwert und nie wieder so sonnig, wie früher.
Karl schmeckte der Whisky nicht mehr, den er trank, wenn er mit seinen Freunden zusammen war. Seine Freunde versuchten, ihn aufzuheitern: »Junge, komm, das Leben muss doch weitergehen. Ihr habt doch noch weitere Enkelkinder.« Innerlich erstarrte Karl, wenn er das hörte. Er sprach mit niemandem über seinen Schmerz und er erzählte auch niemandem von seinen unendlich brennenden Fragen, die er seit dem Tod seines Enkels trug. Ab und zu kam ihm die Erinnerung wieder vor Augen, wie er selbst, nur wenig älter als der verstorbene Junge, im Luftschutzkeller saß, während seine Mutter neben ihm mit geschlossenen Augen vor sich betete: »Es wird alles gut…, es wird alles gut…«. Karl hatte Mühe, diesen Gedanken wegzudrängen. Er mochte sich nicht eingestehen, wie weh ihm die Erinnerung an diesen Jungen tat, der er selbst irgendwann einmal war.
Er trug ein Bild seines Enkelsohnes bei sich in seiner Brieftasche, allerdings sagte und zeigte er es niemandem.
Nur wenige Monate nach dem Tod des Enkels, traten bei Karl Atembeschwerden auf. Er konnte die Blumenbeete nicht mehr umgraben, ohne außer Atem zu geraten. »Das ist im Alter ganz normal«, dachte er und ruhte sich aus, wann immer er außer Atem geriet. Eines Tages spürte Karl, während er in der Sonne in seinem Schrebergarten saß, einen heftigen Schmerz in der Brust. Dieser Schmerz dauerte nur ein paar Sekunden, ihm schien die Zeit jedoch unendlich lang gewesen zu sein. Karl begab sich zum Arzt.
Es wurde festgestellt, dass Karl einen leichten Herzinfarkt hinter sich gebracht hatte. Folgende Untersuchungen ergaben eine beginnende Herzinsuffizienz, was seine zunehmende Kurzatmigkeit erklärte. Karl achtete, mit der ihm eigenen Genauigkeit, sehr auf sich. Er bemühte sich, seine Medikamente regelmäßig einzunehmen, er reduzierte seinen Kaffeekonsum und stellte seine Ernährung um. Er wusste genau, welche cholesterinhaltigen Lebensmittel er vermeiden müsse und er ging regelmäßig zu einem, auf seine persönliche Situation abgestimmte, Körpertraining in einem Fitnessstudio. Karl suchte sich alle Pflanzen heraus, die in der Lage waren, die Sauerstoffversorgung zum Herzen zu

verbessern und baute diese Pflanzen in seinen Garten an. Und er setzte alle Hoffnungen auf Verbesserung, wenn er den Tee aus seinen eigenen Pflanzen trank.
Als das nächste Weihnachtsfest vor der Tür stand, spürte er zum ersten Mal ein beklemmendes Gefühl im Brustkorb, dass ihm den gesamten Atem abwürgte. Wieder ging Karl zum Arzt, der »Angina pectoris« diagnostizierte, eine Durchblutungsstörung der herzversorgenden Gefäße. Karl bekam das in solchen Fällen übliche Nitroglycerinspray, damit sich im Falle eines Anfalls seine Gefäße erweitern konnten. Die Anfälle traten in zunehmendem Maße auf. Wann immer er kalte Luft atmete, wann immer er leichte körperliche Anstrengungen unternahm, wusste er, dass die »Herzenge« auftreten würde.
Karl wurde nervös. Er ahnte, dass es ihm zunehmend schlechter gehen würde. Aus dem vorher humorvollen und ruhigen Menschen wurde immer mehr ein schlecht gelaunter, nervöser Mann, der kleinsten Aufregungen mit verbittertem Pessimismus begegnete. Die ganze Familie litt unter dieser Stimmung und alle bemühten sich, ihn nicht unnötig aufzuregen, geschweige denn, ihn zu provozieren.
Als die Ärzte ihm zu einer Operation rieten, setzte er alle Hoffnung in die klinische Methode einer Bypassoperation. Er wusste, dass dadurch eine neue Gefäßverbindung und damit die nötige, verbesserte Blutversorgung zum Herzen geschaffen werden sollten. Karl informierte sich genau über das chirurgische Vorgehen bei der Operation und er hatte die genauen Erfolgszahlen und Prognosen im Kopf.
Es war Frühling, als Karl operiert wurde. Fast verzweifelt klammerte er sich an die rettende Operation, allerdings war seine Verbitterung über seine Krankheit für alle deutlich zu spüren. Karl überstand die Operation relativ gut und blieb für einige Zeit im Krankenhaus, um sich nach der Operation zu erholen. Nach einigen Tagen jedoch hatte er Alpträume, sobald er ein wenig schlafen wollte. Er träumte jedes Mal, wie er von wilden Angreifern attackiert wurde. Das machte ihm Angst und seine Unruhe wurde nur noch mehr gesteigert. In diesen Wochen im Krankenhaus schimpfte Karl über alles: seine Kinder, die »im Leben nichts vollbracht hätten«, seine Frau, deren mitgebrachte Kuchen »verbrannt und schlecht« seien, bis zu dem Pflegepersonal im Krankenhaus, das ihn mit den Medikamenten »vergiften wolle«. Karl quälte sich selbst, seine Angehörigen und die Pflegekräfte damit sehr.
Dieser Zustand hielt etwa zwei Wochen an. Karls Familie war ebenso erschöpft von den täglichen Krankenhausbesuchen und ihrem Bemühen, Karls verbale Angriffe abzuwehren, wie Karl selbst. Er wurde zunehmend schwächer und bitterer.
Eines Morgens wurde die Familie von Karl durch ein Telefonklingeln geweckt. Karl war ganz plötzlich in der Nacht gestorben. Offensichtlich

hatte er einen weiteren, unvorhersehbaren Herzinfarkt gehabt. Nach kurzer Zeit traf seine Familie im Krankenhaus ein. Karl lag noch in seinem Bett. Als sie das Tuch von seinem Gesicht zogen, sahen sie sein entspanntes und friedliches Gesicht.
Auf Karls Beerdigung spielten seine Musikfreunde für ihn. Ursula hat aus den Heilpflanzen aus seinem Garten einen Blumenschmuck für ihn angefertigt.

Liebe Ursula,
Mit Karls Tod ist ein langer Weg für dich zu Ende. Du hast ihn geliebt und du kanntest sowohl seine Vorteile, wie auch alle Fehler, die er hatte und für alle anderen zu verbergen vermocht hat. Das ist der Preis in den langen und alten Ehen, die zusammenhalten, auch wenn die Fehler der anderen deutlicher sein können, als die Vorzüge.
Du hast in all den gemeinsamen Jahren zu ihm gestanden. Und vor allem hast du zu ihm gestanden, als seine Kinder und eure Freunde in den letzten Wochen ihr Erstaunen und Erschrecken über seine zunehmende Verbitterung offen zeigten – dann hast du ihn verteidigt. Denn du hast trotz allem an ihn geglaubt. Viele Menschen erleben eine ähnliche Phase vor ihrem Tod. Denn Sterben ist schwer. Ganz besonders, wenn vielleicht noch vieles, was nicht gesagt oder nicht erledigt wurde, präsent ist. Es scheint manchmal, als hindere das uns Menschen, letztendlich in Frieden zu sterben.
Hast du erkannt, was ihn so verbittert gemacht hat? Hast du geahnt, dass das nicht wirklich der Karl ist, den du kanntest? Ist es nicht schön, dass Karls Gesicht nach seinem Tod so friedlich war? Dann ist der Schrecken, den er erlebt hat und den ihr mit getragen habt, geglättet.
Es kann sein, dass du geahnt hast, dass Karls Erkrankung auf einen Abschied von dir hinauslaufen wird. Wie viel Sorgen musst du dir gemacht haben? Wie viel Gedanken müssen dich bewegt haben? Ihr ward mehr als vierzig Jahre verheiratet. Das ist weit mehr Zeit, die du mit ihm gemeinsam verbracht hast, als deine Jahre nur mit dir allein. Und alle Menschen, die sich für ein solch langes Zusammensein entscheiden, hoffen darauf, den Lebensabend gemeinsam zu verbringen, gemeinsam alt zu werden. Das ist geschehen, aber es hätte noch eine Menge schöne Zeit vor euch liegen können. Hast du das Empfinden, dass das »das gemeinsame Altern« war? Fühlst du dich jetzt richtig alt?
Wann immer Menschen sich das gemeinsame Altern erhoffen, wissen sie doch eigentlich, dass irgendwann damit Schluss sein wird.

Vielleicht ganz plötzlich, vielleicht durch lange Krankheiten. Diese Krankheiten können sehr viel längere Leidenswege bedeuten, als bei dir und deinem Mann. Sie können über Jahre, anstatt über Monate, quälend in die Länge gezogen werden. Alle Hoffnungen auf »noch ein bisschen Gemeinsamkeit« in einem »gesegneten Alter« sind doch, wie vorauszusehen war, mit der zunehmenden Ahnung, dass er sterben wird, zerplatzt. Und letztendlich ist es nur die Hälfte der Gemeinsamkeit, wenn einer von beiden gestorben ist und die oder der andere aus aller Gewöhnung herausgerissen wird. Die Person, die dann übrig bleibt muss in dieser Phase noch einmal an die eigene Lebensgestaltung herangehen, wobei nicht klar ist, wie viel Zeit dafür überhaupt noch vorhanden ist oder wie viel Kraft und Willen.
Ich erinnere mich daran, dass Karl einmal sagte, er sei eigentlich ganz froh, wenn er vor dir stirbt. Denn er sei sicher, du könntest das viel besser allein aushalten, als er. So hat sich jetzt sein Wunsch erfüllt. Damit ist er frei von dem Problem, ohne dich auf der Erde sein zu müssen. Gleichzeitig hat er dir die Aufgabe hinterlassen, allein zurechtzukommen.
Du hast in deinem Leben wenig Kontakt mit dem Thema Tod gehabt. Erst als du bereits alt warst, ist euer Enkelsohn gestorben und jetzt dein Mann. Und das ist neu für dich. Du hast dich nie fragen müssen, was denn danach kommen könnte oder ob es so etwas, wie ein »Danach« überhaupt gibt. Den Gedanken hast du weit von dir geschoben. Während du in aller Seelenruhe Kuchen gebacken hast, und ihr euren Garten gepflegt habt, hat sich die Frage nach dem Sinn des Lebens nicht in deinen Blick geschoben. Auch nicht, obwohl du den letzten Krieg – wenn auch am Rande und in deiner Kindheit – miterlebt hast. Du hattest für dich den Leitsatz »schön soll es sein«. Und mit dieser Prämisse hast du alles getan, damit Menschen in deiner Umgebung sich bei dir wohl fühlen. Es haben sich alle wohl gefühlt, denn deine Gestaltungsmöglichkeiten der Gemütlichkeit waren wirkungsvoll.
Es mag sein, dass dich der Wunsch nach dem »Schönsein« bei deinem neuen und ungewohnten Lebensabschnitt unterstützen wird.
Du hast mir von deiner Rührung erzählt, als du das Foto von eurem Enkel in Karls Tasche gefunden hast. Du hast dieses Bild deinen Kindern, den Eltern des Jungen gegeben. Ich nehme an, dass es sie sehr trösten wird, wenn sie die Zuneigung und Erinnerung ihres Vaters für ihren Sohn erkennen. Das wird sie möglicherweise mit seiner, für alle anstrengenden Verbitterung vor seinem Tod, friedlich für ihn stimmen.
Karl hat angedeutet, wie schwer ihn der Tod des Enkels getroffen

hat. Und er hat dir gegenüber auch vorsichtig erwähnt, wie sehr ihn der Gedanke an sich selbst als junger Jugendlicher in der Zeit der Angst vor Zerstörung wieder deutlich geworden ist. Die schweren Erinnerungen an seine eigene Angst müssen ihm sehr zu schaffen gemacht haben. Es ist so schmerzvoll zu erkennen, dass weder an der eigenen gefühlten kindlichen Einsamkeit, wie auch an eigenen erlebten Ängsten scheinbar nichts mehr zu ändern ist. Und das hat ihm vielleicht weh getan, wie auch die Erkenntnis, dass das junge und hoffnungsvolle Leben seines Enkels und seiner Kinder zerborsten ist, durch den Tod des Kindes. Das mag es sein, was hinter seinem Pessimismus und seiner Verbitterung stand.
Menschen können an vielen Krankheiten sterben. Doch Karl wäre nicht der erste, der mit der Erkenntnis der zerstörten Hoffnung an »gebrochenem Herzen« starb.
Du hast durch seinen Tod die Möglichkeit gehabt, dich auf einen nahenden Abschied vorzubereiten. Diese vorangegangenen Monate wirken im Nachhinein nahezu unwirklich, denn der klare Gedanke daran, »wie« das denn sein mag, wenn ein so vertrauter Mensch plötzlich weg ist, ist im Beisammensein nicht konkret vorstellbar. Erst die Realität bringt das Erleben und dann das Wissen.
Doch du weißt, dass du alles Erdenkliche getan hast, damit er sich wohl fühlt. Du warst immer an seiner Seite und hast ihn unterstützt, wo du nur konntest. Das war früher so und auch in dieser letzten anstrengenden Zeit seines Lebens, in der es ihm niemand recht machen konnte. Damit hast du ihm ein schönes Abschiedsgeschenk gemacht.
Vielleicht kann der Gedanke tröstlich für dich sein, dass Karl jetzt weiß, was er suchte und nicht fand. Das Bild, das er bei sich trug, ist eine stetige Erinnerung an einen lebenden Jungen und an den Tod gleichzeitig. Und wenn Karl möglicherweise auch dachte, dass er an seiner eigenen angstvollen Kindheit nichts mehr ändern konnte, dann kann er jetzt vielleicht seinem vorausgegangenen Enkel auf einer anderen Ebene ein guter Großvater sein. Ein Großvater, der dem Jungen die Ängste nehmen kann und einer, der ihn beschützt. Gebrochene Herzen sind weich geknetete Herzen.
Ihr habt sein Gesicht gesehen. Es war entspannt und ruhig. Nichts war mehr von dem harten und unzufriedenen Karl zu sehen.
Vielleicht hat er etwas sehr Tröstliches für seinen Schmerz entdecken können. Das empfinde ich als sehr beruhigend für euch beide.
Ich wünsche dir die Kraft und den Mut im Andenken an Karl dein Leben weiter in den Händen zu halten und kraftvoll am Leben weiter zu stricken – trotz dem Tod und dem Schmerz brauchen deine

Kinder und Enkelkinder einen Menschen, der den Überblick hält und den Frieden praktiziert. Du weißt doch, wie es machbar ist, Kindern Lebensmut zu machen!

Wie es Ursula heute geht

Ursula versank nach Karls Tod zunächst für mehrere Wochen in tiefer Trauer. Sie dachte, sie hätte jeden Lebensmut verloren. Sie weinte sehr viel. Und es war ihr, als sei sie »mitten in zwei Teile zerschnitten«. Ihr war alles egal. Nachrichten über das Leid von Kindern in der Welt, die sie jetzt hörte und die sie früher mit tiefem Mitgefühl begleitet hatte, berührten sie nicht mehr. Ursula wartet nur noch darauf, dass sie »wieder bei ihm sein könnte«. Sehnsüchtig nach dem Vertrauten ihres Lebens wünschte sie nur noch, dass die Tage bis dahin vorbeigehen mögen. Mechanisch lebte sie ihren Alltag und hoffte, dass sie niemand auf den Tod von Karl ansprechen möge.

Sie erhob ihren Blick auf das Leben erst wieder, als der Schulleiter der Schule, an der sie arbeitete, sie bat, auch nach dem Eintritt in das Rentenalter weiter an der Schule zu bleiben. Nur mühsam ließ Ursula sich auf diese Idee ein. Und nur zögernd und langsam reifte in ihr der Gedanke, dass sie die Zeit, die sie bis zu ihrem eigenen Tod brauchte, auch ebenso gut dazu benützen könnte, etwas zu tun, was sie wenigstens von ihrem Verlust ablenken könnte.

Gemeinsam erarbeiteten Ursula und der Schulleiter Ideen für ihr Tätigkeitsfeld. Für diese Anregung ist sie heute noch dankbar. Ihr wurde gezeigt, wie sehr ihre Fähigkeiten und ihre Lebenserfahrung für die ganze große Gemeinschaft immer noch wichtig sind.

Ursula macht für junge Eltern abendliche Einführungskurse. An den Abenden erzählt sie den Eltern von den verschiedenen Lebensphasen der heranwachsenden Kinder und Jugendlichen. Sie plant mit den Eltern jahreszeitliche Feste, sie bringt ihnen bei, wie Spiele und Bastelarbeiten gemeinsam mit den Kindern gemacht werden können. Die Eltern nehmen das Angebot der erfahrenen Frau und Lehrerin dankbar an. Ursula ist in der Lage, ihnen durch ihre gelassene Erfahrung die Angst und das Erschrecken vor den teilweise heftigen Reaktionsmöglichkeiten und Verhalten der Kinder zu nehmen. »Wenn Eltern erkennen, was in ihren Kinder vorgeht und wenn sie sehen, was alles ›normal‹ ist, werden sie gelassener. Und schon sind es die Kinder auch«, sagt Ursula dazu.

Dabei hat Ursula sehr viel zu lernen, wie sie selbst sagt. Die Zeiten heute, mit dem Überangebot an modernen Medien, die von Kindern und Jugendlichen virtuos genutzt werden, machen ihr Sorgen. Sie hat sich in die Computertechnologie eingearbeitet, was ihr ein völlig neues

Denken abforderte. Gemeinsam mit Eltern und anderen kritisch eingestellten Pädagogen sucht sie deshalb nach Computerspielen, die den Kindern sinnvolle Perspektiven und Möglichkeiten sein können.
Etwa ein Jahr nach dem Tod von Karl ging Ursula eine neue Beziehung mit einem Mann ein. Sie hatte ein sehr schlechtes Gewissen darüber. Es dauerte kaum ein paar Monate und sie entwickelte deswegen schwere Schlafstörungen. Ursula zweifelte daran, ob sie eine Beziehung mit dem Freund leben dürfe. Sie hatte die ganze Zeit das Gefühl, sie würde Karl verraten und betrügen. Dankbar nahm sie einen Ratschlag für eine Lösung an: sie sprach Karl für die Dauer eines Monats jeden Abend direkt an und versicherte ihm ihre Liebe und Zuneigung. Gleichzeitig sagte sie ihm auch, dass diese neue Beziehung in keiner Weise etwas mit ihrer gemeinsam verbrachten Zeit zu tun hätte. Dies sei etwas »ganz anderes«. Sie bat Karl, sie frei zu lassen. Es dauerte nur wenige Wochen, bis sie das eindeutige Gefühl hatte, sowohl Karl als auch sie selbst seien sicher und Ursula war entlastet von schlechtem Gewissen.
Sie besucht die Gräber von Karl und ihrem Enkelsohn regelmäßig. Die Pflege der Gräber ist ihr überlassen. Sie lässt dort Heilpflanzen wachsen, anstatt Stiefmütterchen. Das erscheint vielen Menschen auffällig. Ursula nimmt sich dann die Zeit und spricht mit ihrer menschenoffenen Art Vorübergehende an und erzählt ihnen von ihrem Mann, seinen Pflanzen und den Heilwirkungen. Für ihren Enkelsohn stellt sie bunte Windräder auf und jedes Jahr zu Weihnachten schmückt sie das Grab mit Tannenbaumkugeln.
Die Enkelkinder besuchen Ursula sehr gern. Sie weiß Geschichten zu erzählen und ist ihnen eine verständnisvolle Großmutter. Mit ihren Kindern, den Eltern des verunglückten Enkelkindes allerdings empfindet sie das Verhältnis immer noch als sehr schwierig. Sie weiß nicht so recht, wie sie mit ihnen umgehen soll. Und sie traut sich auch nicht, mit ihnen über den Tod des Jungen zu sprechen. Ursula möchte nicht so gern immer an den Tod denken müssen.
Sie pflegt das Grab ihres Enkelkindes und hofft dadurch, dass ihre Kinder – auch ohne dass sie darüber sprechen müssen – erkennen, dass sie den Gedanken an ihr verstorbenes Enkelkind immer in sich trägt.

Eine Geschichte zum Nachdenken

Die Schöne und das Tier

Es war einmal ein Kaufmann, der hatte drei Töchter. Sie lebten gemeinsam in einem großen Haus. Und da der Vater ein kluger Mann war, suchte er die besten Lehrer für seine drei Töchter und setzte alles daran, dass sie eine gute Erziehung bekamen. Alle drei Mädchen waren sehr schön, doch am schöns-

ten war die Jüngste. Deshalb wurde sie auch nur als »die Schöne« gerufen. Während die beiden älteren Töchter sich tagein, tagaus schmückten und putzten, liebte es die Jüngste, Bücher zu lesen und Klavier zu spielen. Das missfiel den beiden älteren Schwestern sehr und sie nutzten jede Gelegenheit, sie deshalb zu verspotten. »Bücherwurm, Streberin,« riefen sie ihr zu, wann immer sie ihr am Tag begegneten. Die Schöne wurde traurig darüber.
Die beiden älteren Schwestern gingen so oft es ging ins Theater und trachteten danach, dass sie nicht mit Kaufmannsleuten zu tun hatten, sondern lieber mit richtigen Edelleuten. Sie warteten auf reiche Freier, mit denen sie ihr Leben als reiche Frauen führen konnten. Reiche Kaufleute hielten um die Hand der Mädchen an, aber sie wollten lieber einen Grafen oder sogar einen Herzog zum Manne haben.
Eines Tages jedoch verlor der Kaufmann seine gesamte Habe und musste mit seinen Töchtern aus dem großen Haus ausziehen. Außerhalb der Stadt befand sich als letzter Besitz ein kleines Landhaus, in dem der Vater mit seinen Töchtern nun wohnen musste. Die beiden älteren Töchter aber weigerten sich, hinaus auf's Land zu ziehen. Sie dachten, jetzt kämen die reichen Kaufleute noch einmal, um sie auch ohne große Mitgift zu heiraten. Doch sie täuschten sich: kaum hatte der Vater den Besitz verloren, waren und blieben auch die Freier verschwunden. So mussten die beiden – wohl oder übel – mit in das Landhaus ziehen. Auch die jüngste Tochter war sehr traurig, dass sie allen Besitz verloren hatten, doch sie sagte sich, dass man auch ohne Geld und Gut glücklich sein müsse. Also trocknete sie ihre Tränen und sah sich alsbald in dem Haus auf dem Land einem Berg voller Arbeit gegenüber.
Der Vater bestellte das Land und seine jüngste Tochter stand schon in der Frühe auf, um das Häuschen sauber zu machen und Essen zuzubereiten. Fiel die schwere Arbeit den beiden zunächst schwer, spürten sie bald, dass eine neue Kraft in ihnen aufstieg. Die beiden älteren Schwestern allerdings schliefen morgens lange und langweilten sich sehr. Sie waren entsetzt über die Leichtigkeit, mit der die jüngste Schwester alle Arbeit tat. »Seht nur, welch stupide Seele unsere Schwester hat, dass sie sich auch noch über unsere schlimme Lage freut!«, sagten sie zueinander und rümpften die Nase. Der Vater aber liebte und bewunderte seine Tochter sehr dafür, dass sie so bereitwillig ihre Kraft für ihr gemeinsames Wohl gab.
So lebten sie bereits ein ganzes Jahr auf ihrem Land, als der Kaufmann einen Brief bekam, in dem stand, dass ein Schiff mit Waren, die ihm gehörten, im Hafen angelangt war. Diese Nachricht freute alle sehr, denn sie glaubten nicht anders, als dass sie jetzt das Land verlassen könnten und wieder leben konnten wie zuvor. Bevor der Vater sich auf den Weg machte, fragte er seine Töchter, was er ihnen mitbringen solle. Die beiden Älteren wünschten sich schöne Kleider und Schmuck, doch die Jüngste bat lediglich darum, dass er ihr von seiner Reise eine Rose mitbringen möge.
Der Vater reiste ab, aber so arm, wie er im Hafen ankam, so arm machte er

sich wieder auf den Weg nach Hause. Ihm wurde in dem Hafen ein Prozess gemacht und alle Waren, die ihm gehörten, wurden ihm abgenommen. Traurig machte er sich wieder auf den Heimweg. Er geriet jedoch auf seinem Wege zu seinem Unglück in ein heftiges Unwetter, gerade, als er sich des nachts mitten in einem tiefen Wald befand. Regen und Sturm zerrten dabei an seinen Kräften. Schließlich entdeckte er in der Ferne einen Lichtschimmer. Er holte seine letzte Kraft aus sich heraus, um dem Licht näher zu kommen und als er endlich sah, dass er vor einem Tor stand, war im leichter zumute. »Wo immer sich ein Licht befindet, können Menschen nicht weit sein!«, dachte er sich und trat durch das Tor. Dahinter befand sich zu seinem großen Erstaunen ein großer, schöner Park in dessen Mitte ein prächtiges Schloss stand.

Triefend vor Nässe und Kälte ging er näher und betrat das Schloss. Alles war wie ausgestorben, jedoch brannte im Kamin ein Feuer, an dem er sich die Hände wärmen konnte. Er hörte in den Räumen keinen Laut, nur das knisternde Brennen der Holzscheite in dem Kamin. So laut, wie der Sturm draußen geheult hatte, so still und ruhig war es hier. Langsam erholte er sich und hatte den Mut, dieses Dach über dem Kopf, das er gefunden hatte, näher zu erkunden. Er gelangte in einen großen Speiseraum, der Tisch war noch gedeckt und die Speisen waren gerade richtig warm. Doch auch hier erblickte er keinen Menschen. Er wartete, rief und suchte nach einem Lebenszeichen, doch er fand nichts. Zunächst noch zögerlich, dann kräftig, langte er nach den Speisen und er spürte, wie neue Lebenskraft in ihm keimte. Müde und zufrieden legte er sich dann vor dem Kamin in wohliger Wärme zu schlafen nieder.

Als er nach vielen Stunden erwachte, war es still, wie am Abend zuvor. Er sah sich um, und rief seine Dankbarkeit über seine Rettung aus dem Unwetter in das Schloss hinein, um sich dann gestärkt wieder auf den Weg zu seinen Kindern zu machen.

Das Unwetter war vorbei und auf seinem Weg durch den Park, erblickte er all die Blumen, die dort wuchsen. »Auch wenn meine Taschen leer sind, habe ich doch die Möglichkeit, meiner Jüngsten ihren Wunsch zu erfüllen!«, dachte er sich und bückte sich, eine wunderschöne Rose für sie zu brechen. Doch als er sie in der Hand hielt, erhob sich ein Brausen und Donner und ein riesiges, hässliches, schnaubendes Tier fuhr vor ihm auf. »Was wagst du, meine Blumen zu brechen!«, brüllte und schnaubte es.

Der Mann sank elendig zitternd vor Angst in die Knie und stotternd bat er um Verzeihung. Er habe die Rose für seine jüngste und liebste Tochter heimbringen wollen, gestand er. Das Tier aber brüllte: »Ich werde dich töten, du unglückseliger, undankbarer Wurm!«. Der arme Mann bat um Gnade für sein Leben.

»Nun denn«, fauchte ihn das Tier an. »Wenn eine deiner Töchter anstatt deiner zu mir kommt, dann bist du von mir verschont!« Der arme Mann zitterte am ganzen Leibe und willigte ein. Er wollte die Zeit nehmen, seine Lieben ein letzten Mal zu umarmen, um dann das Opfer des schrecklichen Tieres zu werden.

Freudig empfingen ihn seine Kinder. Doch enttäuscht waren sie, als der Mann weder Juwelen, noch Kleider von seiner Reise nach Hause brachte, sondern schreckliche Nachricht. Nur den Rosenzweig für seine jüngste Tochter hatte er mitgebracht und er gab ihn ihr. Und unter Tränen erzählte er von den Folgen, die das Abbrechen der Rose mit sich gebracht hatte. Die jüngste Tochter erschrak ebenso heftig wie die beiden älteren Mädchen bei dem Gedanken daran, dass sie zu dem Ungeheuer gehen sollte. Und die beiden älteren Mädchen zürnten ihr, sei sie doch mit ihrem Wunsch nach einer Rose Schuld an dem bevorstehenden Tod des Vaters. Die Schöne jedoch überwand ihre Furcht und bat ihren Vater, sie anstatt seiner zu dem Tier ziehen zu lassen. Der Vater, seinen sicheren Tod vor den Augen, wollte zunächst das Angebot der Jüngsten nicht annehmen, schließlich aber sagte sie, dass sie die Urheberin dieses Unglückes sei und deshalb auch sie es sei, die hingehen müsse. Schweren Herzens willigte der Vater ein.
Das Mädchen machte sich mit seinem Vater auf den Weg und schließlich gelangten sie an das Tor, hinter dem das Schloss lag. Alles war leer, wie es auch bei ihrem Vater schon gewesen war. Das Feuer brannte im Kamin, der Tisch war gedeckt. Sie langte kräftig zu, während ihr Vater vor lauter Angst nichts berühren wollte. Und endlich erscholl ein großes Getöse. Das Ungeheuer erschien in dem Raum. Es schnaubte und brüllte und sah gar schrecklich aus. Das Tier fragte die Schöne, die ebenso wie ihr Vater heftig erschrocken war, ob sie freiwillig gekommen war. Als sie das bejahte, schickte das Tier den Vater fort. Jammernd und unter Tränen verabschiedete sich der Vater von seiner Tochter und machte sich auf den Weg nach Hause. Die Schöne sah das Tier an dem Abend nicht mehr.
Als sie am Morgen erwachte, erinnerte sie sich an ihren bevorstehenden Tod und meinte nicht anders, als dass das Tier jeden Moment kommen möge, sie aufzufressen. Doch als sie die Kostbarkeiten in jedem Raum sah, sagte sie sich, dass es die letzte, ihr verbleibende Zeit nutzen wolle, die Schönheit in sich aufzunehmen. Und sie staunte über alles, was sie fand. Wie von Zauberhand waren ihre Wünsche erfüllt, sobald sie nur einen dachte. Jedoch sah sie keine Menschenseele.
Nur das Tier, das schreckliche Ungeheuer suchte sie jeden Abend für eine Stunde auf.
Doch anstatt sie zu fressen, setzte es sich zu ihr, sprach mit ihr und zu ihrem großen Erstaunen, war es ausgesprochen liebenswürdig. Und jeden Abend, wenn das Tier sie verließ, fragte es: »Willst du mich heiraten?« Doch das Mädchen erschrak jedes Mal heftig und sagte mit leiser Stimme: »Nein!«. Dann seufzte das Tier und das ganze Schloss erzitterte von dem schaurigen Geräusch.
Mit der Zeit wurde das Mädchen von Mitleid zu dem grausigen Tier erfasst, denn sie sah, dass es zwar entsetzlich hässlich war, doch sie erkannte ein friedliches und großzügiges Wesen in ihm. Sie hatte sich an seine Hässlich-

keit gewöhnt. Schon kam es ihr vor, als sei das Wesen gar nicht mehr so fürchterlich anzusehen, wie früher. Und sie bemerkte, dass sie ab und zu ungeduldig auf die abendliche Stunde in Gemeinsamkeit mit dem Tier wartete. Allein, sie konnte sich nicht überwinden, die Frau dieses hässlichen Untieres zu werden.

Nach einigen Monaten aber erfasste sie Sorge um die Lieben zu Hause. Die Schöne erzählte es dem Tier. Dieses holte einen Spiegel hervor. Mit diesem Spiegel hatte es die Besonderheit, dass man darin sehen konnte, was die Menschen tun, an die man gerade dachte. Und so blickte die Schöne in den Spiegel hinein. Doch wie erschrak sie, als sie sah, dass ihr Vater vor Kummer und Sehnsucht nach ihr krank darnieder lag. Die Schöne fing bitterlich an zu weinen.

Da sagte das Tier zu ihr: »Wenn du mir versprichst, dass du in acht Tagen wieder zurück sein willst, so kannst du zu deinem Vater gehen und ihn trösten. Nimm nur diesen Ring mit und wenn du ihn des Abends abziehst und auf den Tisch neben dir legst, dann bist du in der gleichen Nacht wieder hier.«

Und so machte sich die Schöne, ausgestattet mit den schönsten Kleidern und Kostbarkeiten, auf den Weg zu ihrem Vater und ihren Schwestern. Als die Schwestern von dem Besuch der Schönen erfuhren, eilten sie herbei. Sie waren inzwischen verheiratet, beide mit reichen Kaufleuten, doch sie waren nicht glücklich. Hatte die eine einen wunderschönen Mann, sah dieser dennoch nur sich selbst voller Bewunderung an, die andere hatte einen geistreichen Mann bekommen, der jedoch seinen Geist nur benutzte, alle Welt und seine Frau damit rasend zu machen. Als die Schwestern die jüngste, die Schöne so reich und zufrieden sahen, erblassten sie vor Neid und sie wollten alles tun, damit die Schöne nicht rechtzeitig wieder zu dem Tier zurückkäme. Sie taten ihr alles zuliebe und rauften sich vor angeblicher Verzweiflung die Haare, als die acht Tage ihres Besuches um waren. Daraufhin versprach die Schöne, noch einmal acht Tage bei ihnen zu bleiben.

Sie machte sich aber Vorwürfe, dass sie dem Tier, das so scheusslich anzusehen war und doch so freundlich und gütig zu ihr gewesen war, ihr Versprechen nicht hielt. In der zehnten Nacht, in der sie im Haus ihres Vaters war, sah sie nachts im Traum, wie das Tier im Garten seines Schlosses ausgestreckt am Boden lag. Erschrocken fuhr sie aus ihrem Schlaf auf und weinte. »Wie bin ich böse, dass ich das Tier so betrübe, da es sich mir so freundlich gezeigt hat! Nein, ich will es nicht unglücklich machen!«, sagte sie sich. Bei diesen Worten legte die Schöne den Ring neben sich auf den Tisch und schlief wieder ein. Als sie wieder erwachte, sah sie zu ihrer Freude, das sie sich im Palast des Tieres befand. Sie kleidete sich besonders schön an und konnte kaum die Abendstunde, in der das Tier sie besuchen kommen würde, erwarten. Aber als die Uhr die Stunde schlug, zeigte sich das Tier nicht. Da fürchtet sich die Schöne und machte sich auf, das Tier zu suchen. Laut rufend lief sie

durch das Schloss und war ganz verzweifelt. Und als sie in einen alten Turm stieg, den sie vorher nie betreten hatte, weil er so düster war, fand sie dort das Tier ausgestreckt auf dem Boden liegen. Es atmete nur noch schwach.
Weinend beugte sich die Schöne über das Tier und heiße Tränen liefen ihr über das Gesicht. »Nein, Ihr dürft nicht sterben!«, weinte sie. »Was habe ich getan, dass Ihr so krank darnieder liegen müsst! O, bitte, wacht wieder auf! Ihr sollt leben, damit ich Eure Frau werden darf. Dachte ich, ich würde nur Freundschaft für Euch empfinden, sehe ich, dass mein Schmerz voller Liebe zu Euch ist!«.
Kaum aber hatte die Schöne diese Worte gesprochen, als ein großes und helles Licht erstrahlte und Musik erscholl. Sie jedoch bemerkte es gar nicht. Ihr Gesicht war dem Tier zugewandt und suchte ängstlich nach einem Lebenszeichen. Aber was erblickte sie: vor ihr am Boden war das hässliche Ungeheuer verschwunden und da lag ein wunderschöner Prinz, der ihr dankte, dass sie ihn aus seiner Verzauberung befreit hatte.
»Ihr habt der Schönheit die Tugend vorgezogen, das ist es, was den schweren Bann und die Schuld, die ich auf mich geladen hatte, wegnehmen konnte. Ich danke Euch sehr. Bitte werdet meine Frau!«, sprach der Prinz nun zu ihr und sie erkannte, dass dieselben Augen zu ihr hinabsahen, die auch das Ungeheuer gehabt hatte.
Der Prinz heiratete die Schöne und sie lebten glücklich und weise bis an ihr Lebensende.

Einem französischen Märchen nacherzählt

Einige begleitende Worte

Scheinbare Scheusale und Monster können in sich etwas bergen, was nur mit einem tieferen Blick erfasst werden kann. Der Mensch, der gestorben ist und eine Spur von Verbitterung, Zorn und Vorwürfen hinterlassen hat, ist dabei möglicherweise ebenso wenig als liebenswürdig zu erkennen, wie das Tier in der Geschichte. Ähnliche Beobachtungen können bei allem, was auf den ersten Blick schrecklich und entsetzlich erscheint, gemacht werden. Ob es Jugendliche sind, die auf den ersten Blick unnahbar und kompromisslos erscheinen oder ob es Menschen sind, die der Welt ihre schlechtesten Seiten ohne jede Spur von Verbindlichkeit präsentieren.
Der Tod kommt als schrecklicher Zerstörer daher, der uns, die wir voller Angst und Schmerzen sind, dahinraffen will. Er will uns am Kragen packen und einen qualvollen und grausamen Tod sterben lassen. In allen leidvollen Lebenssituationen sind Schrecken und Entsetzen das einzig Erkennbare.
Es kann sein, das alle diese Vorstellungen und Bilder nicht stimmen.
Der Zorn von Sterbenden ist eine bekannte und schwere Phase ihres eigenen Abschieds. Jugendliche stehen in ihrer eigenen Phase des Le-

bens, die sie nicht kennen und die sie nicht überblicken. Sie müssen alles tun, um das Weiche und Empfindsame, das sie in sich tragen, zu verbergen. Der Tod, der von allen als Zerstörer angesehen und erkannt wird beendet selbstverständlich das Leben, wie es bislang normal erschien. An dieser Stelle ist das, was so natürlich immer weiter und weiter zu gehen schien, unerbittlich zu Ende. Doch auch der Tod ist vielleicht nur das verkleidete Tier, dass wir vor lauter Schrecken nicht in seiner Wahrheit erkennen können. Wir lassen uns blenden von der Äußerlichkeit, die das Gegenteil in sich verbergen kann. So sind es sehr häufig genau die Lebensphasen, die als hart, als leidvoll und als schwere Schicksalsschläge empfunden werden, die, die in sich eine unendliche Kostbarkeit tragen. Das sind die Situationen, die Menschen schmerzlich wachrütteln müssen, damit das Leben aktiv und zielgerichtet einen großen Sinn bekommen kann.

Wann immer in der Esoterik von den »karmischen Beziehungen« die Rede ist, ist damit gemeint, dass es Menschen gibt, mit denen wir über lange Zeiten hinweg intensive Verbindungen – sei es gute oder schlechte – haben. Wir sollten dabei bedenken, dass es tatsächlich einen unendlich wichtigen Menschen auf der Erde gibt, mit dem wir in einer verstrickten, möglicherweise auch verzwickten karmischen Gemeinschaft zusammen leben: Wir leben mit uns selbst, seit Anbeginn unseres menschlichen Daseins, in einer freiwilligen karmischen Beziehung. Das könnte doch hilfreich sein, Frieden und Zukunft in uns und auch Verzeihen mit uns selbst zu üben. Wir sind mit diesem wichtigen Menschen gekommen und werden mit diesem wichtigen Menschen die Erde auch wieder verlassen.

Den Frieden mit uns zu schließen, da wir uns selbst nicht entrinnen können, scheint ebenso wichtig, wie mit dem Tod Frieden zu schließen, denn auch er erwartet uns – irgendwann. Eine veränderte Vorstellung, die es zulässt, dass dieses Ende friedlich, von jedem Schrecken entbunden und voller Einverständnis sein kann, trägt die Chance in sich, dass es dann am Schluss auch tatsächlich friedlich sein kann. Vielleicht ist der Tod ebenso wenig Monster, wie es das schreckliche Tier in der Geschichte war? Der Tod ist das Biest und das Ungeheuer, das sich vermutlich erst dann als freundlich und liebevoll erweisen kann, wenn wir bereit sind, es kennen zu lernen. Dazu mag das Beispiel einer verstorbenen Frau hilfreich sein: Karin hatte während ihrer jahrelangen Krebserkrankung sehr große Angst vor dem Sterben. Und sie tat alles, um nur nicht an den Tod denken oder darüber sprechen zu müssen. Eines Nachts aber träumte ihr, dass sie kurz vor dem Beginn einer Auslandsreise sei. Auf einer Insel erwartete ihr Geliebter sie sehnsüchtig. Karin ist kurze Zeit später bereitwillig und ohne Angst gestorben.

Menschen sind mit dem Tod konfrontiert und je älter sie werden, desto konkreter wird die Erkenntnis, dass auch das eigene Leben dort enden wird, wo alle Menschenleben enden werden: wir sind geboren, um irgendwann einmal nach Hause zurückzukehren. Wir sind sterblich. Das wissen wir seit Beginn unseres Lebens, doch wir schieben den Gedanken vehement von uns. Wir möchten nicht daran denken, wir tun alles, damit jede Spur der Erinnerung verhindert wird.

Damit ist dann Schluss, wenn wir den Tod erlebt haben. Dann kann es sein, dass die Erinnerung an die eigene Sterblichkeit mit einem gewaltigen Schrecken den Alltag erobert. Diese Situation kann zu ganz erheblichen Angstgefühlen führen, selbst Panikattacken sind dann möglich. Besonders jüngere Menschen reagieren häufig mit starken Ängsten, die sie über Monate oder gar Jahre hinweg begleiten. Das kann dazu führen, dass sie aus Angst vor einem Unfall jede Autofahrt vermeiden, und große Sorge um die eigene Gesundheit entwickeln können. Das Leben ist in solchen Momenten so verletzbar und fragil geworden, dass der Gedanke an Bestand und Dauerhaftigkeit absurd und falsch erscheint.

Ältere Menschen werden mehr und mehr mit der eigenen Sterblichkeit konfrontiert, wenn sie den Tod Anderer in ihrer Umgebung erleben; wenn Sie sehen, wie Freunde und Bekannte in ihrer Umgebung krank werden und nach und nach sterben. Mit dem Älterwerden schleicht sich langsam die Vision von einer Zukunft ein, die in Siechtum endet. Ist es vorher noch die Frage, ob es etwas geben könne, das eine Zukunftsgestaltung ermöglicht, taucht die Wahrscheinlichkeit von Krankheit, Schmerz und qualvollem Tod nun deutlicher auf. Für alte Menschen kann es vielleicht hilfreich sein, daran zu denken, dass sie alte Freunde, Geliebte und Bekannte wieder treffen werden, wenn sie selbst die große Reise hinter sich gebracht haben.

Wir haben jedoch keine Möglichkeit, den Tod ungeschehen zu machen – weder den Tod der anderen, noch unseren eigenen. Wir können ihn nicht verleugnen, denn unweigerlich endet unser Weg an dem Punkt aller Sterblichen. Wir können aber unseren Widerstand verwandeln in eine Akzeptanz und in die Vorstellung, dass unsere eigene Sterblichkeit unsere Wachheit für die Gestaltung unseres eigenen kostbaren Lebens hervorruft.

Leben entsteht und Leben vergeht in einem natürlichen und regelmäßigen Zyklus. Wir Menschen sind in den Kreislauf der Natur eingebunden und wir wissen um die Zyklen und um unser eigenes Vergehen. Es kann hilfreich sein, das Eingebundensein in das stetige Kommen und Gehen in unseren Alltag zu integrieren, wie es in den Ratschlägen initiiert wird. Dabei gelten die Vorschläge ebenso für junge Menschen, die ihrem eigenen Tod, wie die alten Menschen auch, unweigerlich entgegentreten werden. Die Frage danach, wann man

Ein Metamorphose ist durch das Eintauchen in Zyklen erkennbar und möglich.

sich denn mit der Frage des Sterbens beschäftigen solle, kann nur damit beantwortet werden, dass es kaum mehr über das Leben zu erfahren gibt, wenn man sich mit dem Tod beschäftigt und umgekehrt. Es scheint dabei kaum einen Zeitpunkt zu geben, der als verfrüht bezeichnet werden könnte. Sollten wir uns unseres eigenen Sterbens bewusst sein, um wie viel unendlich kostbarer wäre das Leben? Es wäre ein so wunderbares Geschenk in unseren Händen, dass wir es achtungsvoll gestalten würden, anstatt uns in Sachzwängen ohnmächtig zu fühlen. Initiationsriten der Naturvölker hatten zum Ziel, junge Menschen tatsächlich in lebensgefährliche Situationen zu bringen, um ihnen den Reichtum und die Handlungsfähigkeit für ihre eigene Zukunft beizubringen. Die Frage der eigenen Sterblichkeit wurde dabei Kindern und Jugendlichen entgegengebracht, kaum dass sie den Kinderschuhen entwachsen waren. Das scheint für die Lebensplanung und Lebensgestaltung erheblich sinnvoller, als das Idol einer ganzen Gesellschaft, das »forever young« heißt.

Ein jamaikanisches Märchen erzählt von dem beruhigenden Zyklus, in dem Leben und Sterben stattfinden:

Der Mond sprach eines Tages zu dem Tausendfüßler, der auf der Erde langsam wanderte: »Höre zu und erzähle den Menschen die Geschichte! So wie ich, der Mond, komme und gehe, so kommen und gehen auch die Menschen selbst. Und so, wie ich immer wieder groß und leuchtend rund am Himmel erscheine, so ist es auch bei ihnen. Beruhigt euch! Betrachtet den Mond, seht sein Kommen und Gehen, doch verliert euch nicht darin!« Der Tausendfüßler machte sich auf den Weg, den Menschen die Geschichte des Mondes zu überbringen.

Unterwegs traf er einen Hasen, der es – wie immer – sehr eilig hatte. Und der Hase fragte ihn: »Wo willst du hin? Du bist so langsam, komm ich trage dich ein Stück!« Dankbar setzte sich der Tausendfüßler auf den Rücken des Hasen und erzählte, dass er den Menschen die Worte des Mondes überbringen sollte. Der Hase staunte sehr. Und mit der Schnelligkeit des Hasen, wie es der Tausendfüßler in seiner langsam vorankommenden Art auch tat, erzählte er den Menschen die Geschichte des Mondes.

»Die Menschen gehen, wie der Mond auch. Seht das und verliert euch darin!«, rief er den Menschen zu. Leider haben die Menschen auf den schnellen Hasen gehört.

Ratschläge für die Betroffenen und deren Umgebung

- Schaffen Sie einen Platz in Ihrer Wohnung, auf den Sie das legen, was Sie, der Jahreszeit entsprechend, draußen in der Natur finden können. Das kann eine Knospe im Frühling sein, ein Herbstblatt im Oktober und ein paar Nüsse oder Tannenzweige im Winter. Erleben Sie dabei bewusst die Veränderung der Natur.

- Öffnen Sie Ihre Augen für die Vergänglichkeit und des darin entstehenden neuen Lebens. Schauen Sie sich dazu z. B. die kahl gewordenen Zweige eines Baumes im Januar an. Scheinbar tot und vertrocknet werden Sie an den verschiedenen Ansatzstellen bereits die Knospen des nächsten Zyklus erkennen können.
- Seien Sie aufmerksam für die Absterbeprozesse in der Natur, die mitten im Hochsommer ablaufen. Entdecken Sie das Sterben im Leben und das Leben im Sterben!
- Betrachten Sie eine Schnittblume in ihrem Zyklus. Von dem kraftvollen Aufblühen, bis hin zum langsamen Verwelken, dem Fallen lassen der Blütenblätter und bis zum Vertrocknen. Hier ist im Kleinen vorhanden, was dem natürlichen Weg aller Dinge entspricht.
- Stellen Sie im tiefen Winter den Zweig eines Baumes in eine Vase mit Wasser. Sie werden erleben, wie durch etwas Wasser und etwas Wärme die Blätter wachsen werden und neues prachtvolles Leben wieder aufkeimt.
- Stellen Sie eine kleine Schale mit feuchter Blumenerde auf Ihre Fensterbank. Streuen Sie ein wenig Weizenkörner darauf aus und halten Sie sie feucht. Sie werden nach kurzer Zeit neues keimendes Grün entdecken. Neues Leben – damit ist jeder Samen voller überquellenden Lebens.
- Setzen Sie auf dem Grab Ihres nahe stehenden Verstorbenen Blumenzwiebeln im Herbst ein. Sie werden im Frühjahr erfreut feststellen, dass buntes Leben da entsteht, wo tote Körper begraben liegen. Lassen Sie den Gedanken zu, dass durch den wieder zu Erde werdenden Körper der Boden für neues kraftvolles Leben gegeben ist.
- Beobachten Sie die jahreszeitlichen Veränderungen des Lichtes und achten Sie auf die verschiedenen Qualitäten. Die Sonne scheint im Mai anders, als im September!
- Lassen Sie Ihre Uhr an einem Tag liegen. Achten Sie bewusst nicht auf die Zeit. Sie werden feststellen, dass Sie »zeitlos« werden, dass Sie unabhängig der Tageszeit, unabhängig von Terminen Ruhe finden können. Achten Sie dabei auf den Sonnenstand. Fragen Sie sich: wie spät kann es jetzt ungefähr sein? Wiederholen Sie diese Übungen im Abstand von einigen Wochen, Sie werden Veränderungen des Lichteinfalls und der Jahreszeiten auf völlig andere Weise als vom Zifferblatt ablesen können.
- Suchen Sie einen rundlichen Kieselstein. Dieser Stein ist über die Zeit von vielen tausend Jahren natürlich rund geschliffen worden. Die Bewegung in Wasser, Erde und das Abrollen an anderen Steinen hat dafür

gesorgt, dass er sich Ihren Fingern anschmiegt. Bedenken Sie, welche Energie, welche Zeit und welche Geduld dafür nötig war! Welche Zyklen, welche Generationen sind in dieser langen Zeit gekommen und wieder gegangen? Tragen Sie diesen Stein in Ihrer Jackentasche. Wann immer sie ihn berühren, erinnern Sie sich daran, dass Sie selbst ein Teil der natürlichen Zyklen sind.

- Stellen Sie sich vor einen Spiegel und starren Sie Ihr Spiegelbild an, bis die Konturen verschwimmen. Ihre Augen werden zu tränen beginnen und sie werden nach wenigen Minuten erkennen können, dass Ihr Gesicht, wie Sie es kennen, andere Züge erkennbar werden lässt. Dadurch wird Ihnen Ihre eigene Vergänglichkeit deutlich werden.
- Machen Sie einen Spaziergang auf dem Friedhof. Lesen sie die Daten derer, die dort begraben sind. Wie viele Jahre hatten die verschiedenen Verstorbenen für ihr Leben? Ob sie die Zeit genutzt haben? Denken Sie sich einen guten Wunsch für die jeweilige verstorbene Person aus.
- Sehen Sie sich die Gräber an. Wenn Sie eines entdecken, das Ihnen verlassen und wenig besucht erscheint, stellen Sie dort eine Kerze auf oder legen Sie dort eine Blume hin. Es mag sein, dass genau an der Stelle ein wenig Freude entstehen kann.
- Stellen Sie sich selbst vor, wie sie zufriedenen Herzens irgendwann sterben werden, mit einem »Ja« auf den Lippen.
- Lassen Sie den Gedanken in Ihnen wachsen, dass es möglich sein kann, dass Sie am Ende Ihres Lebens voller Vertrauen und Einverständnis in eine neue Ebene hinein geboren werden können und dem Tod folgen können. Das Lied »Follow me« von Uncle Kracker kann Ihnen dabei möglicherweise hilfreich sein. Stellen Sie sich vor: der Tod flüstert Ihnen in völliger Seelenruhe zu, dass Sie ihm vertrauensvoll folgen sollen. Ein Tod, der Sie nicht quälen will, sondern ein Tod, der Sie begleiten wird durch die Unsicherheit des Sterbens. Vielleicht erwartet Sie etwas wunderbar Neues in diesem »fernen Land«. Sollten Sie den Text nicht verstehen, bitten Sie jemanden, das Lied für Sie zu übersetzen.
- Bedenken Sie, dass auch Ihr eigener Tod nur einmal stattfinden wird, einmal, nicht dreißigtausendmal!
- Lesen Sie das Buch »Gebrüder Löwenherz« von Astrid Lindgren. Die Geschichte zweier Brüder, die gestorben sind und Abenteuer in ihrer neuen Heimat bestehen. Dieses Buch ist für Jugendliche geschrieben und kann für Erwachsene, die selbst mit der Angst vor ihrem eigenen Sterben leben eine große Unterstützung sein.
- Das Buch »Mio, mein Mio«, von Astrid Lindgren ist eine ähnliche Geschichte, die von der Suche des Jungen Mio nach seinem Vater in einem anderen Land erzählt.
- Simone de Beauvoir hat mit ihrem Buch »Alle Menschen sind sterb-

lich«, einen beruhigenden Beitrag für die Notwendigkeit und den Sinn des Sterbens gebracht. Ein unsterblicher Mensch berichtet von seiner eigenen Müdigkeit angesichts des Laufs der Geschichte der Menschheit.

- Lesen Sie das Buch »Interviews mit Sterbenden« von Elisabeth Kübler-Ross. Die Pionierin der Sterbeforschung hat mit Mitgefühl und Geduld Gespräche mit Sterbenden geführt und hat unterschiedliche mögliche Phasen des Sterbens beschrieben. Diese Phasen können verschieden lang sein und verschieden deutlich in ihrer erkennbaren Ausprägung. Wenn Sie einen nahen Menschen verloren haben, kann Ihnen das helfen, seinen eigenen vollzogenen Weg besser zu verstehen.
- In dem Buch »Zeit des Abschieds« von Monika Specht-Tomann und Doris Tropper finden Sie Möglichkeiten, wie in unterschiedlichen Sterbephasen Unterstützung gegeben werden kann.
- Das Buch »Den Sterbenden beistehen« von Franco Rest zeigt unterschiedliche Wege und Ansätze, Sterbende zu begleiten und gleichzeitig für sich selbst mit diesen schwierigen Situationen klar zu kommen.
- Um zu verstehen, was Sterbende auf ihrem Weg erleben und durchstehen, kann es hilfreich sein, das Buch »Traum und Tod« von Marie Louise von Franz zu lesen. Sie hat in ihrem Buch Träume von Sterbenden beschrieben und erklärt.
- Märchenbücher, die sich mit dem Thema Tod beschäftigen können Ihnen Mythen und Sichtweisen verschiedener Völker aufzeigen. Alle Menschen in unterschiedlichen Zeiten haben diese bewegenden Fragen aufgestellt und Lösungsmöglichkeiten für sich gesucht. Beispiele dafür sind: »Märchen von Leben und Tod«, herausgegeben von Sigrid Früh oder »Der Tod geht um die Welt« von Doris Iding.
- Robert Sachs hat in seinem Buch »Das Leben vollenden« einen unterstützenden Beitrag dazu gegeben, dass der Tod, so individuell er in Erscheinung tritt, sinnvoll und heilsam sein kann.
- Die Erzählung »Der Tod des Iwan Iljitsch« von Leo Tolstoi kann Ihnen eine hilfreiche Unterstützung sein zu erfahren, wie es Sterbenden ergehen kann, wenn Sie sich auf den Tod vorbereiten.
- Hören Sie sich die Musik von Vivaldi »Die vier Jahreszeiten« an. Erleben Sie die musikalische Umsetzung des Jahreszyklus mit seinen wechselnden Stimmungen. Tauchen Sie ein in den Jahreszyklus.
- Verzeihen Sie dem/der Verstorbenen, wenn er/sie in einer unangenehmen Phase sehr unfreundlich und verständnislos mit Ihnen war. Es hatte wahrscheinlich sehr viel mehr mit der Person selber zu tun und mit einem schweren Abschied als mit Ihnen. Sagen Sie der verstorbenen Person deutlich, dass Sie das verstanden haben!

12 Weshalb der Todestag zugleich der Geburtstag ist

Der erste Jahrestag ist für Trauernde ein besonders schweres Datum. Dann ist der erste Zyklus in einem neuen Alltag durchlebt. Am Ende dieses Jahres tauchen die letzten Stunden, Minuten und der Schrecken, dass ein eben noch lebendiger Mensch nicht mehr atmet, sehr konkret wieder auf. Die Zeit wird relativ. Einerseits scheint der Todesfall unendlich lange her zu sein – als sei der jetzige Zustand in Trauer und Sehnsucht unendlich lange schon andauernd – andererseits scheint es, als sei »Es« gestern erst gewesen. Dieser Tag kann dennoch mit einem »Lachen« *und* einem »Weinen« begangen werden.

Und nun ereignet sich der Augenblick
des Anfangs wie ein schmerzliches Geschick …
Manfred Hausmann

Anfang und Ende sind wohl verwandt,
Doch ist der Anfang blind, das Ende hat's erkannt.
Rückert

Es war einmal ein Lattenzaun,
mit Zwischenraum, hindurchzuschaun
Joachim Ringelnatz

Brief an Natalie (16), Schwester von Vera (18)

Die Namen wurden geändert

Natalie und Vera wuchsen in einer modernen Großstadt auf. Vera war die Ältere und Natalie bewunderte ihre »große« Schwester immer sehr. Sie bewohnten mit ihren Eltern eine Wohnung in einem dicht bevölkerten Stadtteil. Die Schwestern lebten gemeinsam in einem Zimmer, bis sie jugendlich wurden. Dann zog die Familie in eine größere Wohnung um. Beide Mädchen waren sehr froh, nun endlich ihr eigenes Zimmer zu haben.
Sobald die Töchter in die Schule gekommen waren, nahm die Mutter ihre Arbeit wieder auf. Sie legte größten Wert auf Ordnung und arbeitete sich während ihrer Berufstätigkeit hoch, bis sie, als ehemals kaufmännische Angestellte, schließlich eine gute Arbeit als Sekretärin in einer großen Firma bekam. Vera und Natalie hatten manchmal den Eindruck, als ginge ihre Mutter in ihrer Arbeit viel mehr auf,

denn als Hausfrau und Mutter in ihrer Familie. Ihre Mutter zeigte sich den Mädchen immer als sehr ehrgeizig und selbstkritisch. Sie wollte weiterkommen, das war allen deutlich. Der Vater der beiden Mädchen war Maschinenschlosser und seit seiner Ausbildung in derselben Firma tätig. Ihm gefiel seine Arbeit. Doch er schien – im Gegensatz zu seiner Frau – vollkommen zufrieden mit sich und der Welt zu sein.
Da ihre Eltern berufstätig waren, waren Natalie und Vera daran gewöhnt, den Tag gemeinsam zu verbringen. Sie besuchten dieselbe Schule und organisierten den gemeinsamen Einkauf für die Familie. In den Jahren ihrer Kindheit ging es ihnen wie allen Schwestern: einerseits spielten sie selbstvergessen alle Spiele miteinander, die kleine Mädchen mögen, und verbargen in absoluter Loyalität sämtliche Geheimnisse vor den Eltern und andererseits waren sie heftigste Konkurrentinnen. Eine jede befürchtete zutiefst, die andere könne letztendlich vielleicht doch »besser« sein als sie selbst. Das führte zu jenen heftigen Kämpfen, die alle Schwestern der Welt kennen – voller inbrünstigem und gnadenlosem Hass. Geschwister jedoch sind immer bereit, den Kampf abzusagen, wenn Wichtigeres auftaucht. Dann kämpfen sie Seite an Seite gegen den Rest der Welt.
Die beiden waren völlig verschieden. Vera war bedächtig in allem, was sie tat, Natalie war in ihrem Wesen schnell und behände. Bei Streitereien zeichnete sich Natalie dadurch aus, dass sie aufbrausend und laut losdonnerte und so schnell, wie der Sturm losbrach, so schnell war er auch wieder vorbei. Vera dagegen grollte oft noch lange vor sich hin. Sie war stur. Die Ältere hatte lange, lockige und hellblonde Haare. Natalies Haare waren – zu ihrem eigenen Leidwesen – mittelbraun und glatt. Und neidisch betrachtete sie Veras Haarpracht.
Sie steckten die Köpfe zusammen, um sich ihre ersten Liebeleien und ihre Geheimnisse zu gestehen und schützten sich gegenseitig, wenn ihre Eltern hinter ihre kleinen Heimlichkeiten und Ausreden kommen sollten. Sie feierten ihre ersten Partys gemeinsam, tauschten ihre Kleidungsstücke und beäugten eifersüchtig die Freundschaften, die die andere schloss.
So wurden sie langsam erwachsen. Ihre Freundeskreise unterschieden sich mehr und mehr voneinander. Vera hatte begonnen, Querflöte zu spielen und tauchte regelmäßig in die Tiefen der Musik ab. Natalie zog es mehr zu Tieren hin. Sie nahm Reitunterricht und verdiente sich das Geld dafür damit, dass sie auf dem Reiterhof Stallarbeiten machte. Sie hatte, wie man sagt, eine »Hand für Tiere«.
Nach und nach entwickelten sich verschiedene Umgebungen und spezielle Neigungen. Vera plante schon, von zu Hause auszuziehen. Sie war mitten im Abitur und wollte Medizin studieren. Ihre Leidenschaft,

die Musik, wollte sie als Nische und Entspannung für sich selbst weiter pflegen. Natalie zog praktische Arbeit vor. Ihr Traum war es, später einmal als Tierpflegerin zu arbeiten.
Vera war die erste, die ihren Führerschein machte. Das war eine anstrengende Zeit. Neben den Arbeiten für den Schulabschluss nutzte Vera ihre knapp bemessene Freizeit, um zur Fahrschule zu gehen. Nur selten fand sie die Gelegenheit, mit Freundinnen etwas zu unternehmen. Natalie war genervt von der großen Schwester, die sich langsam und allmählich ihren eigenen Lebensbereich schaffte. Und sie war auch eifersüchtig auf die Schwester, die ihr plötzlich umso vieles größer erschien, als vorher. Zumal sich Vera vor zwei Monaten zum ersten Mal richtig verliebt hatte. Natalie schien es, als entferne sich Vera immer mehr von ihr. Sie fühlte sich im Stich gelassen in ihren weiterhin bestehenden, festen Lebenszusammenhängen. Und sie ahnte, dass sie selbst sich noch mehr auf ihre eigene Zukunftsplanung einlassen musste.
Vera arbeitete sich mit der ihr eigenen Verbissenheit durch ihr Arbeitspensum. Ihr Freund hatte bereits im Vorjahr sein Abitur geschafft und war in der weiteren Ausbildung. Somit hatten die beiden nur wenig Zeit, sich zu treffen. Manchmal fuhr Vera abends mit dem Fahrrad zu ihm.
Die Eltern der beiden Mädchen hatten durch die langen Jahre ihrer beider Berufstätigkeit vollauf mit der Organisation des Alltages zu tun. Noch immer gab es die jährliche Urlaubsreise an den Strand, an den sie schon gefahren waren, als die Mädchen noch sehr klein waren. Dort hatten sie ihren ganzen Stolz – einen großen Wohnwagen – auf seinem festen Platz stehen und befanden sich inmitten von gleich gesinnten Nachbarn. Jetzt spürten auch die Eltern, dass sich ganz langsam und allmählich die bisher gewohnte Familienstruktur verändern würde. Die Kinder wurden groß und würden ihre eigenen Wege gehen und sie selbst würden sich auf ihr gemeinsames Alter vorbereiten. Das Gefühl dazu war eher dumpf und ungewiss und sie waren mehr erstaunt als traurig darüber. Ihnen kam es vor, als lebten sie schon seit ewigen Zeiten mit ihren beiden Kindern zusammen. Auf der anderen Seite schien es ihnen jetzt, als sei diese Zeit zu kurz gewesen.
Vera und Natalie verspürten jene innere Unruhe und Aufbruchstimmung, die junge Menschen angesichts des Lebens, das vor ihnen liegt, überfällt.
Eines Abends im März hatte sich Vera mit ihrem Freund gestritten. Und Vera war böse. Böse auf sich selbst und sehr, sehr wütend auf ihren Freund, der ihr Dinge gesagt hatte, die sie nicht hören wollte. Sie rief von ihrem Handy aus in der elterlichen Wohnung an und sagte, dass sie früher nach Hause kommen würde. Sie war wütend, das hatte

Natalie am Telefon gehört. Und sie wartete auf die Schwester wie früher, wenn sie zu ihr halten musste.
Nach zwei Stunden jedoch bekam die Familie einen Anruf. Vera lag schwer verletzt im Krankenhaus. Sie war, aufgebracht wie sie bei ihrem Freund losgefahren war, sehr schnell auf ihrem Fahrrad gefahren und hatte das Licht nicht angemacht, weil ein alter Dynamo am Vorderrad das schnelle Fahren ganz erheblich behindert.
Die Familie fuhr sofort ins Krankenhaus. Dort wurde ihnen gesagt, dass ein Autofahrer Veras Fahrrad nicht gesehen hatte und direkt von der Seite in sie hineingefahren war. Wie erstarrt hörten sie, dass Vera im Koma liege und es wegen der schweren Kopfverletzungen unwahrscheinlich sei, dass sie daraus wieder erwachen würde.
Natalie stand mit ihren Eltern am Bett der Schwester. Niemand wusste etwas zu sagen. Und auf den Rat der Krankenschwestern und Ärzte fuhren sie nach einer Weile nach Hause zurück. Niemand schlief viel in dieser Nacht und erst in den frühen Morgenstunden dösten alle etwas ein.
Am Morgen erhielten sie einen Anruf aus dem Krankenhaus. Vera war in der Nacht an ihren Verletzungen gestorben. Natalie und ihre Eltern fuhren ins Krankenhaus. Sie waren äußerlich völlig ruhig und wenn sie jemand gefragt hätte – sie hätten noch nicht einmal sagen können, wie es ihnen geht. In der Klinik wurde ihnen geraten, nicht noch einmal von Vera Abschied zu nehmen. Sie sollten Vera so in Erinnerung behalten, wie sie sie lebendig kannten. Und nach einem kleinen Moment kam ein Arzt vorbei und fragte, ob die Eltern bereit wären, Vera in die Pathologie zu geben. Auf ihre Nachfrage erfuhren sie, dass das bedeutete, dass Veras Körper für medizinische Untersuchungen zur Verfügung gestellt werden sollte.
Das verneinten alle drei einstimmig.
Sie holten also die persönlichen Gegenstände von Vera ab und fuhren wieder nach Hause. Dort war es kalt und leer. In den nächsten Tagen hatte die Familie viel zu tun. Das Beerdigungsinstitut nahm seine Arbeit auf, Freunde und Nachbarn mussten informiert werden, die Beerdigungsfeier musste organisiert werden. Natalie und ihre Eltern kamen gar nicht dazu, sich viele Gedanken zu machen.
Als Vera beerdigt wurde, waren viele Menschen anwesend. Alle waren erschüttert und fassungslos über den frühen und scheinbar völlig sinnlosen Tod dieses jungen Mädchens.

Liebe Natalie,
hast du eigentlich schon begriffen, was geschehen ist? Ihr alle werdet stückchenweise und langsam begreifen, was geschehen ist. Das wird noch lange dauern, und das ist auch ganz gut so.
Du hast mich gefragt, was noch auf dich zukommen kann. Und ich glaube, es ist gut, wenn du das vorher weißt. Dann kannst du erkennen, was es ist und du kannst möglicherweise ausweichen.
Erst nach der Beerdigung wird ein neuer Alltag für euch alle beginnen. Und du hast dabei die schwere Aufgabe, deinen Eltern weiterhin Kind zu sein und gleichzeitig ihre Sorge und ihren Schmerz mit zu tragen. Sie sind weiterhin Eltern. Du bist keine Schwester mehr. Das ist ein großer Unterschied. Denn wann immer sie ihre Kinder suchen, werden sie zumindest dich finden. Deine Schwester Vera wird ihnen immer fehlen, denn »jedes Kind ist ihr einziges«. Und du wirst zur Tür hineinkommen, wie in allen Jahren vorher. Deine Eltern werden immer noch ein Kind bei sich erkennen können. Doch du wirst nie wieder eine Schwester haben.
Außerdem bist du jetzt die älteste Tochter deiner Eltern. Vera war die Erstgeborene und dir immer ein kleines Stückchen voraus. Diesen Vorsprung hast du bewundert und beneidet und alle wissen, dass der nicht einzuholen ist. Sie ist die Große und wird in aller Augen auch die Große bleiben. Und gleichzeitig stimmt das nun nicht mehr. Kaum sind ein paar Jahre vergangen wirst du Entwicklungen durchmachen, die sie nie erleben konnte. Dennoch wird es allen so scheinen, als sei sie dir voraus. Das ist eine paradoxe Situation. Dann kann es sein, dass du den Schatten von ihr spüren wirst, in dem du dich bewegst und aus dem es kein Entrinnen zu geben scheint. Viele werden sich deine Schwester Vera noch als Dreißigjährige vorstellen können. Und scheinbar wird es in den nächsten Jahren so sein, als ginge sie dir immer noch voraus. Es wird möglicherweise lange dauern, bis du aus dem Status der »kleinen Schwester« herauskommst.
Und da es jetzt so ist, dass du für deine Familie sozusagen in »doppelter« Funktion agieren musst, kann bei dir der Eindruck entstehen, du müsstest den Freundinnen und Freunden von Vera auch noch die Freundin ersetzen. Es scheint manchmal fast so, als müssten die Geschwister dann die Freunde auftragen, wie früher die zu klein gewordenen Kleider. Nur wirst du die Rolle nicht übernehmen können, so sehr du auch den Druck verspürst, denn diese »Kleider« werden dir nicht passen. Alle werden in dir die Ähnlichkeit mit Vera und die Unterschiede zu ihr erkennen. Du kannst nun einmal nicht

einen anderen Menschen ersetzen, so sehr wir alle es uns wünschen mögen und so sehr sich alle Vera wieder lebendig wünschen.

Deine Schwester ist als aufstrebende, junge erwachsene Frau gestorben. Und es kann passieren, dass sie allen fast wie eine Heilige erscheint – sie hatte doch noch gar keine Möglichkeit, alle ihre schlechten Seiten so richtig auszuleben. Auch in dem Schatten kannst du dich wieder finden, dass alle so tun, als sei sie unantastbar gut gewesen, nur du hast alle menschlichen Schwächen behalten, die ein Mensch nun einmal hat. Der verklärte Blick wird auf sie angelegt, nicht auf dich.

Du hast mir gesagt, dass du unendlich böse auf sie geworden bist, als du die Nachricht von ihrem Tod bekommen hast. Du hast zornig aufgeschrien und gesagt, wie »bescheuert« du sie findest, dass sie euch allen so etwas Endgültiges antun muss. Und auf eine seltsame Weise bin ich beruhigt, wenn ich das höre. Du hast das Recht, böse zu sein. Hat sie dich nicht im Stich gelassen? Du trittst jetzt das Erbe an, was sie dir hinterlassen hast und du sollst alle Funktionen gleichzeitig erfüllen. Außerdem spricht das für deinen eigenen Lebensmut, wenn du wütend bist. Denn du hast, wie du zögernd sagst, auch den leisen Verdacht in dir, dass sie das »extra« gemacht hat. Dass sie so böse auf die Welt gewesen ist, dass sie aus lauter Sturheit heraus leichtfertig mit ihrem Leben gespielt hat. Und darauf kannst du böse sein. Das ändert doch nichts an deiner Liebe und euer beider Verbundenheit.

In deinen Zorn und deine Wut mischt sich möglicherweise hoffnungslose Traurigkeit und Einsamkeit, denn wie sollst du jetzt das tiefste Miteinander wieder finden können? Schwestern sind nicht zu ersetzen, auch nicht durch die besten Freundinnen, denn vor denen nehmen wir uns immer ein klein wenig zusammen, auch wenn sie uns noch so vertraut sein sollten. Das brauchen wir bei Schwestern nicht. Bei Schwestern ist doch klar, dass das Beste und das Schlechteste miteinander geteilt werden kann.

Sie ist deine Schwester und sie wird auf eine ganz besondere Art auf immer deine Schwester sein. Nur: wenn Geschwister plötzlich zerbrechen, dann fällt unsere eigene heile Welt in sich zusammen. Geschwister sind unsterblich, denn sie sind doch – gerade wenn es Größere sind – fast das erste, was wir erblickt haben, als wir hier auf der Erde die Augen aufgemacht haben. Und sie waren immer da.

Das alles zu begreifen geht nur langsam und jedes Mal, wenn dir das bewusst wird, wird es dir sehr weh tun.

Und du wirst vielleicht nicht wissen, wie du dich benehmen sollst. Es ist ja nicht klar, was die Gesellschaft von dir erwartet. Dürfen Trauernde lachen? Schon eine Woche nach der Beerdigung? Du

wirst von den Menschen in deiner Umgebung beäugt werden und viele Menschen werden die verschiedensten Erklärungen darüber abgeben, wie es dir geht und weshalb deine Schwester gestorben ist. Sie werden etwas erklären, für das du selbst die Expertin bist. Auch das sollte dir klar sein. Und ich wünsche für dich sehr, dass die Menschen dann auf dich zukommen werden, um dich zu fragen, ob ihre Sichtweise stimmt, anstatt dass sie dir aus dem Wege gehen, weil sie sich nicht trauen, dich anzusprechen.
In Zukunft ist beides möglich: sie gehen dir aus dem Weg und hoffen, dass sie dir nirgends begegnen oder aber du wirst mit Fragen nach deinem Befinden so sehr überschüttet, dass du den Eindruck bekommst, dass es nicht mehr um dich selbst geht. Dann trägst du den Titel »die Schwester der Toten« wo du auch gehst und stehst. Wenn du dann den Raum betrittst, sehen alle die Tote neben dir. Es kann dir sogar passieren, dass dich Menschen mit »Vera« ansprechen und erst einen kleinen Moment später zusammenzucken und sich verbessern wollen. Das ist normal und geschieht vielen, denen Bruder oder Schwester gestorben ist. Das geschieht, weil sie immer auch an Vera denken, wenn sie dich erblicken. Und wahrscheinlich ahnen alle, dass du das gesamte Erbe auf deine Schultern geladen hast.
Alles das kann dich sehr belasten. Dann ist es möglich, dass du den Eindruck bekommst, dass du nie wieder du selbst sein kannst. Und du wirst nach einem Weg suchen, der dich endlich »frei« von der ganzen Geschichte deiner Vergangenheit werden lässt. Wenn es dir so ergehen sollte, kann es gut sein, wenn du dich nach einem Freundeskreis umsiehst, der Vera nicht kennt und die ganze traurige Geschichte von ihrem Tod nicht miterlebt hat. Allen, denen du begegnest und die den Tod von Vera nicht miterlebt haben, wird es um dich gehen, nicht um sie und dort wirst du den Schatten von ihr nicht finden. Dann kann es sein, dass du wieder du selbst sein kannst.
Das alles und wahrscheinlich noch vieles mehr wird dich im kommenden Jahr mit aller Wucht treffen. Und gleichzeitig ist es so, dass niemand auf der Welt die Macht haben wird, die tiefe Verbindung, die zwischen euch gewachsen ist, zu zerstören. Du sagst, es gibt niemanden auf der ganzen Welt, dem du so tief vertraust, wie Vera. Gut, dann tue das. Und wenn du bereit bist, dich mit ihr zu versöhnen, dann geht die Beziehung mit einer »Schwester als Geist« weiter. Dann gibt es auch dafür neue Wege, die es euch ermöglichen, miteinander für etwas zu streiten. Die hemmungslose Offenheit, die euch beide begleitet hat, wieso sollte sie beendet sein? Es ist ungewohnt mit einem »Geist« – denn was kann deine Schwester Vera

ohne ihren Körper anderes sein als ein Geist? – einen lebendigen Kontakt zu halten. Aber es ist machbar.
Nun bist du über Nacht und viel zu schnell erwachsen geworden und wirst lernen, Verantwortung zu tragen. Du wirst viel Kraft dazu brauchen. Ich wünsche sie dir von ganzem Herzen.

Wie es Natalie heute geht

In den ersten Wochen nach Veras Tod wusste Natalie eigentlich gar nicht so recht, wie es ihr ging. Sie ging mechanisch zur Schule, sie sprach mechanisch mit allen, die mit ihr sprachen. Sie sagt heute, dass diese Zeit wie in einem Trancezustand verlief. Sie sagt, die Fragen der Lehrer an der Schule gingen ihr auf die Nerven. Selbst Lehrer, die sie gar nicht kannten, fragten sie nach Veras Tod permanent nach ihrem Befinden, doch sie hatte immer den Eindruck, dass sie nicht wirklich wissen wollten, wie es ihr geht oder was bei ihr ablief. Die Lehrer nämlich, die Vera gut gekannt hatten, machten einen Bogen um sie. Dadurch hatte sich Natalie angewöhnt, allen eine stoische und unbewegliche Mine zu zeigen. Sie wollte kaum noch, dass irgendjemand erfuhr, wie es ihr tatsächlich ging. Natürlich konnte sie mit ihren Freundinnen sprechen, doch auch die standen fassungslos davor, wenn Natalie zu weinen begann. »Aber«, sagt Natalie, »ich hatte eigenartigerweise immer den Eindruck, als wären da viele andere Jugendliche wie ich selbst, die mir zur Seite standen, wann immer ich etwas benötigte. Ich spürte, dass sie mich beobachteten – auch in Hinblick auf meine Trauer um Vera. Das war auf allen Partys so und auch, wenn ich begann, mich in mich selbst zurückzuziehen. Doch wenn ich tatsächlich weinte, haben sie mich – wo und wann immer es auch war – geschützt und unterstützt. Das hat mir wahrscheinlich einen großen Schutz gegeben. Sie haben nach einiger Zeit angefangen, mit mir zu weinen und zu lachen! Und erst heute verstehe ich, dass sie sich echte Sorgen um mich gemacht haben.«
Einige Monate nach dem Tod von Vera begann Natalie regelmäßig in die Kirche zu gehen. Damit hörte sie jedoch nach einem halben Jahr wieder auf. Eine Antwort auf ihre Fragen, wo Vera jetzt war und wie sie den Kontakt zu ihr halten könne, fand sie dort nicht. Dazu sagt Natalie heute: »Wie soll ich meine Fragen beantwortet bekommen, wenn mir gesagt wird ›Gott weiß alles, glaube an ihn‹? Ich will konkrete Schritte wissen, die ich tun kann. Denn hier geht es nicht um Gott, sondern um meine Sehnsucht zu meiner Schwester.«
Natalie hatte sich nach dem Tod ihrer Schwester dazu entschieden, ihr Abitur zu machen. Einige Male lieb äugelte sie damit, jetzt anstatt Veras Stelle Medizin zu studieren und ertappte sich sogar bei dem Gedan-

ken, Querflötenunterricht zu nehmen. Jetzt, drei Jahre nach ihrem Abitur ist sie mitten im Biologiestudium und ist froh, dass sie sich für ihren eigenen Weg entschieden hat.
Natalies Eltern haben sich nur zwei Jahre, nachdem Vera gestorben war und als Natalie selbst mitten im Abitur war, getrennt. Und Natalie hatte den Eindruck, als fiele alles, was ihr einmal sicheren Boden bereitet hatte, wie ein Kartenhaus in sich zusammen. Natalie zog in eine Wohnung gemeinsam mit ihrer Mutter. Sie wusste immer, wie schwer das für ihren Vater sein würde, der einmal mit den Vorzeichen alt werden wollte, eine Ehefrau und zwei Töchter zu haben und plötzlich erkennen musste, dass er völlig allein leben musste. Natalie war deshalb insgeheim böse auf ihre Mutter. Dennoch war ihr klar, dass ihr Vater gar nicht in der Lage war, ihr irgendeinen Halt geben zu können. Wann immer sie jedoch in Schwierigkeiten mit dem einen Elternteil geriet, neigte sie dazu, den anderen vorzuziehen. Erst später wurde Natalie klar, dass sie damit auf dem besten Wege dazu war, beide gegeneinander auszuspielen.
Eine ganze Zeit lang war Natalie sehr eifersüchtig auf Vera. Sie hatte den Eindruck, als hätten ihre Eltern Vera erheblich lieber gehabt, als sie. Doch Natalie ahnte schon, dass das möglicherweise aus dem Schmerz heraus geboren war und fand den Mut, die Eltern darauf anzusprechen. Das offene Gespräch mit den Eltern hat allen dreien sehr geholfen, sich gegenseitig ihre eigenen und unterschiedlichen Situationen zu erzählen.
Noch immer spürt Natalie Zorn auf ihre Schwester in sich. Und sie weiß, dass sie sich erst richtig versöhnen müssen, bevor sie den Mut finden wird, in Frieden eine neue Beziehung zu Vera zu schaffen. Natalie ist froh, jetzt durch ihr Studium auf völlig neue Kreise von Menschen zu stoßen, die nichts von ihrer Geschichte wissen und die ihr »frei« begegnen können. Sie genießt es, wenn sie selbst insgeheim weiß, was sie trägt, aber niemand etwas davon erfahren wird, wenn sie es nicht sagt.
Ihre größte Unterstützung seien ihre Freunde und Freundinnen gewesen, meint Natalie heute. Und wenn sie zurückschaut, denkt sie, dass das ganze erste Jahr das war, was sie am schwersten ertragen konnte. Ihre Familie hatte an dem ersten Heiligabend nach Veras Tod noch gar keine neue Form gefunden, in der das Fest gestaltet werden könnte. Und so saß sie dann gemeinsam mit ihren Eltern unter dem Tannenbaum und alle bemühten sich darum, Weihnachtslaune zu haben und hatten gleichzeitig vollauf damit zu tun, mühsam ihre Tränen zu verstecken. Sie waren auch nicht auf die Idee gekommen, das Weihnachtsfest gemeinsam mit anderen Menschen zu feiern. »Weihnachten ist ein privates Familienfest«, so hatten sie es immer gehalten. Sie wa-

ren nicht in der Lage, Veras Fehlen überhaupt anzusprechen und dennoch warteten sie alle darauf, dass ein anderer aus ihrem Kreis sich öffnen würde. Natalie hat heute den Eindruck, als seien sie an diesem Abend »wie erstarrt« gewesen. Und niemand hat sich getraut über die Sehnsucht und den Schmerz zu sprechen.
Es fällt Natalie schwer, an die Schwere und die Sorgen ihrer Eltern zu denken. Allerdings könnte es sein, dass die Beiden noch etwas Gutes für sich selbst und ihr Leben finden werden, jetzt, wo sie allein sind und die ehemals eingefahrenen Wege verlassen haben. Der Gedanke tröstet sie etwas. Und sie denkt manchmal, dass es für sie wichtig ist, zu lernen, dass es unmöglich ist, das Leben für jemand anderes zu leben. Jeder Mensch muss für sich allein sehen, wie das Leben in eine Zukunft verwandelt werden kann. Ihr hat es unendlich Leid getan, dass Vera ihre großen Pläne nicht leben konnte, doch auch ihr spricht sie mittlerweile die Freiheit zu, über ihr eigenes Leben und Sterben allein zu entscheiden. Das hat sich stark verändert, denn in dem ersten Jahr nach Veras Tod hat sie ununterbrochen daran gedacht, wie gnadenlos Gott ist und wie unendlich schuldig die Person ist, die diesen schrecklichen Tod verursacht hatte.

Eine Geschichte zum Nachdenken

Von den Brüdern

Einem Manne starb seine Frau und ließ ihn mit seinem Töchterchen Maruscha allein zurück. Übers Jahr nahm sich der Mann daher eine neue Frau, die mit ihrer eigenen Tochter Holena nun in das Haus mit einzog. Die Stiefmutter aber konnte Maruscha nicht leiden, denn sie war um vieles schöner als ihre eigene Tochter. Also suchte sie alles, das arme Mädchen zu quälen. Maruscha musste alle Arbeit verrichten; die Stube aufräumen, kochen, waschen, nähen, spinnen, weben, das Gras harken und die Kuh allein versorgen. Holena aber musste gar nichts tun; sie putzte sich den ganzen Tag.
Maruscha ertrug alle Schelte, die sie bekam geduldig. Doch das half ihr nichts, denn von Tag zu Tag wurde das Fluchen und Schimpfen ärger.
Eines Tages, mitten im Eismonat wollte die Stiefmutter Veilchen haben. »Geh, Maruscha, bring' mir aus dem Wald einen Veilchenstrauß. Ich will an ihm riechen!«, trug sie ihrer Stieftochter auf. »Ach, Gott, liebe Mutter, das geht nicht. Ich habe noch nie gesehen, dass unter dem Schnee Veilchen blühen können«, versetzte das Mädchen.
»Du nichtsnutziges Ding!«, zankte da die Alte. »Du widersprichst, wenn ich es dir befehle? Du gehst sofort in den Wald und bringst mir Veilchen. Und wenn du keine bringst, dann schlage ich dich tot!« So drohte ihr die Stiefmutter, fasste sie, schob sie zur Tür hinaus und schloss sie wieder hinter sich zu.

Das Mädchen ging daraufhin bitterlich weinend in den Wald. Der Schnee lag hoch und nirgends war ein Fußstapfen zu sehen. Die arme Maruscha irrte lange durch den Wald. Der Hunger plagte und die Kälte schüttelte sie. Und sie bat Gott, er möge sie doch lieber ganz aus der Welt nehmen. Da jedoch gewahrte sie in der Ferne ein kleines Licht. Und als sie dem Glanze langsam näher ging, gelangte sie an den Gipfel eines Berges. Auf der Spitze brannte ein großes Feuer und um das Feuer lagen dreizehn Steine und auf den Steinen saßen dreizehn Männer. Einige waren graubärtig, ein paar waren jünger, ein paar noch jünger und ein paar waren die jüngsten und die schönsten von allen. Allein, sie redeten nichts. Sie blickten stumm in das vor ihnen brennende Feuer.

Diese dreizehn Männer waren die Monate. Es hatte ehemals nämlich dreizehn Monate gegeben und erst der Moskauer Zar verminderte ihre Zahl, damit er den Soldaten weniger Lohn zahlen konnte.

Und obenan saß der Eismonat. Er hatte Haare und Bart, die waren weiß, wie der Schnee und in seiner Hand hielt er einen Stab.

Maruscha erschrak und blieb eine ganze Weile still und verwundert stehen. Dann aber fasste sie Mut, trat ein Stück näher an das Feuer heran und bat: »Liebe Leute, bitte erlaubt mir, dass ich mich ein wenig am Feuer erwärme. Die Kälte schüttelt mich!« Der Eismonat nickte ihr zu und fragte dann: »Weshalb bist du hergekommen, Mädchen? Was suchst du hier?« – »Ich suche Veilchen«, antwortete sie ihm. »Es ist nicht an der Zeit, Veilchen zu suchen, wenn hoher Schnee liegt«, sagte da der Eismonat. »Ich weiß es wohl«, entgegnete da Maruscha traurig. »Aber die Stiefmutter hat mir befohlen, Veilchen aus dem Walde zu holen, sonst will sie mich totschlagen. Bitte, Ihr schönen Hirten: könnt Ihr mir sagen, wo ich welche finden kann?«

Da erhob sich der Eismonat, schritt zu dem jüngsten der Brüder, gab ihm den Stab in die Hand und sagte: »Bruder März, setz' dich obenan!« Der Bruder März setzte sich obenan und schwang den Stab über das Feuer. Und schon loderte das Feuer höher, den Schnee begann zu tauen, die Bäume trieben Knospen, unter den Bäumen grünte das Gras, in dem Grase keimten bunte Blumen: es war Frühling! Und verborgen unter Gesträuch fand Maruscha kleine frische Veilchen. Es sah aus, als hätte jemand ein blaues Tuch ausgebreitet, so viele Veilchen sah das Mädchen vor sich. »Schnell, Maruscha, pflücke!«, gebot der Bruder März. Und Maruscha pflückte freudig, bis sie einen ganzen Strauß beisammen hatte. Maruscha strahlte und dankte den Monaten sehr für ihre Hilfe. Dann eilte sie schnell nach Hause.

Die Stiefmutter aber wunderte sich sehr, woher denn Maruscha um diese Eiseszeit Veilchen her bekommen hatte. »Wo hast du die gepflückt?«, fragte sie. »Hoch oben auf dem Berge habe ich sie gefunden«, antwortete Maruscha. »Dort wuchsen sie bündelweise.«

Am nächsten Tag saß die Stiefmutter am Feuer und langweilte sich. Und dann bekam sie großen Hunger auf Erdbeeren. »Geh, Maruscha, hol mir Erd-

beeren!«, befahl sie. Doch Maruscha war den Tränen nahe und sagte: »Ach, Gott, liebe Mutter, unter dem vielen Schnee wachsen keine Erdbeeren. Es ist nicht die Zeit.« Die Mutter aber versetzte ihr einen Tritt und sprach: »Wenn du aus dem Wald Veilchen holen kannst, so wirst du auch Erdbeeren finden. Und bringst du mir keine, so schlage ich dich tot!« Und wieder fasste sie Maruscha, schob sie zur Tür hinaus und schloss sie hinter ihr wieder zu.

Bitter weinend ging Maruscha wieder in den Wald. Der Schnee lag hoch und nirgends war ein Fußstapfen zu sehen. Die arme Maruscha irrte lange durch den Wald. Sie war vom Hunger geplagt und die Kälte schüttelte sie. Da gewahrte sie in der Ferne das gleiche Licht, wie am Tag zuvor. Frohen Mutes eilte sie darauf zu und kam wieder zu dem großen Feuer, um das die dreizehn Brüder saßen und der Eismonat saß mit dem Stab in der Hand obenan.

»Liebe Leute, bitte erlaubt mir, mich ein wenig an eurem Feuer zu wärmen. Die Kälte schüttelt mich«, bat Maruscha wie am Tag zuvor. Der Eismonat nickte und sagte zu ihr: »Weshalb bist du wieder hierher gekommen? Was suchst du?« – »Ich suche Erdbeeren«, sagte da das Mädchen. »Es ist nicht die Zeit, um Erdbeeren zu suchen, wenn der Schnee hoch liegt«, sagte da der Eismonat zu ihr. »Ich weiß es wohl«, sagte Maruscha traurig zu ihm. »Aber meine Stiefmutter hat mir befohlen, ich solle ihr Erdbeeren bringen. Und wenn ich sie nicht mit nach Hause bringe, so will sie mich totschlagen. Bitte, Ihr Hirten, könnt Ihr mir sagen, wo ich welche finde?«. Da erhob sich der Eismonat, schritt zu dem Bruder, der ihm fast gegenüber saß, gab ihm den Stab in die Hand und sagte: »Bruder Juni, setz' dich obenan!« Und der schöne Monat Juni setzte sich obenan und schwang den Stab über das Feuer. Die Flamme schoss in diesem Moment hoch empor und der Schnee schmolz alsbald, die Erde grünte, die Bäume umhüllten sich mit Laub, die Vögel begannen zu singen, eine Blumenpracht erfüllte den ganzen Wald: es war Sommer!

Und Maruscha sah und bestaunte, wie vor ihren Füßen in Windeseile Erdbeeren heranreiften. Es gab so viele von ihnen auf dem grünen Rasen vor ihr, dass es aussah, als hätte jemand Blut ausgegossen. »Schnell, Maruscha, schnell!«, gebot der Juni. Und Maruscha pflückte eifrig, bis sie die ganze Schürze voll hatte. Dann dankte sie den Monaten wieder und eilte froh nach Hause.

Die Stiefmutter aber wunderte sich sehr. Sie lief Maruscha fast entgegen und der Duft der Erdbeeren verbreitet sich in der ganzen Hütte. »Wo hast du sie gepflückt?«, fragte die Stiefmutter. »Hoch oben auf dem Berg«, antwortete Maruscha. »Dort wachsen viele von ihnen unter den Buchen.« Die Stiefmutter aß die Erdbeeren auf und gab nicht eine davon an Maruscha ab.

Und am nächsten Tag sagte die Stiefmutter zu Maruscha: »Geh in den Wald und hole mir Äpfel. Ich habe Appetit darauf!« »Ach, Gott, liebe Mutter, wo soll ich denn in all dem Schnee Äpfel finden. Es ist doch nicht die Zeit dafür!«, sagte das arme Mädchen. »Wenn du Erdbeeren holen kannst, dann kannst du auch Äpfel holen. Du nichtsnutziges Ding! Wie kannst du mir wi-

dersprechen, wenn ich dir befehle!«, zeterte die Alte, schob Maruscha zur Tür hinaus und schloss sie wieder hinter sich.

Bitter weinend stapfte Maruscha wieder durch den Wald. Der Schnee lag hoch und nirgends war ein Fußstapfen zu sehen. Sie plagte der Hunger und die Kälte schüttelte sie. Doch nun irrte Maruscha nicht. Sie lief schnurstracks auf den Gipfel des Berges zu, wo das Feuer brannte und die dreizehn schönen Monate um das Feuer herum saßen. Dort oben fand sie sie und der Eismonat saß obenan. »Liebe Leute, erlaubt mir, mich ein wenig an eurem Feuer zu wärmen. Die Kälte schüttelt mich«, bat Maruscha und trat zum Feuer. Und wieder nickte der Eismonat mit dem Kopf und sagte: »Weshalb bist du hierher gekommen? Was suchst du hier?« »Ich suche rote Äpfel«, antwortete ihm Maruscha. »Es ist nicht die Zeit für rote Äpfel, wenn der Schnee hoch liegt«, sagte da der Eismonat zu ihr. »Ich weiß es wohl«, sagte Maruscha zu ihm. »Aber meine Stiefmutter hat mir befohlen, rote Äpfel aus dem Wald zu bringen. Und wenn ich sie nicht mit nach Hause bringe, so will sie mich totschlagen. Bitte Ihr Hirten, könnt Ihr mir sagen, wo ich welche finde?«

Da erhob sich der Eismonat und schritt zu einem der älteren Brüder. »Bruder September, setz dich obenan!« Und der Bruder September setzte sich obenan und schwang den Stab über das Feuer. Und das Feuer glühte tiefrot. Der Schnee verlor sich. Aber die Bäume umhüllten sich nicht mit Laub. Langsam fiel ein Blatt nach dem anderen von den Bäumen und der kühle Wind verstreute sie auf dem gelblichen gewordenen Rasen, das eine hierhin und das andere dorthin. Maruscha sah viele bunte Blumen, es gab Nelken, es gab Sonnenblumen und als Maruscha ins Tal sah, sah sie dort gelbliche Eschen und unter den Blumen wuchs dichtes Immergrün. Maruscha blickte nach roten Äpfeln umher und tatsächlich entdeckte sie einen Apfelbaum. Zwischen seinen Zweigen schimmerten leuchtend rote Äpfel. »Schnell, Maruscha, schnell! Schüttle!«, gebot der September. Und Maruscha schüttelte den Baum, so gut sie nur konnte. Und da fiel ein Apfel hinab und als Maruscha noch einmal schüttelte, da fiel der zweite herab. Und als Maruscha die Äpfel in den Händen hielt, da fragte der Eismonat sie: »Sag, Maruscha, welcher von uns Brüdern ist gut und welcher ist weniger gut?« Und Maruscha sah in die Runde und antwortete ihnen: »Ich danke euch für eure Hilfe sehr. Alles, was Gott geschaffen hat, ist gut. Ich verstehe nicht vieles davon.« Da gaben ihr die Brüder eine Handvoll Asche und sagten, die solle sie mit zu sich nach Hause nehmen und am Abend unter ihr Bett streuen. Maruscha, verwahrte die Asche in ihrer Schürzentasche, nahm die beiden Äpfel in die Hände und eilte nach Hause.

Und als sie dort ankam, riss ihr die Stiefmutter die Äpfel aus den Händen und aß die Äpfel schnell auf. »Warum hast du nicht mehr davon gebracht? Dass der Donner in dich fahre! Hast sie etwa unterwegs aufgegessen?« Zeterte die Stiefmutter noch. »Ach, Mutter, ich habe keinen Bissen gegessen!« weinte das Mädchen. »Ich schüttelte einmal, da fiel der erste Apfel herab,

und als ich das zweite Mal schüttelte, da fiel der zweite Apfel hinab.« Dann floh Maruscha in die Küche und weinte bitterlich.
»Holena!«, schrie jetzt die Stiefmutter. »Gib mir meinen Pelz. Ich will selbst auf den Berg fahren und sehen, woher Maruscha die Äpfel hat. Ich werde sie schon selbst hinunter schütteln!« Vergebens riet Holena ihr davon ab. Die Alte zog sich ihren Pelz über und eilte in den Wald hinein.
Alles lag voller Schnee und nirgends war ein Fußstapfen zu sehen. Und die Stiefmutter eilte lange umher. Und ihr Heißhunger trieb sie immer weiter. Da gewahrte auch sie in der Ferne das Licht und ging darauf zu. Und als sie näher kam, erblickte sie das Feuer mit den dreizehn Brüdern darum sitzend. Und der Eismonat saß obenan und hielt den Stab in der Hand. Zuerst erschrak sie, doch dann trat sie an das Feuer heran und wärmte sich die Finger. »Weshalb bist du hierher gekommen? Was suchst du hier?«, fragte sie der Eismonat. »Wozu fragst du das, du alter Tor?«, keifte die Alte ihn an. »Du brauchst nicht zu wissen, wohin ich gehe!« Und der Eismonat schwang grimmig seinen Stab über dem Feuer. Da verfinsterte sich der Himmel und das Feuer wurde ganz, ganz klein und ein eisiger Wind fegte durch den Wald. Die Alte konnte nicht einen Schritt vor sich sehen. Und sie stürzte in eine Felsspalte und erstarrte.
So lange die Mädchen in ihrem Häuschen auch auf die Alte warteten, sie kam nicht zurück. Und allmählich packte Holena bei der Arbeit mit an und die Mädchen begannen, sich zu vertragen. Und dann erinnerte sich Maruscha an die Asche, die sie in ihrer Tasche bei sich trug. Sie streute sie unter ihrem Bett aus und könnt ihr euch vorstellen, welche Freude sie hatten, als die Asche am nächsten Morgen zu blanken Goldstücken geworden war?

Einem russischen Märchen nacherzählt

Einige begleitende Worte

Trauer findet immer ganzjährig statt. Und während viele Menschen tatsächlich ausschließlich im Todesmonat November der Toten gedenken, so gibt es unendlich viele Menschen, deren schrecklichster Tag, an den sie sich erinnern können, ein Pfingstmontag oder aber ein wunderschöner spätsommerlicher Herbsttag ist. Aber scheinbar wissen das die Trauernden selbst, wann ihre Erinnerungen langsam wieder im Jahreszyklus auftauchen und wann die schmerzlichen Wogen sich wieder glätten.

Doch für alle Menschen gilt eines: das erste Jahr nach dem Verlust eines geliebten Menschen ist für alle das schmerzlichste, auch wenn oft nach Jahren noch schwere Phasen auftreten können. Jeder Tag des Jahres, das auf den Tod folgt, ist der erste innerhalb dieses Kreislaufes, den die Trauernden zum ersten Mal allein erleben. Das erklärt die Besonderheit dieses Jahres. Und in diesem Jahr ist jeder Tag von dem

Schmerz und der Erinnerung geprägt. Immer wieder steigen dabei Erinnerungen an gelebte Gemeinsamkeiten auf. Für die einen mag das der Geruch des Herbstes sein und für die anderen die erste Eiskrem, die sie gemeinsam mit der verstorbenen Person in der beginnenden Frühlingslust genossen. Diese Hürden, die Trauernde in der Zeit des Abschieds im Jahreskreislauf zu bewältigen haben, sind individuell sehr verschieden und benötigen ebenso individuelle Begleitung. Feste Jahresfeste allerdings zu gestalten, ist für viele Betroffene sehr schwer. Hierbei taucht das zusätzliche Problem auf, dass sich die große Gemeinschaft, in der sie sich befinden, kollektiv einem Fest zuwendet, das scheinbar für alle gelten soll. Doch die Trauernden sehen solchen Festen oft mit Angst, statt mit öffentlicher Feierlaune entgegen. Ob es sich dabei um die Gestaltung des Heiligabends handelt oder um das kommende Osterfest: es braucht viel Mut, um diesen Tagen angesichts der Trauer aktiv eine Form zu geben.

Ganz besonders schwer werden die Tage, wenn der erste Todestag unmittelbar bevorsteht. Dann treten den Trauernden die letzten Stunden und Minuten wieder sehr konkret vor Augen und der Schrecken scheint noch einmal real zu werden. Hier wird die Zeit völlig relativ, denn einerseits haben die Trauernden das Empfinden, als seien sie selbst schon undenkliche Zeiten in ihrem Gefühl von Verlust und Schmerz gefangen, andererseits scheint es, als sei »alles das« gestern erst gewesen. Die gemeinsam verlebte Zeit mit den Verstorbenen rückt dabei in eine unendliche Ferne.

Und nur manchmal, wenn wir diese Zeit, die wie ein großer und unüberwindlicher Berg vor uns liegt, mit offenen Sinnen wahrnehmen, können wir die kleinen Wunder, die sich in dieser Zeit verborgen halten können, wahrnehmen. Doch auch Wunder benötigen die Bereitschaft der Trauernden, sich – und sei es für einen kleinen Moment – im Hier und Jetzt zu bewegen. Das heißt, dass sie den Blick von dem wenden müssen, was in der Vergangenheit geschah und ganz offenen Sinnes für das Geschehen hier sind. Damit kann das, was geschah, für sie mit dem aktuellen Geschehen verbunden werden und kann dadurch auch einen neuen und vertieften Sinn bekommen. Trauernde im ersten Trauerjahr können nicht vergessen. Wir sollten uns an unsere Toten erinnern, damit der Schrecken Verwandlung erfährt und eine heilsame Form des Zusammenlebens mit Verstorbenen Fuß fassen kann.

Dazu kann es hilfreich sein, die besondere Zeit, wenn der erste Todestag sich nähert, als Gelegenheit am Schopfe zu packen, um die Vergangenheit und die Gegenwart miteinander zu verbinden. Das beinhaltet, dass das, was geschah, offen besprochen werden darf und dieses wiederkehrende Datum gleichzeitig eine Ausgestaltung in einer Gemeinschaft findet. Das kann bedeuten, dass an dem Tag ein Festessen stattfindet, für alle, die den Tod miterlebt hatten. Und es kann bedeuten, dass sowohl offen darüber gesprochen werden kann, was als Dankbarkeit für den verstorbenen Menschen vorhanden ist, als auch über das, was ungeklärt in den nächsten Jahreskreislauf wieder eingehen wird. Und es kann auch bedeuten, dass die, die diesen Tag miterlebt haben, sich untereinander erzählen, was sie aus dem Tod eines nahen Menschen gelernt haben. Ein so gestaltetes Fest mit Lachen *und* Weinen kann dann heilsam für alle sein.

Der Schrecken lässt sich nicht verdrängen. Wenn er nicht angesprochen wird, wird er nie Erlösung erfahren.

Das Ende eines Jahres ist immer die Zeit einer Bilanz. Und so kann ein Todestag eines geliebten Menschen zu einer Bilanz im übertragenen Sinne werden. Denn auch aus einer geschäftlichen Jahresbilanz ergibt sich eine mögliche neue Richtung, die eingeschlagen werden muss. Und diese Bilanz zeigt letztlich ganz deutlich, welche Schwierigkeiten noch vorhanden sind und nach welchen neuen Lösungen gesucht werden sollte. Auch das ist eine Gemeinschaftsaufgabe – nicht nur bei Jahresabschlüssen. Dass Sylvester für alle Menschen ein allgemeines Datum ist, heißt dabei nicht, dass ein Resümee nicht auch im März stattfinden kann. Denn welcher der Brüder ist der Beste, welcher ist der schlechteste? Gestorben wird nicht dann, wenn es in den Kalender passt.

Das Land, in dem die Toten wohnen und in das sie gereist sind, ist uns nur vorstellbar. Doch auch der Mensch, der gestorben ist, ist am Ende eines wiederkehrenden Jahres ein ganzes Jahr in diesem Land. Novalis hat den berühmten Ausspruch getan: »Wenn ein Geist stirbt, wird er Mensch. Und wenn ein Mensch stirbt, wird er Geist«. Möglicherweise stehen sich dann einmal die »lachende« und einmal die »weinende« Seite parallel gegenüber. Demnach ist der Tod also die Geburt in eine neue Dimension und der Todestag ist ein geistiger Geburtstag. Ein Tag also, an dem es sich lohnt, Wünsche auszusprechen, zu lachen *und* zu weinen.

Ratschläge für die Betroffenen

- Erlauben Sie sich, den wiederkehrenden Todestag auch als Geburtstag der verstorbenen Person zu begreifen.
- Planen Sie für den Tag eine Gestaltung. Es kann sein, dass Sie mit den Menschen, die den Tod des/der Verstorbenen miterlebt haben, ins Theater gehen, es kann sein, dass sie vielleicht ein Konzert lieber mögen oder aber ein Festessen, das Sie für alle gemeinsam – auch für die verstorbene Person – zubereiten. Oder bitten Sie die anderen, etwas zum Essen mitzubringen.

- Bitten Sie die Menschen, die Sie bei sich haben möchten, eine kleine Geschichte mitzubringen, die für die betreffende Person etwas mit dem verstorbenen Menschen zu tun hat. Fragen Sie die Menschen während des Essens oder während der gemeinsamen Unternehmung, was Sie aus dem Tod gelernt haben, was sie gedacht haben, ob sie etwas in ihrem eigenen Leben verändern wollen.
- Wenn sich Kinder in Ihrer Umgebung befinden, haben Sie keine Hemmungen, diese mit einzuladen. Kinder stellen ihre Fragen in großer Offenheit und ohne Hemmungen. Und vor allem haben Kinder oft verblüffende Ideen dafür, wie eine Gestaltung eines Jahrestages aussehen könnte und welche ganz einfachen und wahren Ideen helfen können, etwas zu verwandeln. Hören Sie den Kindern zu!
- Besorgen Sie Blumen für den Todestag. Das können zwölf sein, also für jeden Monat des vergangenen Jahres eine oder 52, für jede Woche des vergangenen Jahres eine. Diese verteilen Sie an dem Todestag an Menschen, die Ihnen begegnen. Wenn Sie mögen, sagen Sie Ihnen, weshalb Sie die Blumen verschenken.
- Besorgen Sie sich 365 Samenkörner. Das ist für jeden Tag des vergangenen Jahres ein Same. Streuen Sie die Samen aus, damit in der Natur, wie auch in Ihnen selbst, Neues daraus erwachse!
- Kaufen Sie sich 365 Perlen. Das können kleine, große, kostbare oder – bei kleinem Budget – Apfelkerne sein. Fädeln Sie die Perlen auf und machen Sie sich eine Kette daraus. Tragen Sie die Kette. Sie wissen, dass es sich genau um die Wegstrecke handelt, die Sie bereits geschafft haben. Und denken Sie daran: jeder Tag, den Sie leben, bringt Sie nicht etwa weiter weg von den Verstorbenen, ganz im Gegenteil, jeder Tag bringt Sie der verstorbenen Person einen kleinen Schritt näher!
- Legen Sie die Hand auf Ihr Herz und fühlen Sie in sich nach: wie geht es der verstorbenen Person? Geht es ihr gut, dass Sie beruhigt sein können? Oder benötigt sie etwas? Sind Sie bereit, es ihr zu geben? Vertrauen Sie sich, bei dem, was Sie wahrnehmen. Sie kannten die verstorbene Person sehr gut. Also glauben Sie an das, was Sie fühlen.
- Wenn Ihnen eine Schwester oder ein Bruder gestorben ist, nehmen Sie Kontakt zu der Gruppe der Verwaisten Eltern auf. Hier finden Sie auch spezielle Gruppen, die sich mit dem Tod von Geschwistern beschäftigen. Sollten Sie in Ihrer Nähe keine geeignete Gruppe finden, gründen Sie eine.
- Hören Sie sich das Lied »Eternity« von Robbie Williams an. Er wünscht und hofft in diesem Song, dass eine Person ihre Freiheit in der Ewigkeit finden möge. Sie können den Text auch als eine Ansprache an Verstorbene verstehen. Wenn nötig, lassen Sie ihn sich übersetzen.

Ratschläge für die Umgebung Betroffener

- Unterstützen Sie Betroffene, wenn diese den Mut haben, den Todestag zu gestalten. Suchen und spinnen Sie gemeinsam Ideen für die Ausgestaltung.
- Fertigen Sie betroffenen Trauernden eine Kette an, die aus 365 Perlen (Samen, Apfelkerne, Plastikperlen oder anderes) besteht. Damit drücken Sie aus, welchen Weg dieser Mensch bereits geschafft hat.
- Geben Sie einer betroffenen trauernden Person 365 Samenkörner. Vielleicht haben Sie diese schon selbst eingepflanzt? Oder Sie bitten den trauernden Menschen, das zu tun. Damit aus dem, was geschah, für alle neue Fruchtbarkeit entstehen möge!
- Nehmen Sie ein rotes Band von 12 m Länge. Legen Sie gemeinsam mit der trauernden Person ein Labyrinth. Gehen Sie gemeinsam mit dieser Person dort hinein. Ein Labyrinth ist immer ein Symbol für die verschlungenen Wege des Lebens, dessen Ziel in der Mitte möglicherweise erst durch verwirrende Umwege erreicht werden kann.
- Nehmen Sie zwölf Walnüsse und teilen Sie diese, dass jeweils zwei intakte Hälften entstehen. Füllen Sie die Walnüsse mit winzigen Kleinigkeiten. Das kann ein kleiner Edelstein sein, ein Blumensame oder ein kleiner Zettel, auf dem Sie etwas für die Betreffenden Wichtiges aufgeschrieben haben. Tun Sie dies in die Walnusshälfte und kleben Sie die Hälften aufeinander. Diese zwölf Walnüsse können Sie an ein Band hängen oder an einen Baumzweig o.ä. Schenken Sie diesen Strauß den Trauernden. Jede Nuss steht für einen Monat des Jahres, den die Trauernden zu »knacken« hatten.
- Fragen Sie Betroffene, ob Sie sie unterstützen können. Bieten Sie konkrete Unterstützung an. Die Frage: »Na, wie geht's?« wird mit Recht eher als Floskel begriffen, denn »gut« und »schlecht« sind relative Begriffe. Erst wenn wir eine genaue Vorstellung davon haben, wie »gut« oder wie »schlecht« es einem Menschen geht, haben wir die Möglichkeit konkrete Unterstützung zu bieten. Es ist anzunehmen, dass Ihre Offenheit Ihnen honoriert wird. Trauen Sie sich ruhig!
Betroffene unterscheiden sehr gut, wann die Frage ehrlich gemeint ist.
- Sollten Sie den Eindruck haben, dass Sie die Betroffenen bedrängen, schreiben Sie ihnen offen und ehrlich Ihre Bedenken, dann ist jeder Mensch frei, Ihnen Antwort zu geben. Das ist insbesondere häufig dann der Fall, wenn es sich um Jugendliche handelt. Und auch Jugendlichen kann man sehr gut schreiben, was für eine Frage oder welche Bedenken man im Herzen trägt.

Das Unmögliche möglich zu machen, bedeutet vielleicht auch, dass Wasser nach oben fließen kann.

Nachwort

Die Sterbeamme

Ein Plädoyer für ein neues Berufsbild

Und soll es sein, und muss es sein,
da hilft kein Zieren und Flennen:
greif in die Nesseln frisch hinein,
so werden sie nicht brennen.

F. W. Weber

Aber die Seelen sind froh an des Himmels anderem Saum,
Offen dem Unbegrenzten ist endloser Zukünfte Raum.

Victor Hugo

Wer immer sich in einem Trauerprozess befindet, steht mit einer gewissen inneren Verwunderung vor den Leichen, die im täglichen Fernsehprogramm bereits am Nachmittag produziert werden. Mit fortschreitendem Abend werden die Tode und der damit einher gehende Horror zunehmend anschaulicher zubereitet. Die Bilder der Kriegsberichterstattung sind ebenso alltäglich wie Berichte über Leichenfeuer in Indien. Allerdings sterben ja immer nur die anderen. Der Tod hat mit uns selbst nicht im Geringsten etwas gemein. Sind wir nicht unsterblich?

Erst, wenn Freunde, Großeltern, die eigenen Kinder, die Eltern oder unsere Geliebten sich zum Sterben bereit machen, nagt die eigene Fragilität an unserer Seele. Dann stehen wir vor dem Unfassbaren. Trauer, Entsetzen, Sprachlosigkeit und »Das Leben muss weitergehen!« – Parolen stehen als mögliche Reaktionsmuster zur Verfügung.

Und ganz plötzlich und klammheimlich drängen sich Zweifel in unseren doch so gewohnten Alltag und stellen unsere selbst gesteckten Ziele und Prinzipien auf den Prüfstand. Dann hat uns erreicht, was uns klar wäre, wenn wir nicht ununterbrochen abgelenkt wären durch den Alltagsspaß, den ganze Nationen gemeinsam mit uns zelebrieren: wir sind verletzbar, wir sind sterblich und geben unser Bestes, damit wir das auf keinen Fall bemerken.

Der Tod als Alltagsphänomen

Überall werden Menschen geboren und überall sterben Menschen. Bei uns jedoch geschieht das allenfalls hinter verschlossenen Türen, betreut von medizinischem Fachpersonal. Und wenn der Tod eingetreten ist, tritt eine andere Riege des Fachpersonals in Aktion. Die Bestattungsunternehmen erledigen die Formalitäten und bestenfalls umsorgen sie die Angehörigen, bis die Beerdigung vorbei ist. Dann gehen alle nach Hause. Der Alltag muss weitergehen.

Krankheiten aus der Trauer geboren

Trauer findet jedoch immer statt. Auch wenn sie geleugnet wird. Ein verzweifeltes »Hossa!« mit gellend lauter Musik und Alkohol ist dabei ebenso eine Form von Trauer, wie erschüttertes, verzweifeltes Weinen oder stiller Gram.

Doch bei der Trauer geht es nicht allein um die Verstorbenen und die schmerzliche Sehnsucht nach ihnen. Wir sind ebenso daran erinnert, dass auch unser eigener Weg endlich ist und wir zerbrechlich sind. Und viele Menschen klammern sich verzweifelt an das letzte bisschen Alltag, um den bohrenden Gedanken Einhalt zu gebieten.

Wir haben keine gemeinsamen Formen mehr, die – über eine Beerdigung hinaus – Trauer als Gemeinschaftsprozess kennzeichnen. Lediglich schwarze Kleidung für ein ganzes Jahr und regelmäßige Besuche bei denen, die sich in der Trauer befinden, sind noch heute gebräuchlich – allerdings gehören diese Formen in ländliche Gegenden und sind in einer modernen Großstadt kaum mehr zu finden.

Ob wir dann jedoch persönliche Formen finden können, um unserer Trauer Ausdruck zu verleihen, ist ein sehr individuelles und intimes Geschehen. Ein Foto, ein Geruch, ein Lied im Radio, alles das kann dann schmerzliche Erinnerungen in uns wachrufen und der Kampf mit den aufsteigenden Tränen beginnt.

Die Folgen eines nicht gelebten Trauerprozesses sind nicht exakt messbar und dennoch deutlich wahrnehmbar. Eine herzzerreißende Sehnsucht, eine aufgeworfene und unbeantwortete Sinnfrage wühlen unentwegt in unseren Tiefen. Die Folge, auch nach Jahren, umfasst auf einer körperlichen Ebene die ganze Palette stressbedingter vegetativer Störungen: Schwindelattacken, nervöse Herzbeschwerden, Schlafstörungen, Sexualstörungen, Immundefizite seien hier als einige Beispiele genannt. Auch schwer zu greifende Angstzustände, Depressionen und Suchtverhalten stehen oft in Verbindung mit unverarbeiteter Trauer. Wenn diese Symptome unmittelbar nach dem Tod eines nahe stehenden Menschen auftreten, ist eine Verflechtung schwer zu übersehen. Der Prozess des Trauerns beinhaltet jedoch einen Ablauf in Phasen. Das führt dazu, dass diese Erscheinungen unter Umständen erst nach Jahren auftreten.

Tatsache ist, dass in einer üblichen ärztlichen Behandlung solche Zusammenhänge oft nicht wahrgenommen werden. Auch Ärzte und Pflegepersonal sind nicht auf Trauer und deren Folgen vorbereitet, ge-

schweige denn in einer möglichen Begleitung ausgebildet. Auch in naturheilkundlichen Behandlungen werden diese Zusammenhänge bei weitem nicht genügend beachtet. Ein allgemeines gesellschaftliches Tabu betrifft dabei die Trauer um Ungeborene oder tot geborene Kinder. Wenn Trauer der offenkundige Anlass für eine gesundheitliche Störung ist, bleibt unter heutigen Erstattungsbedingungen der Krankenkassen oft nur der Griff zu Psychopharmaka als vermeintlichem Rettungsanker. Es soll nicht unerwähnt bleiben, dass die große Sehnsucht nach den Verstorbenen auch zu einem »Hinterhereffekt« führen kann. Unfälle und lebensbedrohliche Erkrankungen sind mögliche Wege, sich aus der unendlichen Sehnsucht nach den Verstorbenen aus dem Staub dieser Welt, auf den Weg fort vom Leben zu machen.
Alle diese Erscheinungen sind als Störung eines physiologischen Trauerprozesses zu werten. Es ist notwendig, dem einzelnen Betroffenen zur Seite zu stehen und ansatzweise einen Platz in der Gemeinschaft anzubieten. Dazu reicht ein sehr privates Vertrauensverhältnis PatientIn und TherapeutIn nicht aus. Die ganze Gesellschaft wird hier in die Pflicht genommen werden müssen. Dass dies mit einer »Spaßgesellschaft« kein leichtes Unterfangen ist, ist wahr.

Geboren werden und Sterben

Sterbephasen, wie von der Pionierin der Sterbeforschung, Elisabeth Kübler-Ross beobachtet und beschrieben, sind Schritte in einem Prozess, der mit einem Abschied endet. Alle Abschnitte eines Abschieds durch den Tod können verglichen werden mit den Phasen einer Schwangerschaft. Unweigerlich entwickelt sich dieser Prozess auf den Tod – die Geburt – hin. Sterbende werden in eine neue Existenz hinein geboren, lassen eine alte Hülle hinter sich, sie verlassen eine Gemeinschaft. Das neu geborene Kind taucht langsam in diese Welt ein und die Verstorbenen lösen sich langsam von dieser Welt.
Das anschließende Wochenbett der Trauer allerdings betrifft die Hinterbliebenen. Die Zeit der möglichen »Nachwehen« dauert mindestens ein Jahr, damit die betroffenen Trauernden sich in ihrem ungewohnten neuen Alltag zurechtfinden können. Wie mit jeder abgeschlossenen Geburt, beginnt für die Familie ein neues Leben. Und, wie bei jeder Geburt, ist eine sachgerechte und einfühlsame Wochenbettbegleitung eine gesundheitliche Notwendigkeit. Die Fragilität dieses Zustandes wirft die allergrundsätzlichsten Fragen um Tod und Leben auf. Umso wichtiger ist eine Nachsorge bei jenen Fällen von »Sturzgeburt«, wie sie bei unnatürlichen, plötzlichen Todesfällen der Fall ist.
Insbesondere für diese Formen der Umsorgung der Hinterbliebenen bietet sich eine neues Berufsbild an: Angehörige verschiedener Heilberufe können sich als *Sterbeamme* qualifizieren.

Was ist eine Sterbeamme?

Eine Sterbeamme bewegt sich vertraut mit den Phasen des Sterbens und Trauerns und sicher erfahren im Gebiet des nachtodlichen Wochenbettes. Sie weiß um die Qualen der Zurückgebliebenen und die Ängste der Sterbenden. Sie hat die unserer Kultur eigenen früheren Formen rituellen Trauerns studiert und entwirft neue, zeitgemäße Formen. Sie begleitet die Angehörigen, je nach Wunsch, eine gewisse Zeit oder ein ganzes Trauerjahr hindurch. Sie ist in der Lage, konfessionelle, wie überkonfessionelle Ansätze aufzugreifen. Ihr Ziel ist, dazu beizutragen Angst und Trauer von Selbstvorwürfen und unstillbarer Sehnsucht zu erlösen. Sie unterstützt professionell die Fähigkeit der Betroffenen, ihr Leben selbst, um ein paar grundlegende Antworten auf Lebensfragen reicher, in die Hand zu nehmen.

Trauer ist ein schmerzlicher Prozess. Es sind die Nachwehen, die, wenn sie unbegleitet sind, ein unerwünschtes Eigenleben entwickeln können. Die Sterbeamme weiß um diese Schmerzen und hat eine Vielzahl von fantasievollen Möglichkeiten zur Verfügung, diese zu lindern. Sie bietet hilflosen Menschen ein Konzept, einen Rahmen, sich selbst wieder zu finden. Ihre Arbeit beginnt mit der Begleitung Sterbender und deren Angehörigen. Die Begleitung durch eine Sterbeamme kann auch nach dem Tod einsetzen und die Hinterbliebenen in ihrem Trauerprozess unterstützen, damit sie trotz allen Schmerzes eine neue Zukunft finden können.

Zu ihren Aufgaben gehört es auch, einen pathologischen Trauerprozess erkennen zu können. Eine pathologische Trauersituation ist dann gegeben, wenn Trauernde in eine nicht aufzuhaltende Verbitterung geraten und aus dieser nicht mehr herauswollen. Auch, wenn sie gar nicht mehr auf die Idee kommen, dass eine Unterstützung von außen überhaupt möglich ist und der Anstoß von außen dazu sie nicht mehr zum Handeln bewegen kann, liegt eine solche Schwierigkeit vor. Die Aufgabe der Sterbeamme ist es, in diesen Fällen Betroffene an eine medizinische Behandlung zu verweisen.

Eine Sterbeamme steht mit beiden Beinen fest im Leben, denn nur so ist es möglich, dem Flüchtigen und Ungreifbaren angesichts des Todes, offen zu begegnen.

Die Bezahlung der Dienste einer Sterbeamme wird privat geregelt. Spendengelder und ehrenamtliche Tätigkeit sind nicht ausreichend. Wer versteht, wie sehr durch diese Arbeit gesundheitliche Folgeerkrankungen aufgefangen werden können, wird auch das verstehen. Eine solche professionelle Unterstützung unterscheidet sich nicht von jeder anderen fundierten Dienstleitung, sei es der Beistand eines Rechtsanwaltes oder die Reparatur eines Schuhs.

Eine Zukunftsvision

Dürfen wir uns vorstellen, dass sich Sterbende irgendwann in kommenden Zeiten, betreut von medizinischem Fachpersonal im Hospiz oder von einer Sterbeamme im Kreis ihrer Lieben und nahen Menschen auf den Weg machen? Dürfen wir uns vorstellen, dass Krampfwehen der Trauer von zupackenden Händen weich massiert werden können? Dürfen wir uns vorstellen, dass nach einem Trauerjahr, begleitet von einer Sterbeamme, ein Jahrestag mit Weinen und Lachen gefeiert werden kann? Wir dürfen!

Informationen über Ausbildung zur Sterbeamme in Hamburg

Claudia Cardinal
Heilpraktikerin
Sterbeamme
Brookkehre 11
21029 Hamburg
Tel.: 040/7242420
Fax: 040/7242214
E-Mail: *finderscardinal@web.de*

Trauergruppen in Hamburg

Claudia Cardinal
Heilpraktikerin
Sterbeamme
Brookkehre 11
21029 Hamburg
Tel.: 040/7242420
Fax: 040/7242214
E-Mail: *finderscardinal@web.de*

Verwaiste Eltern e. V.

Hamburg: Esplanade 15
20354 Hamburg
Tel.: 040/355056–43,
oder: 040/355056–44
E-Mail: *Info@verwaisteeltern.de*

München:

St. Wolfgangsplatz 9
81669 München
Tel.: 089/4808899–0
Fax: 089/4808899–33
E-Mail: *verwaisteeltern@t-online.de*

Sie bekommen dort auch weitere Informationen über Gruppen in Ihrer Nähe zugesandt. Die Palliativstationen in den Krankenhäusern und Hospize ebenso, wie Kirchengemeinden usw. können Ihnen Informationen über Trauergruppen in Ihrer Nähe geben. Nutzen Sie die Möglichkeiten, sich Unterstützung auf Ihrem Wege zu holen.

Telefonseelsorge
Bundesweit Tag und Nacht erreichbar:
Tel.: 0800/1110111 (evangelisch)
0800/1110222 (Katholisch)